THE EARLY STAGES
OF COMPOSITION
OF GALDÓS'S *LO PROHIBIDO*

JAMES WHISTON

THE EARLY STAGES
OF COMPOSITION
OF GALDÓS'S *LO PROHIBIDO*

TAMESIS BOOKS LIMITED

LONDON

Colección Támesis
SERIE A — MONOGRAFIAS, XCVI

ISBN 0 7293 0152 4

Depósito legal: M. 17022-1983

Printed in Spain by Talleres Gráficos de SELECCIONES GRÁFICAS
Carretera de Irún, km. 11,500 - Madrid-34

for
TAMESIS BOOKS LIMITED
LONDON

TABLE OF CONTENTS

	Page
PREFATORY NOTE	9
INTRODUCTION	11

SECTION I

The First Draft of *Lo prohibido*: Commentary	17
The First Draft of *Lo prohibido*: Text	27

SECTION II

The Second Draft of *Lo prohibido*: Commentary	57
The Second Draft of *Lo prohibido*: Text	77

CONCLUSION	263
APPENDIX I.—A First Draft of PM 643-646	265
APPENDIX II.—A First Draft of PM 1014-1022	267

PREFATORY NOTE

On the few occasions in the transcription of Galdós's MS when I have included words crossed out by the author, I have followed Robert J. Weber, The Miau Manuscript of Benito Pérez Galdós (Berkeley and Los Angeles: Univ. of California Press, 1964), by enclosing these in square brackets. The exception is the word 'sic', which draws attention to some of Galdós's orthographic eccentricities. In the event of any of these crossed-out words being indecipherable I have followed Walter T. Pattison, Etapas preliminares de Gloria (Barcelona: Puvill, n. d.), by writing the word as 'X'. 'X [sic]', however, means that the actual word transcribed is the letter 'X'. References to the printed edition are to the first edition of the novel (volume and page number) published in two volumes in 1885. (Accentuation has been modernised.)

Galdós was evidently not too concerned with orthographic regularity during the actual writing of the novel, particularly where accents were concerned: what the printer failed to tidy up could be regularised when the galleys were being corrected. I have adopted the following conventions with regard to Galdós's orthography: Galdós has been given the benefit of the doubt in the case of missing accents, by accepting a dot over the letter 'i' or a flourish at the top of a letter as an accent where required. His use of suspension points has been regularised to three in number. Attention has not usually been drawn to errors of accentuation and punctuation, nor to errors in other orthographic signs such as exclamation, quotation and question marks or to mistakes in the capitalising of letters. Neither have I drawn attention to the transposition of 'b' and 'v', 'g' and 'j', 's' and 'j', and 'x' and 's'. Some odd-looking grammatical constructions are at times explicable by referring to immediately adjacent material that Galdós crossed out, and where an orthographic mistake by Galdós could be conveniently explained in this way I have reproduced the relevant crossed-out material in square brackets. As a general principle I have been inclined to give the orthodox version of a word.

In transcribing those pages of the second draft of Lo prohibido that Galdós destined for incorporation into his final MS draft (that is, all pages that bear a number in addition to the original number) I have taken the view that interlinear words on those pages are more likely to belong to the final MS version of the novel. Therefore the version given in the transcription of such pages omits interlinear words, unless there is good evidence to show that these were written at the same time as the regular, straight-lined version.

9

JAMES WHISTON

I am happy to acknowledge the help of Professor Rodolfo Cardona and Dr Eamonn Rodgers, who willingly gave me the benefit of their knowledge of Galdós by deciphering some difficult words. My grateful thanks also go to the staff of the Casa-Museo Galdós, who by their unfailing courtesy and helpfulness play an important part in the scholarly work that emanates from the Casa-Museo. In particular I must mention Tomás Padrón, whose assistance went far beyond the normal course of duty. The Trinity College Dublin Research Benefaction Fund gave me an outstandingly generous award to meet the costs of publication, and I wish to thank the Dean of Arts (Letters), Professor Kenneth Adams, for recommending my application to the Research Benefaction Fund Committee. I am also indebted to Ms Avril Jones who typed the early drafts of this study and to Ms Dawn Webster who brought the typescript to completion.

J. W.

Trinity College, Dublin.

INTRODUCTION

The manuscript of the novel *Lo prohibido* by Pérez Galdós is housed in the Casa-Museo Galdós, Las Palmas. It is a substantial MS, as the printed edition would indicate, running to a little over 1500 pages, of which 1212 of Galdós's numbered pages served as the MS that he sent to the printer. (I have called this part of the manuscript 'PM'.) In shape and size the paper that Galdós used is very similar to the size that we today call 'A5'. The remaining 300 pages of the MS largely consist of portions of two early drafts of the novel. (I have called these drafts '1M' and '2M'.) Since the PM draft, except for changes at the proof stage, is essentially the document that became the first edition of the novel in 1885, my study is principally concerned with the drafts that have never been published heretofore.

The first draft of *Lo prohibido,* consisting of 103 pages in Galdós's numbering, must have been completed very quickly, if we are to judge by the rapid style of the author's handwriting at this stage of composition. That draft was then put aside and the second draft begun, the latter based quite closely in places on the preceding draft. Galdós's way of working was methodical: the early draft page, once it was consulted and its language and ideas considered, was crossed through, turned over and the blank side used for the next page of the later draft. Thus there is generally a close correspondence between the front and back pages of the MS. When Galdós had completed the 608 pages (in his numbering) of the second draft, he began again on the third and final draft. With this draft, however, his method of working involved incorporating a substantial part of 2M (about 60%) into the PM draft, changing the original 2M numbering and making a few alterations in the text of most of the pages. The original 2M is therefore partly scattered throughout the pages of PM, and partly consigned to the reverse side of PM, in the ratio of about 2:1 respectively. By bringing together these scattered pages and restoring their original 2M numbering, it was possible to reconstruct nearly the whole of the complete second draft of *Lo prohibido,* except for 33 missing pages, and the early pages of the draft, where it is impossible to detect a pattern of rejection and incorporation until 2M 35. A large proportion of the material incorporated from 2M into PM deals with what became Volume I of the printed edition, and no page from 2M was used after Chapter XIX.

The two early drafts are described later in greater detail in the commentary at the beginning of the texts of 1M and 2M. All the pages of the early drafts that were not used for the final draft (PM) are crossed out, with a thick blue crayon pencil scored a few times across the whole MS page, so it is a debatable point whether Galdós himself would have wished these early attempts to have ever seen the light of printing and publishing. We can safely say, however, that the early drafts, when compared to the printed version of the novel, serve to illuminate not only the working method of Galdós, but also his consistent desire to make both his commentary and dialogue bear the stamp of authenticity, particularly in his unfailing search for idiomatic naturalness in the language that he writes.

Any significant changes in Galdós's conception of character or situation in *Lo prohibido* as he composed his three drafts will be commented upon later in the appropriate places. The immediate purpose of the drafts is obvious, however: the expansion of material from one draft to the next. The respective page totals of each draft indicate this clearly:

1M: 103 numbered pages
2M: 608 numbered pages
PM: 1212 numbered pages

The other purpose, of the PM draft in particular, is also clear: the enlivening of language and characterization. Within each draft Galdós was also concerned, of course, to find the right word or expression at the first, second or third attempt if he could. Hence in the manuscript roughly 5% to 10% of the total amount written has been crossed out to make way for what Galdós thought was a more felicitous expression. At the 2M stage the corrections that were made do not offer much interest, since they are largely concerned with the business of piecing a sentence together. Once Galdós had a substantial draft of over 600 pages to work on, then he could begin to look critically at what he had written and make interlinear additions and improvements at the PM stage. The galley sheets, with their familiar typeface and wide margins gave him even greater scope than the MS itself. Any corrections of significance done at the 2M stage have been incorporated into the text of the draft.

Galdós made extensive use of the galley proofs that he received from the printer to further enliven language and characterization by deft touches, changing a word to its diminutive, changing the proper name of a character to a pet name, and generally seeking out any occasion to make the language of the novel less stilted and give it an air of naturalness, wit and humanity.[1] He was also able to use the galleys of *Lo prohibido* to tighten up the narrative perspective in the opening chapters of the novel, where the narrator's perception of Eloísa has also to take into account his later disillusionment with her. Another interesting proof addition was the 'gas' metaphor to describe the narrator stealing into Eloísa's new house at the end of Chapter VIII (I, 136). The complex suggestiveness of the metaphor (danger, secrecy, phallic imagery) makes it a striking addition at this late stage of composition.

---

[1] See JAMES WHISTON, 'Las pruebas corregidas de *Fortunata y Jacinta*', *Actas del Segundo Congreso Internacional de Estudios Galdosianos* (Las Palmas: Ediciones del Excmo. Cabildo Insular de Gran Canaria, 1978, I, pp. 258-65.

On the back of the last page of PM (PM 1212) there is a note in Galdós's handwriting as follows:

'principiado este manuscrito el 19 de Nov-84 concluido el 22 de Abril 85

D
E
Febr
M
5 meses y 3 días'

This is not the only occasion during the writing of *Lo prohibido* when Galdós was aware of the length of time it was taking him to compose the novel. Unlike the MS of *Miau*,[2] the *Lo prohibido* MS is liberally sprinkled with progress dates. The first one connected with the rate of composition is on 2M 100, where the date '1° de Diciembre' appears. In 1884, two Sundays intervened between 19 November and 1 December, leaving Galdós 10 working days to reach 2M 100. This work rate is comparable with the rates indicated by the next date, on 2M 310, '20 dic', and on 2M 401, '1° Enero 85'.

After these dates, a regular sequence appears on 2M:

2M 411: '2-1-85'
2M 431: '3-1-85'
2M 450: '7-1-85'
2M 467: '8-1-85'
2M 474: '9-1-85'
2M 485: '10-1-85'
2M 525: '13-1-85'

The next date to appear on the MS is on the first page of PM, namely '19-1-85'. This date allows us to assume that Galdós finished the final page of his 2M draft (2M 608) on 17 January 1885 (the 18th fell on a Sunday in that year). The last week of work on 2M, therefore, (10-17 January) saw the writing of pages 2M 485-2M 608, a strikingly high average of nearly 18 MS pages per day, and demonstrates that Galdós was at this point moving fluently through the final stages of the second draft of his story. This fluency is borne out by the considerable reduction of corrections in the MS throughout the final 120 pages of 2M.

Since a large proportion of 2M was incorporated into PM, many needing only minimal changes and a new PM number, the average of pages completed per day for the first half of PM is very high, as the following dates indicate:

PM   1: '19-1-85'
PM 268: 'I°-2-85'
PM 289: '5-2-85' (i.e. nearly 300 pages in less than 3 weeks)

---

[2] See ROBERT J. WEBER, *The Miau Manuscript*, p. 52.

PM 342: '7-2-85'
PM 500: '14-2-85' (150 pages in a week)
PM 541: '19-2-85'
PM 1212: 'Marzo de 1885'

This last date evidently refers to the completion of PM, and the date '22 de Abril 85' on the back of PM 1212 refers to the dispatch by Galdós to the printers of the final set of galleys. One other date remains to be mentioned: on the back of PM 1 Galdós has written, 'va á la emprenta el 3 de febrero 85'; in other words a batch of about the first 250 PM pages was sent to the printers on that date, so that the process of composing the later stages of PM and correcting the earlier stages in galley form went on at the same time.

There remains the question of whether the date '19 de Nov-84' includes the writing of 1M. From Wednesday, 19 November to Monday, 1 December 1884, there were 10 working days (including the 19th but excluding the 1st), giving an average work-rate for the first 100 pages of 2M of 10 pages per day. If we include the writing of 1M within those ten days, then we must nearly double the work-rate to an average of 19 to 20 pages per day. This average is also considerably above the 12 pages per day from 1 December 1884 to 13 January 1885, when 525 pages of 2M were completed. On the other hand, Galdós's handwriting in 1M gives every appearance of haste and speed, and as we have seen he was capable of averaging nearly 18 pages per day towards the end of 2M. However, while there is not sufficient evidence to conclude definitely against 1M being begun on 19 November, the likelihood is that the high work-rate required would be more normal towards the end of a draft rather than at the beginning, and that 1M was written during the ten days or so prior to 19 November. The supposition that 1M was written before the 19th would also go a little way towards answering the question: why did Galdós start *Lo prohibido* so long after the summer break and hence so late into the writing season?

SECTION I

SECTION I

THE FIRST DRAFT OF *LO PROHIBIDO*

The first draft of *Lo prohibido* (which will be referred to as 1M) consists of 70 extant pages of an originally numbered 103 pages of manuscript text. (There are 71 pages if we include a second page, numbered '1' by Galdós, and containing $2\frac{1}{2}$ lines of text.)[1] As Weber has explained with regard to the *Miau* manuscript,[2] the reason that we have a first manuscript draft is because Galdós, who was quite economical with his writing paper, used the backs of the draft for the manuscript that was sent to the printer.

The striking difference between the first drafts of *Lo prohibido* and *Miau* is in the length of each draft in proportion to the final manuscript version. The ratio is:

$$103: \quad 1212 \ (Lo \ prohibido)$$
$$132: \quad 769 \ (Miau)$$

There is also a big difference between the number of pages lost from the *Lo prohibido* first draft and the number lost from *Miau* (33 and 15 respectively). The following explanations can be advanced for these differences. The reason for the smaller *Lo prohibido* 1M of 103 pages is that 100 of them deal with Part I of *Lo prohibido* (only pp. 101-3, in the form of notes, deal with Part II). As a proportion, therefore, Galdós's first draft of 100 pages for Part I of *Lo prohibido*, which has 541 pages of manuscript in the final version, excluding a few re-numbered pages, is closely comparable to the ratio 132/769 noted by Weber for the first and final manuscript drafts of *Miau*, and lends some credence to the view that Galdós was a methodical man in his work.

The larger number of missing pages derives from two probable causes:

1. As Weber has pointed out,[3] a page missing from an early draft can be accounted for by the proposition that if Galdós, having used the reverse of that page as a manuscript page destined for the printer, was dissatisfied and wished to re-write the page (for artistic reasons or to make it more legible for the printer), then the page in front of him, having been already used on both sides, was thrown away by Galdós and hence lost to posterity. Therefore, the larger proportion of missing pages in 1M of *Lo*

---

[1] The text of this fragment reads: 'En Septiembre del 81, pocos meses despues del fallecimiento de mi padre, abandone los negocios, traspasé mi escritorio de Jerez, arrendé los predios, realicé las existencias y me.'

[2] ROBERT J. WEBER, *The Miau Manuscript*, p. 54.

[3] *Ibid.*

17

prohibido can be viewed as pointing towards a greater amount of correction or re-writing of this novel than of *Miau*. The amount of re-writing, in fact, is very large, as we will see when we come to consider a second draft of *Lo prohibido* containing nearly 200 manuscript pages subsequently re-written by Galdós.

2. There is, however, another explanation for the higher number of missing pages in 1M, and this concerns pps. 20-32. These missing numbers represent an unusually large gap in the first draft, where the gaps are generally of one or two pages. 1M 20 ends with the sentence 'Luego mi tío volvió á hablar de sus yernos' and the first line of 1M 33 apparently finishes off the brief section dealing with the narrator's description of María Juana, then passes on to 'Mi prima [Eloisa] Elena'. Therefore the preceding pages, say 1M 21 and 1M 22, would have dealt with the narrator's impressions of María Juana, finishing at the top of 1M 23, which could have been mistakenly written as 1M 33. (If this was so, there are two other instances in the manuscript of *Lo prohibido* where Galdós mistook his own handwriting, which lead to wrong numbering by him.) When we take into account that in the final version of the manuscript Rafael's sons-in-law are dispatched by him in a couple of lines (Chapter I, Section IV), the proposition that the missing pages between 1M 20 and 1M 32 are the result of a misreading by Galdós is strengthened. Another reason for treating this lacuna as merely an error of page numbering is that nowhere else in the total manuscript of some 1500 pages does Galdós write, re-write and re-write again (hence destroying the first two) 13 consecutive pages of text. If we accept this hypothesis we are left with a total of 23 rather than 33 missing pages out of a total of 93; still, of course, proportionately higher than the 15/132 ratio for *Miau*, and confirming José F. Montesinos's intuition that Galdós found Part I of *Lo prohibido* very difficult to write;[4] difficult, we might add, even from its first, sketchy stage.

The beginnings of *Lo prohibido*, therefore, may have comprised a self-contained draft of 103 but, more likely, 93 manuscript pages. No pages from 1M cross over into later versions of the novel. (Galdós re-used many pages of his second draft, incorporating them into the final draft.) 1M, however, is a self-contained creation, and the story in parts is quite unlike the finished product that came from the printer's works into the bookshops in 1885.

One of these differences from first to last draft is Galdós's use of nomenclature, where we see yet again the author's fondness for 'nombres significativos'.[5] The first page of 1M contains two family names which appear in phrases that Galdós was possibly considering as a title to the first chapter (or even as a title for the novel itself: the one he settled for in the end breaks away from his habit of naming his novels of contemporary life after the principal character). The two phrases are 'Nosotros

---

4   *Galdós*, Vol. II (Madrid: Castalia, 1969), p. 153.
5   I am borrowing a phrase I heard used in this connection by don Joaquín Casalduero.

los Mas' and 'Nosotros los Buenos'.[6] The name *Mas* would have been directly appropriate to the acquisitive nature of a society where money and possessions are to the fore and where, in Galdós's notes for Part II of *Lo prohibido,* we read that 'todos gastan mas de lo que tienen' (1M 101). *Bueno* was, however, the one chosen for the protagonist's family name in the final version of the novel, with the later addition, making the name doubly ironic, of *de Guzmán*: as with Juanito Santa Cruz in *Fortunata y Jacinta,* the narrator of *Lo prohibido* is neither particularly heroic nor moral, in the style of the Spain of former days.

In 1M Galdós considered five other family names for the protagonist: *Onís* (1M 7), *Nefas* (1M 10), *Falfán* (1M 16), *Regís* (1M 20, crossed out) and *Ibero (ibid).* The name *Falfán* had already been used in the second series of the *Episodios* for a character in *El Grande Oriente*: the *marqués Falfán de los Godos.* Three of the other names demonstrate Galdós's inclination towards the 'nombre significativo': *Nefas* (Latin for 'wickedness') was in fact used by the author as the name of the narrator's commercial partners in Andalusia, *los hijos de Nefas.* The regal connotations of *Regís* may have been in Galdós's mind as he considered this name for his protagonist. (In this connection we may remember the regal nick-name *el Delfín,* and its attendant irony, often applied to Juanito Santa Cruz in *Fortunata y Jacinta*). Was the name *Ibero* rejected at this stage of the author's career because it was *too* 'significativo'?

At the bottom of 1M 16 we find a sketch of various forenames that Galdós was pondering over for use in the novel. The names of two of the narrator's three female cousins undergo some modifications later. The eldest, called *María Luisa* in the sketch, later becomes the more Spanish-sounding *María Juana.* The name *María Luisa* evidently stuck in Galdós's mind: as late as 2M 551, which became PM 688, Galdós writes *María Luisa* instead of *María Juana.*[7] The second daughter is called *Elena* throughout 1M, although in the sketch the name *Eloísa* is also written in. Galdós, in rejecting the name *Elena,* may not have wished to repeat a name already used for the heroine of *La sombra.* It is likely, however, that the amorous intrigue and drawing-room society atmosphere of Part I of *Lo prohibido* lent themselves more easily to the name *Eloísa,* with its French and amorous connotations. The religious connotation may also have been in Galdós's mind: in 1M, as well as in the final version, the narrator's mistress is something of a *beata,* as we read in 1M: 'Ella era religiosa, iba á misa, hacía novenas, y pedía para los pobres' (1M 99). (Camila's name also features in the sketch and remained unchanged.)

---

[6] Palacio Valdés writing to Alas early in 1885 declared that the phrase *Nosotros los buenos* [sic] was the title of Galdós's current novel: see WILLIAM H. SHOEMAKER, *The Novelistic Art of Galdós* ([Madrid?]: Albatros/Hispanófila, 1980), p. 234, quoting from *Epistolario a Clarín,* edited by Adolfo Alas (Madrid, 1941), pp. 125-6.

[7] Galdós's mistake may lend some credence to the assertion that the three sisters whom Galdós used as models for his characters were called María, Luisa and Micaela: see H. CHONON BERKOWITZ, *Pérez Galdós, Spanish Liberal Crusader* (Madison: University of Wisconsin Press, 1948), p. 107. The combination of the first two sisters' names in Galdós's mind may have prompted the *lapsus calami.*

In 1M the narrator had two male cousins, Víctor and Constantino (the latter is also called *Pepito* in the sketch on 1M 16). The older, Víctor, was originally destined to play a significant role in Part II of *Lo prohibido* by returning rich from Cuba, with the result that his family suddenly become wealthy and 'triunfan algun tiempo' (1M 101). The name *Constantino* was soon changed (1M 51) to *Raimundo*, while *Constantino* was transferred in the second draft to Camila's husband. Both names are more appropriate to their final nominees: in Constantino's rock-like devotion to Camila; while in Raimundo's case, the French-sounding name blends with his own association with dinner-party chat and the drawing-room atmosphere of Part I.

Probably the most significant consideration of the use of names by Galdós concerns the name of the protagonist himself. In the sketch on 1M 16, the author writes 'Prot. Raimundo Falfán' and underneath that 'Constantino?'. 'Prot.' appears to be an abbreviation for 'protagonista'. However, both *Raimundo* and *Constantino* were dropped in favour of the name *Juan*. The full name in Galdós's mind, but used only once, was *Juan Antonio*: Carrillo addresses the narrator as such in 2M 414. Galdós, indeed, persevered with the name *Juan* all through the 615 pages of 2M and until after the first pages of the final version of the manuscript had been sent to the printer, and had to make some changes from *Juan* to *José María* at the galley stage. It can readily be seen, then, that Galdós took a long time before making this change, perhaps because he could not decide whether or not José María was a *don Juan*. The apparently ordinary change, therefore, from Juan to José María is, to my mind, highly significant: the protagonist is not a womaniser, as his father was, nor casually promiscuous as is his novelistic successor, Juanito Santa Cruz, who is, in his small and mean way, a nineteenth-century *don Juanito*. Indeed, on one occasion in the second draft the narrator addresses himself as 'Juanito' (2M 487); the word was removed when the page later became PM 566. Galdós evidently came near the end of 1M without any clear notion as to what name he should give to his narrator: see 1M 93 where Raimundo addresses the narrator as 'querido X' [sic] and then, further down on the same page, as 'querido Constantino'.[8]

The format of 1M is mainly constructed around two resources: sketches of most of the principal characters of Part I of the novel, and notes for the development of the plot. The character who receives most attention is Elena, with about 18 of the extant 70 pages devoted to her, or to the relationship between herself and the narrator.

In broad terms the character of Elena is altered little from the original conception in 1M through to the printed edition. We must, of course, remember that it is not only Elena's character, but also the protagonist's

---

[8] It appears that in the first draft Galdós had firmly made up his mind to use the name *Constantino* in the novel: in 1M it is variously assigned to Raimundo, tío Rafael (1M 79) and to the narrator. Constantino Miquis is called *Gonzalo Seudoquis* when he is introduced in 2M 49. The name *Seudoquis* had already been used in the second series of the *Episodios* for a very minor character called *Rafael Seudoquis*: his most lengthy appearance occurs in chapter VI of *Los cien mil hijos de san Luis.*

perception of her character that is in question, since Galdós adopted the narrator/protagonist form from the first draft. 1M states this early perception in a simple, black-and-white way:

> Las perfecciones físicas que desde el primer día admiré en ella no eran nada en comparación de los tesoros espirituales que iba descubriendo en ella. Un gusto esquisito en las artes, un instinto artístico y literario de primer orden, un sentido admirable para juzgar todas las cosas, un corazon que parecía responder con eco seguro á las buenas acciones,... un acierto grande para distinguir el bien del mal... Creedme Era ideal. (1M 33-4)

We have a fascinating insight into Galdós's creative procedure if we compare this passage with the final manuscript version. (I have italicised the words that Galdós added, as he took account of the fact that José María would be looking back both on his early passion for Eloísa and on his later disillusionment with her):

> empecé á [notar] *creer* que sus [galas físicas] *hechizos* personales eran simplemente el engaste de mil galas inestimables del orden espiritual. [Su rostro] *Figurabaseme* que su rostro tenía no sé que expresión de dolor tranquilo, ó bien, cierto desconsuelo por verse condenada á la existencia terrestre. *Parecía* estar diciendo con los ojos: "¡que lástima que yo sea mortal!" *Al menos así me lo hacía ver mi exaltada admiración.* Pronto observé en ella un gusto esquisito en las artes, un sentido admirable para juzgar de todas las cosas, sin pedantería, ni sabiduría, tan natural y peregrinamente como cantan los pájaros, sin entender de música. [Mostraba también un sentido práctico que me parecía rarísimo] *Igual admiración me producía* el sentido práctico que *á mi parecer* mostraba en las cuestiones y disputas. (PM 42)

When we consider the galley changes made by Galdós we find that 'empecé á creer' becomes 'me confirmé en la idea', 'figurabaseme' becomes 'figuréme hallar' and 'pronto observé' becomes 'pronto creí notar', thereby reinforcing the verisimilitude of the memoir-cum-diary structure used by Galdós in *Lo prohibido*.

The narrator's impressions of Elena's ideas on political and religious matters are similarly emphatic in 1M, and subsequently toned down by the time Galdós came to write PM. 1M reads:

> Volviendo á Elena, una de las cosas que mas me encantaba en ella era oirla hablar con admirable sensatez de todas las cosas. Sin duda tenía una inteligencia de primer orden. Recuerdo una conversación que tuvimos sobre materias religiosas, otra sobre política. En ambas, sin mostrar pedantería, ni aun esa erudición que tan mal sienta en bocas femeninas, me encantaba por su profundo juicio. (1M 69)

This later becomes, in PM:

> expresaba lo que sentía, claro, sincero y con gracia. Y lo que ella sentía parecíame trasunto fiel del sentimiento general; no chocaba por su originalidad ni por su vulgaridad. En suma, era lo que yo sentía y pensaba. Observé que sus ideas religiosas venían á ser poco mas ó menos como las mías, debiles, convencionales y completamente adaptadas al temperamento tolerante, á este pacto provisional, [en que] vivimos para poder vivir. (PM 140)

Elena's own destiny does not change substantially from first draft to the printed edition: on the last page of 1M we read: 'Elena se entrega a varios para que le den dinero' (1M 103). The grotesque idea that 'por último se entrega al de la Propaganda Católica' (1M 103) was omitted at PM: a sound piece of pruning by Galdós in a book which is notably free from a partisan spirit of any kind.

The other character in 1M who receives a proportionately large amount of space is Raimundo. He is mainly a Part I character (the only time that he features to any extent in Part II of *Lo prohibido* is at the beginning of Chapter XX). He attracts some $14\frac{1}{2}$ pages of text from the total of 70 extant. His first appearance from 1M 51 to 1M 60 (1M 54 is missing) corresponds very closely to Chapter III, Section I of the printed edition. The page numbers of the printer's copy (PM), written on the back of 1M, show that Galdós was closely following the first draft at this point of the final stage of his manuscript. The second section of 1M dealing with Raimundo consists of a little over 5 pages of manuscript text (1M 92-7) and corresponds, in a small part only, to Chapter XIII, Section I. However, although the treatment is different, from the first draft to the printed edition, the theme is the same: 'mi primo se refería siempre a cuestiones de dinero' (I, 254): what Galdós did at this point in the final draft was to expand considerably Raimundo's witty idea that 'en España no hay mas que ocho mil reales' (1M 94). The account of Raimundo's 'Mapa moral de España' at the beginning of Chapter XX (his only significant appearance in Part II) is not anticipated in 1M.

Pepe Carrillo is exclusively a Part I character, and since 95% of the text of 1M is given over to Part I of *Lo prohibido* he receives a good deal of attention in the first draft. Unfortunately, one of the pages devoted to an analysis of his character (1M 63) is missing. Nevertheless, it is possible to build a profile of Carrillo in one vital respect: the kind of relationship that exists between himself and his wife's lover, i.e. the narrator in 1M.

The narrator's reactions to Carrillo, in 1M as in the printed edition, are a mixture of admiration and contempt. Both before and after his affair with Elena, the narrator acknowledges the good features of his rival's character (see, for example, 1M 62 and 1M 87). However, on the same page as the narrator's remark that Carrillo 'no me parecía tan poca cosa como su suegro decía' (1M 62), we also read: 'Erame imposible discernir que clase de persona era Carrillo. A veces me parecía un frivolo.' The narrator's contempt for Carrillo in 1M arises from his unspoken assumption that he knows about the affair between himself and Elena, and must know that the money for his luxuries comes from a source other than his own revenue:

> Imposible que Carrillo dejase de comprender que sus rentas no podían dar para tanto. Pero ella le había comprado dos caballos, un faeton, y él tan contento. — Y el hombre que tal toleraba, cuando echaba párrafos conmigo, se las echaba de muy moral, y me sermoneaba, intentando hacerse pasar por un modelo de probidad! (1M 92)

22

It is of interest to note that the expenditure mentioned here is solely on personal luxuries for Carrillo, not on the newspaper to promote worthy causes, and the children's charity, which are introduced in a later draft. By differences such as these, we can see how Galdós made moral considerations more complex after the first draft.

There is one aspect of Elena's marriage to Pepe in 1M that is not carried through to the printed edition of *Lo prohibido*: the reason for the neglect of family life in the Carrillo household. This neglect is apparently due as much to Pepe's lack of interest in domestic affairs as to any other factor. The situation, however, which in 1M appears to be caused by Pepe's moral failings in the sexual sphere, in the printed edition is caused by his philanthropic activities; a good instance, this, of the way Galdós complicates the moral issues, thereby making it difficult for the reader to make a hard-and-fast judgement. On four occasions in 1M we can see Galdós considering the question of Pepe's sexual morality.

We first encounter a hint of Pepe's waywardness in notes for the continuation of the plot in 1M 65: 'Quéjase ella de que su marido tiene distracciones. — En cuanto tiene dinero empieza á hacer de las suyas', where the phrase 'hacer de las suyas' also suggests that Pepe is reverting to old ways. However, the vagueness of 'tiene distracciones' is continued on the next page: the conversation between Elena and the narrator does not take us any further: 'Desde que tiene dinero, — me dijo una noche con candorosa confianza — está un poco distraido' (1M 66). Another hint that Carrillo's character is not all that it should be comes a few pages later. At this point it is still not entirely possible to know what is in Galdós's mind when he uses the word 'decentes': 'Hablabamos de hombres decentes y de los que no lo son. Sus reticencias claramente ponían a Carrillo en el lugar mas desventajoso' (1M 71). The fourth suggestion concerning this aspect of Elena's marriage is to be found in the notes on the death of Carrillo: 'Era infiel a su muger?' (1M 99). The question-mark reveals that Galdós had decided to postpone the issue until the next draft of the novel. (Incidentally, the doubt remained into the second draft and was not removed until PM: see my remarks about this on p. 61). The removal of the doubt about Carrillo's sexual waywardness in his favour is another example of the way that Galdós makes it more difficult for the reader to settle for ready-made judgements.

Another instance of the developing complexity of moral issues from the first to a later draft is Carrillo's attitude towards the narrator which at the end of 1M becomes hatred and vindictiveness during the scene when Carrillo is dying. Indeed, the circumstances of this scene in the first draft are very melodramatic. Pepe falls gravely ill when the narrator and Elena are taking him to the 'baños' prescribed for him. As he lies dying in a miserable inn on the journey, he tells the narrator that he knows of the 'negocio sucio' (1M 99) in which the former has been involved with Fúcar: 'Carrillo moribundo pinta las infamias que he he [sic] hecho con Fucar en las contratas. Horrible ironía en la cara de aquel hombre' (1M 100). At the top of the same page we read: 'Cuando Carrillo muere siente hacia mí una antipatía horrible.' By the time of the printed edition, this melodramatic confrontation had been modified considerably, with the emphasis mainly on José María's perplexity about Carrillo's feelings towards him, and ending (in the last three sentences of Chapter XIII, Section III) with his conviction of Carrillo's loyalty and friendship.

We can say of the narrator in general, as of his relationship with Carrillo, that later drafts had the effect of developing him into a more complex character, morally speaking. In 1M he is less attractive, both in his business dealings, getting into a 'negocio sucio' with Fúcar, and in his sexual morality, as may be seen from the following quotation:

> Sospecho algo en Elena, la vigilo y veo entrar al marques de Fúcar. Indignación.
> Viene Ray [sic], á pedirme dinero y le insulto, le llamo *borracho*.
> Corro allá resuelto á hacer una escena.
> Elena me aplaca.
> Enredome con ella otra vez. Gastamos juntos el dinero de aquel viejo asqueroso. (1M 102)

The squalid depravity suggested in the last sentence just quoted offers us an interesting example of how Galdós could use an early, rather melodramatic idea, to later turn it into a complex piece of tragic nemesis in the final version: the last instalment of the money that enables the narrator to settle his affairs honourably is paid by Eloísa, who has received it from the odious Sánchez Botín in return for her meretricious services.

Galdós's unusually terse style in 1M makes it difficult at times to distinguish notes from continuous text, but we can say with certainty that what Weber has called Galdós's 'telegraphic style'[9] is also evident in 1M from 1M 98-103, these last six pages of MS being written exclusively in note form. The other notes in 1M for the development of the plot of *Lo prohibido* were not all written at the 1M stage of composition. The notes on 1M 11, 1M 67 and 1M 80 were probably written in at the 2M stage. The notes on 1M 85, however, do belong to the first stage of composition. To judge by much of the handwriting on that page, with its flourishes and ornamentation, and also the note 'posarse', Galdós was taking stock of what he had written to-date and was now sketching some leisurely notes for the continuation of the work. In particular, the word 'posarse' is written in the exceptionally clear, embroidered script that Galdós used when he paused for thought. The change to note form in the narrative at this point is not surprising: the previous page, 1M 84, had obviously dealt with the scene in Elena's house when the couple first make love (see 1M 83). The Paris encounter (1M 85) is the high point of the love affair, and in effect the end of the first half of Volume I of *Lo prohibido*. The word 'posarse' is, therefore, a reminder by Galdós to himself to settle down the narrative at this point in the story. (There had been two earlier authorial reminders of this type in 1M: the observations 'condensar localizar' [1M 65] and 'orden' [1M 69].)

---

[9] WEBER, *The Miau Manuscript*, p. 16.

As previously mentioned, the material crossed out by Galdós in 1M and 2M does not hold great interest for the construction and development of *Lo prohibido,* although it has a general relevance to the way that he composed his novels. The material crossed out on 1M 85 is of interest, however, in that it shows us that Galdós's plan for the various episodes that comprise the novel was at this stage quite fluid. These episodes could have included a scene with 'fuegos artificiales' (crossed out between 'inconsecuente' and 'excursión verano' [1M 85]), 'baños' in Biarritz (the name of the town is crossed out after 'á que baños') and a scene to take place during the festival days of San Isidro (the words 'Isidro?' and 'Mayo' are crossed out after 'San'). In the subsequent drafts none of these ideas was used. Also on 1M 85, after the sentence 'El arreglo de la casa, inconsecuente', and heavily crossed out by Galdós are the words 'X Bringas Tormento'. It is not inconceivable that Galdós was considering a title here for *Lo prohibido* and jotted down the titles of his two previous novels (and the undecipherable word represented by 'X').

Three of the notes on 1M (1M 11, 1M 67 and 1M 80) were almost certainly written in at the 2M stage. Superimposed on 1M 11 is a sketch of the narrator's family tree, in which Galdós changes the relationship between Rafael and the narrator's father from brothers (see 1M 12) to first cousins. Since Rafael's naturalistic thesis concerning 'la importancia histórica de un mal de familia' (I, 12) is itself a confused jumble of genuine mental illness and mere eccentricity, it is possible that Galdós wished the reader to view the thesis even more ironically by weakening the family link between Rafael and the narrator's father and hence down to the next generation who comprise the protagonists of the story.

The notes on 1M 67 are written in on the left-hand side of the page, at a right angle to the main text. They read: 'Eloisa — como me cuida Comoditos de día — ruidos de la calle. de noche — mad.' The last word is probably an abbreviated reference to Eloísa's mother. In PM Galdós used these simple notes in a masterly fashion, especially to create the atmosphere of convalescence and its attendant sensations (see I, 75-90). The notes at the top of 1M 80 (between 'Lizzi' and 'Seguía') must also have been written in at the 2M stage, Galdós probably having deliberately left a gap in the text for such a purpose: it is unlikely that he would have used the name 'Eloísa' twice at this stage in 1M and then, three lines later and again at the beginning of the next paragraph, have reverted to the name 'Elena'.

The goal towards which the narrator unwittingly moves in *Lo prohibido* —the idea of true friendship as an alternative to sexual conquest— is not envisaged at the 1M stage. It is again a fascinating insight into Galdós's thought processes to see that, as in the case of Carrillo and the narrator, confrontation without conciliation was the first thought to predominate. Thus, on the second-last page of 1M, the narrator tells us: 'Su maridito [that is, Constantino] me revienta' (1M 102) and on the last page: 'le digo [that is, to Camila] que su marido es un quídam' (1M 103), with no hint at all of the narrator's subsequent feelings of friendship for the couple and desire for reconciliation that emerges in the final version.

Indeed, the first of the alternative endings envisages the narrator being *'rechazado* por todos' (1M 103; my emphasis). The other destiny awaiting the narrator, not used either in the printed edition, was 'me llevan á un manicomio' *(ibid.),* but this fate was kept in reserve until the ending of Galdós's next novel, *Fortunata y Jacinta.*

In a manuscript that serves as a first draft for a novel containing roughly two equal parts it is surprising that almost the whole of it should be devoted to Part I of the novel. As with the composition of *Miau,* the pattern followed here was that of attention to detail in the early stages, followed by a style more akin to note-form in the later stages. As regards the sketches of characters, without doubt the most interesting study in 1M is Pepe Carrillo, whom Galdós makes a more positive character in later drafts, hence complicating the issue of the failure of his marriage to Elena/Eloísa. The theme of friendship which emerges in the final version was evidently not foreseen by Galdós in 1M: the relatively negative approach in the first version was later adjusted to encompass a view more spiritual in nature, or at least with less emphasis on victory through confrontation.

THE FIRST DRAFT OF *LO PROHIBIDO*

1M 1

Nosotros los Mas
Nosotros los Buenos

En Setiembre del 81, pocos meses despues del fallecimiento de mi padre, [abandoné los negocios] resolví apartarme de los negocios. Traspasé mi razon social á otra casa extractora de la casa extractora de [sic] Jerez que llevaba mi nombre; realicé como pude los créditos traspasé el escritorio y las existencias, arrendé los predios, y me fuí á vivir á Madrid.

1M 2: missing

1M 3

Mis primeras impresiones en Madrid fueron de sorpresa y agrado, en lo referente al aspecto de la Villa. Yo no había estado aquí desde los tiempos de [Gonzalez Bravo Bravo Murillo] O'Donnell. Causábanme asombro la hermosura y amplitud de las nuevas barriadas, los rápidos medios de comunicación la evidente mejora en la apariencia de los edificios, de las calles y aun de las personas, los bonitísimos jardines plantados en las antes polvorosas plazuelas, los riegos de las calles, y por fin no cesaba de admirar las muchas y aparatosas tiendas, [iguales á las de] no inferiores aparentemente á las de Londres y París, y los muchos y elegantes teatros para todas las clases, gustos y fortunas. Esto y otras cosas que observé [en la manera de vestir y aun en la manera de discurrir y en las relaciones sociales, hiciéronme declarar]

1M 4: missing

1M 5

tan excepcionales como hombre de sociedad que no cabía realmente en la estrechura de una oficina, ni su ambición le podía limitar al triste sueldo que le daba el Gobierno. Agenciaba, pues negocios agenos, sin desatender los propios, para lo cual le servían sus relaciones en todas las oficinas y dependencias de Madrid. Hombre que tuviera mas amigos no creo que haya existido jamas. No había puerta cerrada para él. Los porteros de todos los ministerios le saludaban como al principal amigo de la casa. Su trabajo desde 1850, debía serle muy provechoso, pues cuando vine á Madrid mi tío, á juzgar por el aspecto de su casa, debía de estar en muy holgada posición.

Cuando yo me establecí en Madrid era mi tío un señor que parecía menos viejo de lo que era, vestido como los jóvenes elegantes, pulcro y correctísimo. Se afeitaba toda la cara. Era esto un alarde de fidelidad á la generación anterior, de que procedía. Su cara

1M 6

sonrosada y grave, revelando salud y contento, su mirada discreta, su finura y cortesanía, siempre sostenida en el fiel de balanza que oscila sin inclinarse ni á la familiaridad impertinente, ni á la sequedad, me cautivaban. Físicamente no tenía mas defecto que el de llorar constantemente, es decir que se le humedecían los ojos á cada instante y siempre que hablaba con alguna vehemencia, aun en los asuntos mas festivos se le llenaban de lagrimas. Cuando reía, no podía apartar el pañuelo de los ojos.

Mostrabame un afecto sincero, y en los primeros días de mi residencia en Madrid no se apartaba de mí, para asesorarme en todo lo relativo á mi instalación, y ayudarme en mil cosas. A ratos le entraba como

1M 7

una desazon nerviosa, una especie de entusiasmo por la raza de Onís que veía encarnada en mi persona, y me mimaba y acariciaba como á un chiquillo á pesar de mis cuarenta y dos años. Pobre tío! En estas demostraciones, que aumentaban considerablemente el manantial de sus ojos, yo descubría una pena agudísima y secreta, una espina que laceraba su corazón. No se como lo descubría; pero tenía la certidumbre de aquella herida íntima, cual si la estuviera viendo. La pena de mi tío era el desconsuelo de no verme casado con una de sus tres hijas, y esta contrariedad era irremediable, porque sus tres hijas ¡ay! estaban ya casadas.

En la primera ocasión que se presentó, mi tío habló pestes de sus tres yernos. Segun el, el uno era

1M 8

necio, el otro un pobretón y el tercero una mala persona. De confidencia en confidencia llegó mi tío hasta las más íntimas y delicadas, acusando á su esposa de precipitación en el casorio de sus hijas. «La verdad es que Amalia por quedarse libre, y descansar del cuidado de sus hijas, al primero que se ha presentado le ha dicho: «tome Vd...»

No habían pasado quince días de mi instalación, cuando tuve un amago de hipocondría. Desde niño padecía yo fuertes desordenes nerviosos que con la edad habían perdido parte de su intensidad, y eran mas raros cada vez. Consistían en la pérdida completa del apetito y del sueño, en una desazon inexplicable que mas parecía moral que física, la cual no puedo definir sino como un angustioso temor de males muy grandes. Con ligeros intervalos de descanso mi espíritu

1M 9

esperimentaba la impresión de terror que es natural en el que se cae sobre la vía ferrea y no pudiendo levantarse ve que el tren se acerca y llega y le pasa por encima. Otras veces mi caprichoso mal me fingía la insufrible pena de estar mordiendo paño, y de verme obligado por irresistible fuerza á partirlo en pedazos con los dientes y á tragármelo. Cuando me ponía así, la vista de personas extrañas me escitaba mas, y aun se dió el caso de que sintiera bullir en mi sér un brutal instinto de ofender gravemente con palabras ó con alguna bofetada á los que visitaban. Por esta razon no quería recibir á nadie, y mi criado que ya me conocía tenía buen cuidado de no dejar que llegase á mi presencia ni una mosca. No pudo en Madrid extremar la consigna,

1M 10

porque mi tío pasaba por encima de ella y se colaba de rondón en mi cuarto. Con la mayor buena fé creía llevarme en sus exhortaciones la mejor medicina de mi mal; se jactaba de conocerlo profundamente y de haber descubierto mediante una larga experiencia que el único remedio para él era gastar en la actividad, en las distracción [sic], y aun en unas cuantas calaveradas, el fluido acumulado en nuestro sistema nervioso.

«Es el mal de la familia,...ya lo conozco. Somos antiguos camaradas. Nosotros los Nefas hemos traido al mundo esa imperfección nerviosa como otros traen el herpetismo y la tisis hereditaria. Todos lo hemos padecido en mayor ó menor grado. Entre los Nefas ha habido individuos dotados de eminentes cualidades, hombres de gran talento y virtudes; pero todos han tenido una flaqueza escondida en un pliegue del cerebro, ó del corazón. De nosotros se dijo que teníamos una organización

1M 11

admirable; pero que nos faltaba la catalina, la rueda maestra me entiende. Por eso habiendo entre los Nefas tanto hombre notable, ha habido tantos desgraciados, mejor dicho, todos han sido muy desgraciados, muchos han tenido un fin trágico, otros han concluido miserablemente. No han [sic] faltado en la familia quien ha perdido el juicio. Y en cuanto á las mugeres... Ni las Nefas. Aquí sí que [son de admirar los] En la familia ha habido mugeres de altísimas prendas; pero también les faltaba algo... Recorre la historia de la familia en los individuos mas cercanos y veras como hay en ella un mal crónico nervioso que viene reproduciéndose de generación en generación, deblitándose al fin; pero sin desaparecer nunca. No hablaré de lo anterior á mí, porque sería largo. Entre los hermanos de mi padre, hubo Nefas [locos heroes] extravagantísimos

1M 12

Si contara la historia de cada uno no acabaría en toda la noche. Vengamos á mi generación. Ya sabes que eramos cuatro: tu padre, yo y mis otros dos hermanos y [sic] tus tíos Javier y Enrique. Ya no vivimos mas que Javier y yo. Tu padre era un hombre completo. Tenía como tú esas melancolías, esos terrores. Cuando era joven, creíamos que lo perderíamos. Le entró la manía mística, y de los extasis y las visiones. Quería ser sacerdote. Mi padre lo caso á la fuerza y se casó. No volvió á aparecer el mal sino en forma de una periódica repulsión por los ácidos. Dabanle unos ataques de dentera que le atormentaron toda su vida. Murió como sabes de diabetes. En mi hermano Enrique tomó la dolencia de familia un caracter mas grave. Era de caracter apacible, de manos muy hábiles. Hacía primores. Parecía una muger por lo delicado

1M 13

gesta [sic]
de sus gustos. Se enamora perdidamente; es contrariado, se calla langui-dece... Pobre Enrique. Acabó sus días en un manicomio. Mi hermana Irene no dió mas mas [sic] muestras de la infección que el tener toda su vida una antipatía á los perros que ver uno se inmutaba y parecía que se moría, y despues de sus partos, perdía la memoria tan por completo que no se acordaba ni de su nombre. Pobre Irene. El mal aparece pujante en su hijo Jesus Delgado, un ser inofensivo que no tiene mas manía que es-cribirse cartas á sí mismo.

Mi hermano Javier. Ese fué siempre el mas robusto de todos. Era un mocetón. Durante la juventud no dió muestras de tener perturbación de ninguna clase. Este tiene la catalina decía mi padre, viendo su aplicación, su laborio

1M 14

sidad, su buen humor. Se le dedicó á la Marina. Hizo una carrera brillante. Estuvo en Abtao, en el desembarco de Africa, en el Pacífico. Hoy es Bri-gadier de Marina, está retirado, vive en Madrid. Pues á que no sabes por donde ha salido en el el mal de la familia. Es lo mas extraño... Mi her-mano Javier. (ya le conocerás. Ahora está de viaje en el extrangero; pero pronto vendrá.) Es la persona mas completa, que puedes imaginar,...quiero decir, si no fuera aquel defectillo, mejor dicho defecto grave... No sabes. Pues tu tío que es modelo de caballeros, modelo [de] hombre de veraci-dad intachable, un gran caracter en una palabra, tiene la manía,...sí, manía es, no puedo llamarlo de otra manera, la manía increble de apropiarse tal ó cual objeto que encuentra á mano cuando entra en una casa ó en un sitio

1M 15

público. No sabes los disgustos que me [sic] hemos tenido. Nada, no te lo explicas, ni se lo explica él mismo. Es un misterio de la naturaleza, un fenómeno cerebral. Que entra mi hombre en una librería, y acecha el momento en que están distraidos los dependientes, y coge un libro y se lo mete en el bolsillo del gaban, y echa á andar, y abur... En varias casas ha cogido bibelotes de los que están sobre las mesas, perrillas de picaportes, libros,... hemos pasado grandes vergüenzas por esto... Lo particular es que él mismo no puede darte una razon. Dice que no roba que es un acto maquinal, superior á su voluntad...

Yo, querido, me parece que soy, en toda la familia el que menos he [sic] sufrido del misterioso mal. La actividad de mi vida, el afan

1M 16

constante de los negocios, el tener el espíritu siempre ocupado en ganar el sustento para esta familia me han librado hasta ahora, porque no hay medicina como la actividad y el no pensar en ello... No obstante, de cuando en cuando, hay días... á veces siento como que se hunde el piso, y me veras andar de un modo particular... siento un cierto anhelo de correr por la calle. Me avergüenzo á la idea de lo que dirá de mí la gente al verme correr... Pero me contengo... soy razonable. En mí puede la razon y la voluntad mas que los nervios.

Víctor Víctor
Raimundo

Veamos ahora mi descendencia. En ella aparece el mal de familia, ya muy debilitado; pero aparece al fin.

Hijas	— María Luisa	Prot. Raimundo Falfán	
	Eloisa Elena	Constantino?	
	Camila	tío — Jose María	vamos por
madre	— Pilar	hijo-1° — Víctor	partes —
		hijo-2° — Pepito	mi hija —
			María Luisa

1M 17

Veamos ahora mi descendencia. En ella aparece el mal de familia muy debilitado; pero no se puede dudar de su existencia. Mi hijo Víctor goza de excelente salud; es gran cazador; caracter alegre, buena persona, muy simpático. Sus frecuentes viajes á Cuba le han alterado algo la salud. Padece del hígado. Me ha contado que ha tenido allá temporadas en que le pasaba una cosa extraña, una sensación singularísima. Estaba en su cama sin poder dormir, y sin saber como se arrojaba del lecho y se salía á la calle en paños menores. A bordo sentía á veces tentaciones inexplicables

33

de arrojarse al agua... Allá está ahora. En su ultima carta me dice que vendrá pronto, y que su salud no es buena. Presumo que [sic]

Mi pobre hijo Constantino sí que lleva el germen en su mayor grado. De ese infeliz no he podido sacar partido nunca. Le mata su imaginación exhuberante [sic]. Es un orga-

1M 18

pilot-boat [sic]

nismo horriblemente desequilibrado. Pobre Constantino. Nos ha dado muchos disgustos. Ahí no solo falta la catalina sino la mitad de las ruedas. Inteligencia poderosa y desquiciada. Apetitos vehementes y desordenados, loca afición á las mujeres, nervios caprichosos... Que mas signo de la existencia del mal que su debilidad física y sobre todo la manía de que tiene un principio de reblandecimiento de la medula? Y acá para entre los dos, creo que el pobre no se equivoca.

Pasemos ahora á mis tres hijas. María Luisa, la mayor, es la que parece mas equilibrada y mas libre por lo tanto del funesto mal de familia. No ha tenido hijos. Su salud es buena, y si algo hay en ella que indique el mal hereditario es aquella propensión á la melancolía. La he sorprendido llorando, sin que me haya querido decir la causa. Creo que ella misma no la sabía.

Mi hija Elena tiene una constitución nerviosa suma-

1M 19

Neurosis [sic]

mente endeble. Sus caprichos dan risa. Tiene horror á las plumas, y de aquí le viene su horror á todas las aves. Se pone nerviosísima á la vista de un canario. En la mesa, el ave asada y trinchada, produce en sus sentidos extraño estremecimiento. Dice que se figura que una pluma se le atraviesa en la garganta y que no la puede expulsar... Manía ridícula, pero respetable. Y es un angel. No es vanidad; no es orgullo de padre. Bien puedo decir á boca llena que como mi hija Elena hay pocas. Aquel juicio superior, aquella discreción, aquel gusto esquisito, aquel corazón sensible á todas las desgracias, son la gala de mi familia. Su marido es indigno de tal joya...

Por ultimo mi hija Camila la mas pequeña de las tres. es casi una chiquilla. Tres meses hace que se casó y no ha variado nada. No la juzgues por la apariencia. Parece una loca, parece una muger casquivana y

1M 20

despreocupada. Pues no; hay en ella un fondo de rectitud. No puede negar la casta. Hay días que se pone en términos que hay muchos en el manicomio con menos razon. Cuando se pone á dar gritos por la casa, y á cantar y á llorar, y á correr por los pasillos muy aligerada de vestido, creelo, tiemblo, me da una pena. Pobre niña ... Por cierto que no me explico como se enamoro de ese danzante ... Insondables misterios son los del alma de la muger...

Y aquí paró la descripción del mal constitutivo en la numerosa familia de [Regís] Ibero. Nosotros los Iberos no teníamos mucho que agradecer á la divina Providencia que había inoculado en nuestra sangre, un grano de sal de chifladura, y nos había dado aquel desorden como distintivo de nuestra raza.

Luego mi tío volvió á hablar de sus yernos,

1M 21-32: missing *

1M 33

cuanto mas los que tienen dinero.

Mi prima [Eloisa] Elena

Era casi tan hermosa como su hermana mayor, pero mucho mas linda, graciosa, hechicera. Desde que la ví me gustó mucho, me pareció un ser de elección, algo de lo que todos soñamos y no poseemos jamas. Era el bien que encontramos tarde y cuando ya no podemos cogerlo. Aquella hermosa fruta estaba ya cogida. Al poco tiempo de tratarla, mis simpatías se avivaron [porque la ví crecer á] Como se crecía ante mis ojos. Las perfecciones físicas que desde el primer día admiré en ella no eran nada en comparación de los tesoros espirituales que iba descubriendo en ella. Un gusto esquisito en las artes, un instinto artístico y literario de primer orden, un sentido admirable para juzgar todas las cosas, un corazon que parecía responder con eco

1M 34

seguro á las buenas acciones, ... un acierto grande para distinguir el bien del mal ... Creedme Era ideal. Me habría parecido una criatura superior á las realidades humanas, si estas no estuvieran por aquellos meses, impresas y como estampadas en la naturaleza física de mi prima Elena. Cuando la conocí estaba en estado interesante. A los cuatro meses de vivir yo en Madrid, una mañana me dijo mi criado que aquella noche la señorita Elena había dado á luz un niño. Grande alegría en la casa. Yo también me alegré mucho. Sentía hacia ella verdadera estimación y un cariño encerrado dentro de los límites de la honradez mas pura.

El marido de mi prima Elena era un aristócrata, pertenecía á una de las familias historicas; pero esta familia, con los

1M 35: missing

* '33' was probably written mistakenly for '23': see p. 18.

1M 36

cosas tenia ideas sabias y superficiales. En su alma había una gran tristeza, quizas el desconsuelo de ser aristocrata y no tener bienes, de ser aficiona-do al esport y no poderlo mucho.

Cosa extraña! Este tenía la manía de lo democratico, lo contrario del otro marido ... Sus amigos le tachaban de escesivamente exaltado en po-lítica. Su muger le estimulaba en ello. Elena tenía ideas grandes. Yo creo que en aquel democratismo había algo de despecho...

Mi prima Camila

Esta me fué muy antipática desde que la ví. Creo que ella lo conocía y me pagaba en la misma moneda. Era una loca; á veces parecía una chi-quilla sin juicio á veces una mala mujer. Serían tal vez inocentes sus tra-vesuras

1M 37: missing

1M 38: missing

1M 39

encontro en este hombre para quererle? Porque es feo, [tonto] vulgar, po-bre, enfermo y de muy malas costumbres. Era este uno de los fenómenos tan comunes en la vida social y que jamas son explicados. Y me contaron que sus padres se habían opuesto á boda tan desacertada; pero que ella lo tomó con tal vehemencia y puso de tal modo en juego los registros todos de sus nervios y de sus mimos que los padres cedieron por miedo á que perdiera la razon... segun me dijo la mamá con notoria inocencia... Des-pues de casada, las rarezas de Camila fueron las mismas. Trataba a su ma-rido delante de toda la familia con los extremos mas recusados. Unas veces le besaba en público, otras le decía mil perrerías y le tiraba de los pelos. Viendo esto, yo no sabía si reir ó indig-

1M 40: missing

1M 41: missing

1M 42: missing

1M 43

Elena daba respiro á su indignación diciendo: «me alegraría de que vi-niese la revolución para ver que cara ponían estos ... En el comedor relampagueaba aun la magestuosa Maria Luisa, apretando contra su pecho el devocionario, y diciendo: «Al fin ha de venir aquí un gobierno fuerte, un gobierno de verdad, que barra toda esta pillería.

Los móviles de aquellos disturbios domésticos no eran siempre políticos. Otro día Camila llamaba á voz en grito hipócrita á su hermana María Luisa, y luego se ponía á llorar y á decir que jamas volvería á bajar á la casa. Averiguada la razon de este tumulto, resultó que eran celillos del papá. Si el papá, ó sea mi tío, queria mas á Maria Luisa que á sus otras dos hijas, la mimaba y la distinguía con mil dulces preferencias. Siempre que las hermanas

1M 44: missing

1M 45

caracter tan debil que sus hijos, y aun los criados, y hasta creo que el gato hacían de ella lo que querían. Mi tío no se ocupo nunca de sus hijos, mas que para traerles dulces. Todo el día estaba en la calle, y los domingos se iba de caza. Por las noches volvía tarde, cuando ya la familia menuda estaba dormida. El creía cumplir sus deberes trabajando todo el día y ganando dinero para las enormes y cada día mayores necesidades de la familia.

El niño de Elena, primer nieto que habían tenido mis tíos, absorbía por completo toda la atención de la familia. Abuelos tíos y madre eran pocos para cuidarle. Las funciones de su incipiente vida era la preocupación de todos. No hay para que hablar de la fama que en toda la casa tenía el muchacho, fama de robusto, de guapote

1M 46

y también de mala persona, por las tretas que tenía para hacer su gusto. Todos los pequeñuelos tienen la misma fama. Todos pasan por hermosotes, bonitos y muy malos. Y sin embargo todos son lo mismo, feos, colorados, animalitos mas torpes que los niños de los animales y con menos gracia. Del de Elena se contaban maravillas. Era muy pillo; ya sabía las horas a que le daba el pecho el ama, y se empeñaba en establecer horas extraordinarias. A los cuatro meses, ya mostraba su desagrado a algunas personas, ni dejaba dormir á nadie en la casa cuando se le antojaba dar un concierto á deshora, y cuando no le saltaban todo el tiempo que el que quería daba pataditas. Cuando le daba por ser razonable estaba todo un día sin chistar, mascando un aro de goma y [sic]

Todos le querían mucho y yo también, porque facil-

1M 47

mente me asimilaba los sentimientos de la familia. Poco á poco fuí acos-
tumbrándome á vivir cerca sino [sic] en lo interior de aquella república
y bien pronto la consideré sino [sic] como necesaria como grata á mi
existencia. Mis tíos, las tres primas, sus maridos, mi primo Raymundo [sic]
y hasta el retoño de Elena me interesaban en mayor ó menor grado.

De las primas la que principalmente tenía mis simpatías era Elena,
quien solía consultarme sobre cosas de su exclusivo interés, y bajaba á mi
casa para ayudarme é ilustrarme cuando estaba yo decorando mi domicilio.
Mi afecto hacia ella era de una pureza intachable; tan así que yo gozaba
oyéndole elogiar á su marido. Me solía decir: no vale Pepe tan poco como
cree papá, y la gente. Tiene inteligencia y un fondo de caballerosidad. Solo
que es algo apocado y no manifiesta su mérito.

1M 48: missing

1M 49: missing

1M 50: missing

1M 51

Restame hablar de mi primo Raimundo. Con este había tenido yo trato
anteriormente, pues pasó conmigo una larga temporada en Jerez; así es
que le conocía bien. Pocas personas existían que, como mi primo Raymundo tuvieran el don de agradar y cautivar de primera intención; porque á
pocos seres concedió Naturaleza tal riqueza de cualidades, de las que podríamos llamar ornamentales, porque son adorno de la persona. Cuando le
conocí en Jerez estaba Raymundo en todo su esplendor, ese brillante apogeo de su ingenio. En Madrid le encontré algo decaído. A veces lo que
antes hacía tanta gracia en él, ya empezaba á ser pesado, [y] Principiaba
á tener manías, y á padecer lamentables descuidos en su conducta social,
y en su persona. No era

1M 52

el hombre entretenidísimo, ameno y simpatico de antes: mejor dicho, tenía temporadas, días muy buenos, á los que seguían períodos en que se
hacía de todo punto insoportable.

En España son comunes los tipos como este primo mío y tanto que su
pintura hecha por mí ha de ofrecer muy poca novedad, y habrá infinitos
que se le parezcan; pero he de hacerla no obstante, salga como saliere,
que no es culpa mía si lo que cuento resulta sabido de todo el mundo.
Pues mi primo había tenido una educación muy incompleta, había leido

38

poco y sin embargo hablaba de todas las cosas, desde las mas frívolas á las mas serias, con un aplomo, con una elocuencia, con un sentido que pasmaban. Los que por primera vez le oían se quedaban turulatos.

1M 53

Ultimamente, observé yo cierta decadencia en aquella facultad preciosa de hablar agradablemente de todo sin entenderlo. El pasmoso ingenio de Raimundo vacilaba ya; rara vez hablaba razonablemente, y todo era paradojas, bufonadas y un deseo de originalidad á costa del sentido comun. Pero siempre se le oía con gusto.

A este don reunía otros muchos. Raymundo hablaba francés é italiano con rara perfección. El ingles no lo hablaba; pero lo traducía. También se le alcanzaba algo de aleman. Raimundo se sabía de memoria todas las óperas de repertorio con recitados, coros, orquesta. Cantaba lo mismo que Tamberlick y declamaba lo mismo que Rossi. Tenía el don de imitar voces y acentos en grado extraordinario.

Raimundo no era un gran pintor porque no se había puesto á ello, pero buena prueba era de su aptitud lo que hacía cuando se le antojaba coger un lapiz y trazar cualquier figura [grotesca.] Hacía caricatu-

1M 54: missing

1M 55

cosa suya que fuese de provecho. Si empezaba algun trabajo con entusiasmo, rara vez lo concluía. Si se hubiera dedicado com empeño á trabajar de crítico, seguramente habría sido una notabilidad, pues tenía un golpe de vista admirable para juzgar de todas las artes. «Yo no hago un libro — me decía, cuando le echaba en cara su pereza, — porque no hay aquí un editor que me lo compre, ni escribo artículos porque no hay periódico ni revista que me los pague.

Y con tales disposiciones para todo, su padre no había podido sacar partido de él. Catorce carreras empezó, plantándose al primero ó al segundo año de ellas. Había sido alumno de Estado Mayor, de Minas, de medicina, de arquitectura, de caballería,

1M 56

que sé yo de que mas. Por fin se hizo abogado, sabe Dios como.

En aquellos días (los de mi establecimiento en Madrid) Raymundo tenía treinta años * y cualquiera le hubiera echado cincuenta. Su naturaleza gastada parecia haber vivido fuera de las leyes del tiempo, ó bien contra-

* Galdós inserted the words 'poco mas' above 'treinta años', but did not increase Raimundo's age.

viniendo estas leyes, lo mismo que las de sí propia. Como el pródigo que disipa su fortuna y la de sus sucesores, aquel prodigio de su sangre, de las fuerzas de su espíritu y de su cuerpo las había disipado por adelantado, encerrando los lustros en años y los meses en días. Había atizado demasiado la candela de la vida, y la luz no era luz sino llamarada.

No he visto hombre mas flaco en todos los días de mi vida. Asustéme cuando le ví en Madrid, y me pareció

1M 57

canal raquídeo
sustancia gris   pía mater *

que en aquella lámpara había ya poco aceite; mas no le dije nada, porque me pareció que estaba aprensivo. Su rostro hermoso era como el de un Cristo muy viejo, muy despintado, muy averiado de carcoma, de moscas. Su voz era cavernosa, su mirada expresiva, sus movimientos cortos pero siempre airosos y dignos. Un día que estábamos solos en mi cuarto, le ví arrellanarse en una butaca como el que tiene el cuerpo dolorido, y lanzar lamentos hondos. «Que es eso? le dije, estás malo.

La unica contestación fué levantarse subitamente y empezar á dar paseos por la habitación.

«La inacción es lo que me mata — decía sin dejar de correr. Ejercicio ejercicio es lo que me conviene, sacudir estos musculos atrofiados.

Luego parandose ante mí, miróme con ojos de

1M 58

dolor, y me dijo con lo mas hueco de la voz.

«Tengo un principio de una enfermedad grave. Sabes lo que es? Reblandecimiento de la médula espinal.

—Has consultado algún médico?

—No; pero yo he estudiado esto, y veo mis síntomas.

Dióme una lección sobre la raquis, la pía mater, los ... ** que me dejó maravillado. Contendría quizás aquel discurso mil disparates, pero tenía empaque de ciencia, y para los legos en medicina, como yo, era una maravilla. Despues se volvió á sentar. Tras aquellas cosas tan científicas, habló de otras que parecían cosas de curanderos.

«Sabes cual es el síntoma indudable del reblandecimiento, la afaxia [sic], paralización de la lengua, y el sintoma de ello es que el en-

---

* These phrases, inserted tightly between the top line and the top of the page, were written in (possibly at the 2M stage) after the page was completed.
** Between 'los' and the suspension points Galdós wrote what appears to be an incomplete word, 'pas'. (The suspension points also suggest that the word is incomplete.) The equivalent 2M page (2M 80/PM 95) is of no assistance in helping to decide what might have been in Galdós's mind.

1M 59

fermo no puede pronunciar las sílabas de rr líquida, seguida de T. es decir las sílabas tra, *tre, tri, tro, tru* ... El que pronuncie muchas de estas sílabas con rapidez, seguramente no tiene el mal. Yo tengo días, hay días en que me suelto una retahila de *tra* tru, sin trabajo ninguno...

No volvimos á hablar del asunto. Dos días despues entró en mi alcoba, muy contento, frotándose las manos, y pronunciando entre dientes una jerga, que no pude entender.

Que era? que dices?

—Hoy estoy bien, hoy estoy al pelo ... Mira ... para probar mis nervios, he compuesto un trozo en que abundan las reres [sic] liquidas, ... y lo recito. Si sale sin tropiezo de mis labios, vamos bien, si me trabo mal. Oyeme...

Y con la seriedad mas cómica del mundo, como

1M 60

La raza enferma *(mal de raza)*

si estuviera imitando el chisporroteo de una rueda de fuegos artificiales, me lanzó esta retahila. «Sobre el triple trapecio de Trípoli trabajaban, trigonométricamente trastrocados, tres tristes triúnviros trogloditas, tropezando atribulados contra tr [sic] triclinios y otros trastos triturados por el tremendo Tetrarca trapense.

Y lo volvió á decir una vez y otra, hasta que cansado de reirme y de aquel matraqueo, le rogué por Dios que se callara.

———————

Raymundo se apegó á mi persona con la mas cordial tenacidad. Era mi primer amigo; dábame conversación siempre que estaba solo; me entretenía con los juegos malabares de su ingenio, bien haciendo la crítica de la obra que ha-

1M 61: missing

1M 62

almorzaban conmigo todos los domingos. Despues nos íbamos á los toros.

Ya que he nombrado á Pepe Carrillo, diré del que al poco tiempo de tratarle varié la idea que de él tenía, No me parecía tan poca cosa como su suegro decía. Carrillo no era tonto. Era un joven de muy buenas maneras —

Carrillo hereda, ponen casa; pero al poco tiempo que lo que han heredado no les da ni para empezar. No obstante, la gente cree que han heredado millones. Dicen que la vieja dejó un cuarto lleno de onzas. Yo estaba enterado por su suegro. No había nada de esto.

Mi vida en Madrid — hastío
Mi retrato moral

Erame imposible discernir que clase de persona era Carrillo. A veces me parecía un frivolo, á veces uno de los que tienen arte para ocul-

1M 63: missing

1M 64: missing

1M 65

como yo había consultado con ella ... Quería que su casa fuera muy *chic* ... que refinamientos...

Como va poco á poco naciendo en mí aquella pasión, y como noto en ella cierta afición hacia mí — Estoy enfermo y ella me asiste con solícito esmero. — Observo que gusta mucho en instalarse. —

Quéjase ella de que su marido tiene distracciones. — En cuanto tiene dinero empieza á hacer de las suyas.

Condensar, localizar [sic]

Aquella primavera tuve una enfermedad que me tuvo encerrado en casa unos veinte días. Fué una bronquistis [sic], que me acobardó, por el miedo que en Madrid se tiene á las pulmonías. Seis fueron los días que tuve alguna gravedad. El médico me veía dos veces al día, y tenía fiebre intensa. La convalescencia [sic] fué larga y penosa. Yo estaba de muy mal humor. Acompañábanme los amigos. Raimundo me entretenía con su ingenio. Mi tía bajaba algunas veces á inspeccionar mi casa, y á cuidar de que no me faltase nada. Pero como la pobre señora estaba algo obesa y muy dificultosa de

1M 66

piernas, su hija Elena, que aun no residía en su nueva casa, era la que bajaba con frecuencia á inspeccionar mi casa. Algunos días, y por las noches, cuando yo no tenía allí la compañía de mis amigos, estaba allí largas horas. Tanto me agradaba su compañía que cuando mis amigos estaban ahí les decía: «me voy á dormir» para que se fueran.

Elena me hablaba de sus proyectos. Alguna vez recayó la conversación sobre su marido, para el cual no mostraba yo mucho interés. «Desde que tiene dinero, — me dijo una noche con candorosa confianza — está un poco distraido.

Elena tenía en alto grado el don del arreglo. Era una gran *menageuse*, no encuentro otra palabra. A ella se debía el admirable orden de la casa de sus padres. Desde el salon á la cocina todo estaba

1M 67

bajo su inmediata vigilancia, y todo estaba bien. Su madre no hacía nada, porque no le ayudaban las piernas. Ademas no tenía gran aptitud para ello. Elena era el alma de la casa. Ella tenía los criados en un puño, la compra y la cocina estaban en un pié de arreglo que maravillaba. «El día en que yo no esté aquí, — me decía — ya se conocerá mi ausencia.' Y era verdad. Su padre lo reconocía así, y deploraba que su hija pusiese casa aparte.

El efecto de las admirables dotes de Elena se extendía hasta mi casa. En mil cosas y detalles conocía yo que aquella hada doméstica había andado por mi casa. Su mano, trabajando en mi ausencia estaba impresa en mil partes de la casa. Así la casa de un soltero parecía albergar un ordenado matrimonio.

Pues bien, durante mi enfermedad, á ella debí

1M 68

que nada me faltase. Ocurría que se pasaban á veces días y semanas sin que la viera mas que breves momentos, y no obstante, yo la veía en el alimento que me daban, en mis ropas, en otros mil detalles. Y la verdad, ninguna compañía me gustaba como la suya. Daba yo todas las chuscadas de Raimundo, todas las anecdotas de Severiano Rodríguez por diez minutos de Elena, explicándome como se. [sic]

Algunas noches bajaba con su madre, y su hijo. Mi tía se sentaba en un sillon y se quedaba dormida. Elena se me ponía delante con el chico en brazos, le hacía ejercitar delante de mí todas las gracias que sabía, me lo ponía en mis brazos, luego le paseaba, le saltaba, le cantaba le arrullaba. Mas de una vez le acostaron en mi cama. Por fin se le llevaba el ama. Yo le miraba con gran

1M 69

interés, porque aquel niño, por causas que no penetraba entonces ni he podido comprender ni penetrar todavía, me inspiraba un vivísimo afecto. Si alguna vez oía decir que estaba delicadillo de salud, que tosía mucho, ya estaba yo como sobre ascuas.

Orden * Volviendo á Elena, una de las cosas que mas me encantaba en ella era oirla hablar con admirable sensatez de todas las cosas. Sin duda tenía una inteligencia de primer orden. Recuerdo una conversación que tuvimos sobre materias religiosas, otra sobre política. En ambas, sin mostrar pedantería, ni aun esa erudición que tan mal sienta en bocas femeninas, me encantaba por su profundo juicio.

Una noche bajó también Camila. Creyendo agradarme, cantó peteneras al piano. y luego arias de opera. Tenía hermosa voz y cantaba con mucha

---

* This word is written in the margin.

1M 70

gracia. Pero á mí no me divertía nada, y reconociéndole su mérito y su buena intención, deseaba que se callase y se fuese á su casa. Mas gozaba oyendo á Elena hablar en media lengua con su hijo, que con todas las operas y toda la mejor música del mundo cantada admirablemente por la otra.

Cuando me puse bueno y salí á la calle, yo sentía en mí los síntomas de otra enfermedad sin dolor, ni fiebre; pero que no me atormentaba menos. Esta enfermedad era la envidia, sí, la envidia de Pepe Carrillo, á quien yo juzgaba usurpador de una joya que me pertenecía. Esta idea se clavó en mí no dejándome reposo. Aquella prima mía me gustaba tanto, que por el hecho de gustarme extraordinariamente se me representaba como mía. Pensando

1M 71

en esto, maldecía yo mi mala suerte. Porque tal mujer era la que yo había soñado para compañera de mi vida. Porque era de otro. Por que fatal ley de tiempo, la que debía de ser para mí, pasó para uno, que, hablando sin modestia, valía infinitamente menos que yo.

La misma Elena dos noches antes me había demostrado la escelente idea que tenía de mí, me había dicho cosas que no olvidaré nunca. Hablabamos de hombres decentes y de los que no lo son. Sus reticencias claramente ponían a Carrillo en el lugar mas desventajoso... «Si yo tuviera una hermana soltera, la casaría contigo, — me dijo, segura de que había de ser mas feliz que lo somos nosotras tres.

Pasaban días, y yo no cesaba de pensar en ella.

1M 72

Habíamos [sic]

Cosa singular! La tenía presente en todas partes. Mi espíritu se perdía en sutiles acusaciones contra el destino. Porque si hay seres nacidos para unirse eramos ella y yo. Concordábamos en todo. Eramos dos piezas de un solo instrumento. Porque se había casado con aquel bruto. Por que no vine yo á Madrid dos años antes, [por que] Había que confesar que el mundo estaba muy mal gobernado.

Y al mismo tiempo, debo confesarlo, la idea de tener relaciones ilícitas con ella me causaba pena porque se rebajaba á mis ojos. Si yo hubiera manifestado estos escrúpulos á cualquier amigo á cualquier joven de mi tiempo, hubiérase reido de mi quijotismo. Mi ilusión era vivir con ella en vida regular, legal, religiosa. De otra manera, tanto ella como yo valíamos menos. Por esto se verá que yo tenía buenas ideas.

1M 73

Ó lo que es lo mismo que yo era moral en principio. El ser de hecho es lo dificil, pues en pensamiento todos lo son. Aquel quijotismo de que antes hablé informaba mi pensamiento durante mi juventud. Si en la voluntad hubiera tenido yo energías bastantes para sostener el pabellon de mi idea en las batallas de la realidad, si yo hubiera tenido tesón para defender mi bandera y no entregarla jamas al enemigo, habría sido un hombre notable, un santo, asombro quizas de mi edad.

Para mejor revelación de mí mismo, diré algunos antecedentes de mi persona... Nací en Cadiz. Mi madre era inglesa, católica, de una de esas familias inglesas de Malaga, emparentadas con otra de Gibraltar. En esta plaza inglesa

1M 74

me crié yo. Pase la niñez en un colegio. Despues me llevaron á un colegio cerca de Londres, en Chapham [sic] junction. — Cuando vine á España á los quince años, tuve que aprender el español. Mas tarde volví á Inglaterra con mi madre, y viví con la familia de esta, familia rigorista, de una moralidad intachable. Mi madre murió en Londres y entonces me fuí a Jerez con mi padre.

Yo era, pues, un prodigio en cuanto a principios. Los ejemplos que veía en la familia de mi madre y en sus relaciones, fortalecíanme mas en ellos. La rigidez inglesa, que se traduce en los escrupulos de la conversación, en los repulgos del idioma, me afianzaban mas y mas en mis principios.

1M 75

En Jerez era diferente. Mi padre era un hombre muy bueno para mí. A poco de vivir con él, noté que sus costumbres no estaban en armonía perfecta con mis principios. Observé que mi padre tenía una querida en su casa, despues tuvo dos. Era un hombre de sangre ardiente, caprichoso. Debo hacer constar, que en vida de mi madre, mi padre fué un modelo de maridos, y que si tuvo algun trapicheo, era lejos del hogar domestico. Jamas dió á mi madre el mas ligero disgusto.

Algo hice por apartar á mi padre de aquella senda viciosa. Cuando llegué á tener veinte y cinco años, y participación en la casa, logré dominar á mi padre, valiéndome del grandísimo cariño que me tenía, y limpié la casa de aquella

1M 76

maleza. Poco despues, mi padre se retiró, yo trabajaba, llevando el peso de la casa. El me guiaba con su larga experiencia. Murió mi padre cuando yo tenía treinta y tres años, y entonces, faltó de todo calor en aquella ciudad, sin familia, y viendo tambien la gran decadencia en que había caído el negocio de extracción, liquidé, me retiré, y me fui á Madrid, como dije al principio.

Pero aun falta un dato, que debe ir en primer término para que se me conozca bien. Yo tuve una novia. Era también, como yo de raza mestiza, inglesa por su madre, andaluza por el padre. Pertenecía á una familia, cuyo nombre es una de las mas acreditadas firmas de Gibraltar. Habíase criado en Ingla-

1M 77

terra. Su educación era perfecta, admirable. Su belleza no era extraordinaria; pero tenía una dulzura, una cara patética, cariñosa que encantaba. Su voz era pura musica. Se llamaba Isabel. Le decían Lizzi. La pedí, y ya eramos novios tres años, y nos íbamos á casar. En el verano, al volver de un viage que hizo con su padre á Londres, vino muy desmejorada. Creí que pasaría, pero el Otoño la desmejoró mas. Un día, recibí un parte de que Lizzi se había puesto muy mala, corrí a Cadiz. El vapor había salido. Fleté uno, y cuando me embarcaba en el muelle un empleado de la casa de Gibraltar, me echó la mano por el hombro, y me dijo que no fuera á Gibraltar. En fin, dióme a entender que ya habia

1M 78

muerto. A pesar de esto fuí.

Mi dolor fué grande. Tuve horribles tristezas y dolores. El tiempo me fué curando. Cuando vine a Madrid habían pasado seis años de esta desgracia. Yo tenía treinta y [tres] seis.

Lizzi no se parecía nada a Elena. Aquella era graciosa [y fría] descolorida, esta arrogante, con una coloración energica. Y no obstante, en la mirada, parecía que había compenetración de la una en la otra. Antojábaseme que Lizzi me miraba por los ojos de Elena, que era el alma de aquella en el cuerpo y en los ojos de esta. Cosa extraña por demas. Aquí de las rarezas y manías de la raza, tan bien estampadas

1M 79

por mi tio Constantino. Mi manía era que Lizzi se asomaba a los ojos de Elena. Era ella, era la misma reencarnada. Y me decía. Yo soy, yo, soy la misma. Pero tampoco ahora me tendrás. Antes te lo vedó la muerte, ahora la ley, antes el mundo físico ahora el mundo legal.

De veras, señores, tuve intención de marcharme de Madrid, — dije. — Esto es lo mejor que puedo hacer. Pero esto que tan bien estaba dentro de los principios, vino á ser imposible en la esfera de la voluntad, porque no siempre está uno en disposición de marcharse. Ocurren mil dificultades, luego hay el deseo de [sic]

Un día que paseabamos por el Retiro, con su

1M 80

padre, y Camila y el marido de Camila, conté á Elena todo lo de Lizzi

Sorprendente elegancia de — Eloisa. —	Casa, obras, lujo, gastos, Eloisa me muestra su ambición de lujo Regalos míos — indiferencia Carrillo Comida en casa de Camila — *

Seguía poniendo la casa. Un domingo por la tarde fuí allá. Me asombré de ver en el salón dos paises de uno de nuestros mas célebres artistas. Pregunté a Elena lo que le habían costado y me contestó que muy poco, porque los había adquirido de lance, en una casa que se deshizo. Tenía tapices franceses de precio, y muebles preciosos.

Confieso, — me dijo Elena, que estas cosas me tientan. Gracias que sé conservar mi serenidad, pues si no me arruinaría. Pero en cuanto veo un mueble elegante, un par de jarrones japoneses, me pasa algo por el cerebro, estoy pensando en ello, y para echar de mí

1M 81

la idea de comprarlo, necesito llamar en mi ayuda todos los principios, toda la aritmética. Conozco que es mi debilidad. Dios debió haberme dado una gran fortuna. Desde que veo un objeto de arte, se me clava aquí, y no lo puedo arrojar. «Si fuera mío! es lo que digo noche y día!... Pero que remedio tiene. Al fin me conformo, y que remedio tiene. Pasados unos cuantos días ya no me acuerdo mas del asunto... Hasta que vuelvo á ver otra cosa, un tapiz, unas costuras... Empieza otra vez la costura, el tapiz á burlarme en los ojos, y yo á hacer números, numeros. Nada, no sale. Resultado, que me tengo que privar.

Yo le dije que era peligroso el encapricharse por los objetos de lujo, pues cuando se empieza á

1M 82: missing

1M 83

Fuí á gozar de su triunfo, y la encontré triste. cosa rara... Has hecho tontería, me dijo, pues al ver entrar en mi casa cosa tan preciosa, he estado á punto de perder el juicio. Parece que ese objeto, reclama la compañía de otros igualmente hermosos. Yo pienso que aquí un tapiz, aquí un reloj, no estarían mal.

Nos reimos. La casa no estaba aun organizada. Estaban ahi los tapiceros... Ella no quería marcharse de allí, quería ver poner todo.

* These notes are inserted quite tightly between the regular lines of text, which indicates (as well as does the use of the name 'Eloisa') that they were written in at the 2M stage.

«Hoy no voy á almorzar á casa de Papá. Pepe ha quedado en venir a buscarme, para irnos á almorzar á un restaurant... Pero dieron las doce, dió la una y Pepe no vino.

«Yo te llevaré, — Entróme la idea de

1M 84: missing

1M 85

(La manía de Elena es coleccionar estampitas, (cuando niña deliraba por las muñecas. Luego colecciona abanicos, aunque sean de á real.)

(Llegó el verano, y yo me fuí al extrangero. Elena me había dicho que en Setiembre iría á París con su marido. Les esperé allí y en efecto fueron.) Posarse

El arreglo de la casa, inconsecuente. [X Bringas Tormento]

[X fuegos artificiales?]

Excursion verano. En verano nos vamos á baños. A que baños? [á Biarritz X]

Excursión por la Plaza mayor. — Navidad, — Por la pradera de San [Isidro? Mayo]? * —

Le manifesté que no podía vivir sin ella. Durante un mes nos veíamos todos los días, con este ó el otro pretexto. Hablabamos de diferentes cosas, de cosas triviales, de cosas de sentimiento. Ni ella ni yo nombrabamos á su marido para nada. Cuando era preciso

1M 86

nombrarle, ella empleaba circunlocuciones y yo también. Esta preterición de su marido debió ser notada por los dos. Ella debía notarla en mí, como yo la notaba en ella.

Por fin, su casa estaba concluida de arreglar. El día que la estrenó nos dió una gran comida, cocida á la alta escuela. Eramos veinte los convidados. Elena había tenido buen cuidado de no invitar á ningun gacetillero, para que no pareciera nada en los periódicos al día siguiente. Sin embargo los del oficio lo olieron, y pusieron cuatro tonterías. Cuatro señoras nada mas había aquella noche, la de X [sic], la de ... con una de ellas estaba metido Severiano Rodríguez. — Yo estaba triste. Elena estaba hermosisima. Carrillo me díó un solo de política

1M 87

hablándome en términos que me parecieron juiciosos. Pobre Carrillo. Quejóse de estar enfermo, de un mal en el corazón. No sé por que, pero no me pareció Carrillo aquella noche tan despojado de mérito. Sus ideas eran

---

* Galdós crossed out most of the words on this page with a thick band of black ink, leaving only the tops and tails of letters visible.

de rectitud. Díjome que no le gustaba la vida agitada, mentirosa de Madrid, que si su muger quisiera, él se retiraría a una provincia; pero el sólo anuncio de esto causaba horror á Elena. El queria dedicarse á una cosa util á su país, y le gustaba trabajar. Si él supiera establecería una industria; pero no sabía nada; le habían dado una educación deplorable, y no sabía mas que ponerse la corbata y pasear.

Estas cosas, enalteciendo á aquel hombre en su caracter moral, me ofendían me lastimaban. Yo

1M 88: missing

1M 89

malos ratos. No cabía en mi alma mi secreto, y hubiérame gustado decirlo á todo el mundo. Una cierta vanidad se mezclaba á mi triunfo. Por mi amigo supe mas adelante que lo que yo conceptuaba secreto no lo era para el mundo, y no me hizo impresión la noticia. Me alegraba de que lo supieran.

Yo, no obstante, llevado de una idea de decoro, evitaba el aparecer siempre á su lado. Iba rara vez á su palco en el teatro. Nos veíamos en mi casa, ó en otra que yo tenía para el caso. Carrillo me dispensaba una amistad franca, lo que me lastimaba mucho. Hubiera querido que me odiase como yo le odiaba a él.

No sé si mi tío lo sabía. Jamas me manifestó nada. Ignoro si sería complice en esa

1M 90: missing

1M 91: missing

1M 92

mente le daba mil ó dos mil duros. Mi fortuna no obstante permanecía firme. Pero yo temía que si la cosa iba muy lejos, pudiera quebrantarse.

Imposible que Carrillo dejase de comprender que sus rentas no podían dar para tanto. Pero ella le había comprado dos caballos, un faeton, y él tan contento. — Y el hombre que tal toleraba, cuando echaba párrafos conmigo, se las echaba de muy moral, y me sermoneaba, intentando hacerse pasar por un modelo de probidad!

Como he dicho antes, Raimundo me expoliaba bastante. Yo me estaba arreglando y entraba él.

Que tal?

Muy mal ... estoy muy mal. Sobre el tr ... triple

1M 93

Machiavello
Voltaire [sic]

trapecio de trípoli... No puedo pronunciar la erre... querido X [sic]. he perdido ocasión de hacer un soberbio negocio. — Yo comprendiendo que tenía falta de dinero, le decía: «Haz una obra y te la compro, te doy lo que quieras. — Aquí de los apuros.

Memento   Furbina [sic]

En España no se puede trabajar; es que no se puede, es que es contrario á la naturaleza. Todo el que trabaja está anulado. Todo el que tiene dinero lo ha hecho con el trabajo de los demas. Por eso yo me estoy quieto. Yo no me apuro. La muerte por hambre está probada que es imposible. Subiendo en la escala de las necesidades, todo lo que el hombre necesita lo tiene al fin. Todo es cuestión de espera. — En España la gran carrera es la de

1M 94

Juanenas [sic]

mendigo. Pedir, pedir y pedir. Hay uno ó dos que dan por ciento que piden. Desde el ochavo hasta el paquete de billetes de 1000 duros, y la credencial, todo es mendicidad. — En España no hay mas que ocho mil reales. Cuando uno los tiene los demás están en albis. Van pasando de mano en mano. Que país!   *Very much* [sic]

Otra vez — Estoy *trigonometricamente trastrocado*... Quiero decir que la roca de mi credito ha sufrido un combate tal que me hundo ... querido, si tú no me echas un cable. *Very much wretched* ... El Dante lo ha dicho, querido [Constantino] Juan — Me oirás? Sí, el plomo [homicida] suicida taladrará la sién de tu querido amigo, y la ignominia caera sobre su cabeza. Soy un martir del deber, c'est à dire, del crédito.

1M 95

Que he de hacer yo cuando me presentan una cuenta? Temblar como Lady Macbeth y decir... Cielos... (pase) No; pero en aquel instante me acuerdo del amigo, y bajo á su serr [sic], y le digo: [sic]

Otras veces tomaba otro tono.

Yo le daba el palco de los toros, las butacas.

Lo peor es que yo sin saberlo, estaba fomentando sus vicios. Todo el dinero lo gastaba con mujerzuelas de mala vida, y así se iba quedando como un pábilo. — El, que no era hipocrita, me contaba con rara franqueza sus defectos. Viendo á una muger, no podía contenerse. Iba tras ella. Era mas fuerte que él.

Luego se presentaba á mí con la lengua torpe y sin poder pronunciar el triple trapecio:

1M 96

Yo le reprendía, le amonestaba y negabame á darle mas; pero él hallaba medio de sacarle dinero á su vecino con cajolería.

Se había venido á vivir conmigo.

Cuando no tenía un céntimo, porque su padre, su madre y yo nos negabamos á darle nada, en vez de ponerse triste, se consolaba con los grandes recursos de su imaginación. No salia en todo el día. Ó se estaba en la cama, ó se ponía en zapatillas, con su plaid liado a la cabeza.

Que dicha es no tener dinero, — decía — que situación mas feliz esta. Presenciar impavido, el deslizarse de las horas. Ocuparse nada mas que en contemplar las caras de las personas queridas, y

1M 97

ofrecerles algun consuelo en su tribulación. Porque tú no eres feliz Juan. A ti te roe el gusano de los celos, el gusano del amor, no se que gusano, mientras que yo, en mi lecho de rosas, soy feliz estoy tranquilo. Y en que consiste esto? En que eres rico, y yo pobre, *pauper nudus* ... El rico es el mendigo. Yo pobre me gozo en la divinidad inefable de mi indigencia. Nadie me pide ...

Otras veces me encontraba una cartita. Estaba en estilo Victor Hugo y decía

El hombre persigue á la sombra.

O bien: en estilo antiguo

Magüer ...

1M 98

Elena no había dejado aun de mostrarse amante. La pasión del lujo seguía dominándola. Cada día eran mayores sus exigencias; pero yo atento á satisfacer todos sus caprichos no reparaba en nada. Sigo gastando y gastando.

Un día advertí que mis rentas estaban exhaustas, tuve que echar mano de unos títulos de renta perpétua. Me deshice de una parte de mi capital. — Pero yo, atento solo á gozar, no me cuidaba de nada. —

Algunas veces sufria horriblemente porque tenía celos. Estaba celoso del marido de mi muger. (así la llamaba yo. — y de otros varios. — Teníamos discusiones. Yo quería romper publicamente el secreto, y vivir con ella. Cuando estaba separado de ella, temía que me faltase. Yo de noche en mi casa, pensaba en la de ella, y me levantaba. Yo iba á rondar, creyendo ver entrar a alguien. No hallaba á nadie — Ví á su marido nada mas.

1M 99

Le propuse ponernos por montera la sociedad, religión y ella se escandalizó; díjome que era preciso guardar las apariencias. — Ella era religiosa, iba á misa, hacía novenas, y pedía para los pobres. —

Principio á notar que mi fortuna se va. Pero la Providencia en figura de mi tío viene á proponerme un negocio sucio. Vacilo; pero la necesidad me obliga a aceptarlo. Fucar está al frente. Hacemos el negocio, y nos sale bien. Lo repetimos. Fucar gana mucho mas que nosotros.

Caía y se le Caía [sic]

Enaltecimiento del marido y su muerte. Carrillo estuvo una temporada enfermo. Tuvo alternativas. Caía y se levantaba. Era infiel á su muger? —lo mandan á baños. Van los dos. Yo voy también... Se nos muere en el camino — Situación horrible

1M 100

Cuando Carrillo muere siente hacia mí una antipatía horrible. Yo trato de hacer las paces con él. Ponese muy mal, y le asistimos ambos. Elena está atribuladísima. — Tratamos de llevarle al tren. Se nos pone tan malo, que nos quedamos en la estación de X [sic]. Nos metemos en una fonda, y allí se nos muere. Nos encontramos en un casucho con el cadaver, que nos mira aterrados. El rechaza mis cuidados. No dice una palabra, — pero en sus miradas y en sus reticencias conozco que sabe nuestro horrible secreto. El delira, y nos dice que huyamos. — Muere.
Consternación. telegrafía á la familia, va Raimundo, va no se quien mas. — y aquello se acaba. —
Carrillo moribundo [me] pinta las infamias que he he [sic] hecho con Fucar en las contratas. Horrible ironía en la cara de aquel hombre. —

1M 101

2ª Parte

Fucar me llama y me dice: en la contrata de tabacos hemos ganado tanto. Es eso solo un escandalo. Pero yo, me embolso mi dinero y callo.
Sigo gastando en el lujo de Elena. Principio á aterrarme ante la idea de casarme con ella. — Hastío.
Para distraerme visito el pobre hogar de Camila. Caracter de esta. Hay algo allí que me interesa los pobrecitos como luchan por la existencia. Les ofrezco dinero y lo rechazan. Advierto un gran caracter en ella. El parece enmendado. — Su tertulio constante es el poeta de la Laura embarazada.
Mi tío anda mal, porque también el tiene trapicheos. Su mujer no tiene orden ni arreglo de ninguna clase. Todos gastan mas de lo que tienen. — Pero viene el hijo mayor de la Habana, y con el dinero que traen, triunfan algun tiempo. — Se acaba el dinero y vuelve él para Cuba —

1M 102

Sospecho algo en Elena, la vigilo y veo entrar al marques de Fúcar. Indignación.

Viene Ray [sic], á pedirme dinero y le insulto, le llamo *borracho*.
Corro allá resuelto á hacer una escena.
Elena me aplaca.
Enredome con ella otra vez. Gastamos juntos el dinero de aquel viejo asqueroso.
Comienzo á enamorarme perdidamente de Camila. — Su maridito me revienta.
Ela [sic] resulta que es una santa.
Elena me persigue. Vuelvo con ella. Principia á hastiarme — Mi ilusión es ahora Camila. Quisiera que enviudase para casarme con ella. — Bonito cuadro de aquella casa.
Pero Camila me rechaza siempre. Cuando

1M 103

le digo que su marido es un quídam, me dice sólo: 'me quiere", y esto es un argumento terrible en sus labios.
Elena se entrega a varios para que le den dinero. No quiere mas que dinero. Por último se entrega al de la Propaganda Católica. —
Rechazado por todos, llevo una vida miserable, y me retiro á un lugar decente, donde escribo lo que se ha leido,

---

ó me llevan á un manicomio. —

SECTION II

SECTION II

THE SECOND DRAFT OF *LO PROHIBIDO*

The second draft (2M) of *Lo prohibido* originally contained 615 pages (excluding re-written pages and fragments). Galdós's total of 608 pages is not accurate, due to incorrect numbering in places. After completing this draft, Galdós started again and worked through it, rejecting over one-third of it while expanding it greatly, in fact doubling 2M to 1212 pages of MS (in Galdós's numbering) that were sent to the printer (PM). Because the early pages of 2M may have been incorporated into PM without a change of number it is difficult to ascertain precisely what was the fate of the 615 pages. The disposition was approximately as follows:

(1)   209 pages were rejected, crossed out with thick blue crayon pencil by Galdós, leaving, however, his handwriting quite visible, and the blank sheets served as sheets for PM.

(2)   The backs of at least 33 pages of 2M were either used for a third draft page or for another purpose altogether.[1] (13 pages of a third draft written at the 2M stage have survived: these are included in the text of 2M, immediately following their original 2M counterparts.) If a back were used for a third draft, and this draft were rejected, the sheet would therefore have writing on both sides. It could not then be used as a blank for PM, would have been discarded by Galdós, and hence a page of 2M was lost.[2]

(3)   The remaining 373 pages were incorporated into the printer's manuscript, usually with some emendations at the PM stage. The 2M number was changed to correspond to the expanding PM version.

(4)   There is a final piece, insignificant in size, of the 2M jigsaw. If Galdós, having rejected a full page of 2M, wished to reject only part of the preceding or succeeding page and incorporate the rest of the page into PM, he crossed out the rejected lines at the bottom or top of the page (leaving the lines still reasonably legible) and gave the page its new PM number.

The figure of 33 missing pages for the second draft of *Lo prohibido* is a hypothetical one because the first rejected page of 2M that enables us to see the beginning of a clearly discernible pattern of rejection and incorporation, used by Galdós to construct PM, is 2M 35. The pattern of ex-

---

[1]   The backs of three of the pages used by Galdós for 2M contain jottings that have nothing to do with *Lo prohibido*.
[2]   At least 33 pages of 2M are missing. These are: 2M 36, 43, 47, 50, 53, 54, 58, 66, 68, 74, 89, 94, 96, 130, 133, 169, 172, 219, 226, 228, 251, 258, 259, 265, 267, 300, 301, 304, 305, 324, 375, 376, 500.

pansion of 2M at the PM stage can be glimpsed at what was probably 2M 5: the figure '5' is crossed out and replaced by the PM number '6½'. Similarly the original number '8' becomes '9' at PM and '9' becomes '10'. The next change of numbering discernible on PM occurs when the original number '30' is crossed out and replaced by '34'. It is most likely, but not absolutely certain, that much of Galdós's second draft of the pages previous to 2M 30 was incorporated into PM without a number change. As a working hypothesis, however, we can assume that the pages PM 1-PM 33 (the first three sections of Chapter I of the novel) substantially represent the early pages of the 2M draft also. The hypothesis is based on the fact that in 1M Galdós had already dealt in some detail with the Guzmán family and would not have needed both a 2M and a PM draft, as well as a quite detailed 1M draft, for these opening pages of his novel. The almost complete MS of 2M can therefore be established by bringing together the pages of the rejected sheets of 2M and the pages of 2M that were incorporated into the printer's MS (PM), these pages having had their original numbers changed to fit into the new pagination caused by re-writing and expansion at the PM stage.

Doubtless Galdós's first aim at the PM stage was to write a substantially larger version of his novel than the 2M draft, in order to make up a two-volume work. From 2M 30 (which became PM 34) to 2M 559 (which became PM 698 and was the last 2M page to be incorporated into PM) we witness in the later version a steady and progressive rate of expansion of the 2M material. Some figures written on 2M 380 show that the author himself was aware of his rate of expansion from 2M to PM. 2M 380, with its number changed to 429, was originally destined to become PM 429, but was rejected by Galdós. Above the original number 380 Galdós wrote another, '429', subtracted one from the other and wrote '49' beneath. In other words, Galdós had up to this point expanded his 2M draft by 49 pages.

Galdós expanded his novel from second draft to printer's copy in two ways. Firstly by the insertion of 'set pieces' into 2M at the PM stage. An example of this is the beginning of Chapter II, 'Indispensables noticias de mi fortuna', which added Section I of that chapter at PM. Indeed with this example we get some idea of the *ad hoc* planning that Galdós sometimes used for his novel. The idea to include the details of his narrator's fortune evidently did not occur to Galdós until 2M 158, the equivalent at PM of the end of Chapter V (the Kitty episode). At the bottom of 2M 158, written in pencil and now barely legible, are the following notes (the letter 'X' represents an undecipherable word): 'Cap II — Mi fortuna — Mi tío era de las prin [sic] familias — X la familia de mi tío estaba relacionada con lo mejor de Madrid y [sic] iba á todos los saraos. —' In the event Galdós used only the 'fortuna' idea; the social life of Rafael's family, apart from what they provide in their own homes, was not subsequently depicted.[3]

---

[3] Another example of a note subsequently unused occurs on 2M 578: 'Iba la de Bringas'. However, she does not feature as a guest at María Juana's evenings. Weber, p. 77, also finds that Galdós 'was not looking too far ahead' where parts of the plot of *Miau* were concerned. There is an interesting piece of evidence in a

Secondly, Galdós took every advantage that he could to expand at PM details which were only briefly given in 2M. For example, the scene of Rafael's visit to the narrator during his illness at the end of Chapter IV contains in 2M only the briefest outline of Rafael's monologue: 'Despues se ocupaba de algun negocio, y me aseguraba que el 4 por 100 amortizable llegaría pronto á 62 pero que de aquí no podía pasar. Retirábase á su casa dejándome con la grata impresión de que las ventas públicas estaban en alza' (2M 138). When we contrast these two sentences with the long second paragraph of Chapter IV, Section V (PM 155-8), we can see that the gain is not merely one of expansion: Galdós also makes the point that Rafael is another character who is obsessed with money, and wittily suggests that, although the narrator tires of listening to him, he still dreams about stocks and shares when Rafael departs: the 'grata impresión' of 2M is transformed into such a dream in the final sentences of the chapter.

As we remarked when examining the first draft of *Lo prohibido,* Galdós used the later versions (but particularly PM) to give the work a realistic narrative perspective, including the introduction, in the closing pages of PM, of the character José del Sagrario as the narrator's amanuensis when he is unable to write because of his illness. For the knowing reader, the inclusion of such a character is full of irony, because, in spite of the narrator's assurances that he kept strict control over Ido's flights of fancy, the doubt remains about the wisdom of entrusting the transcription of a set of memoirs to such an unstable character. At the most basic level of story-telling, however, Galdós, by including Ido in the story, would have been able to point to him to explain any apparent discrepancies overlooked by Galdós, such as the reference in Chapter IV to the narrator's desire not to '[aburrir] al que esto lee' (I, 83), supposedly written in San Sebastián when there was no mention and presumably no thought of publication. The examples given earlier when comparing 1M and PM (see pps. 20-2) demonstrate that Galdós kept the question of verisimilitude in mind when re-writing: in particular, the narrative problem of the narrator's early impressions of Eloísa and his later disillusionment when writing about those days. 2M 95 also contains such an example: the narrator describes how Eloísa had hurried back to Madrid on receiving the news of Pepe's inheritance: 'Com-

letter from Galdós to Pereda, written on 24 February 1885, in which the author himself confirms that he worked out the details of the plot as he went along:

Fechas. Yo calculo que para abril habré concluido [*Lo prohibido*], pero no será en la primera sino en la segunda quincena de dicho mes. Ya tengo cuatro plie-gos impresos. Pero son dos tomos. Estoy reventado. Por cierto, quién me mete-ría a mí en estas cosas finas. Ya estoy de caramelo hasta donde puede figurarse. Y la cosa no sale [...] En una palabra, estoy arrepentido de haberme metido en estos belenes, pero no hay más remedio que salir como pueda, aunque sea jurando no volver a hacerlo más. 'Veintiocho cartas de Galdós a Pereda', ed. CARMEN BRAVO VILLASANTE, *Cuadernos Hispanoamericanos* (250-2, Octu-bre 1970-Enero 1971), p. 35.

We should not take these words too seriously: even without an extensive draft for Part II of the novel Galdós appears to have progressed fluently, composing nearly 700 pages (PM 541 to PM 1212) between 19 February and the month of March 1885.

prendí la impaciencia de Eloisa, y, la verdad, me alegraba de verla ya poseedora de un bienestar á que, por sus altas prendas, era tan acreedora.' In the later version, the phrase 'por sus altas prendas' was omitted and the verb 'era' became 'me parecía'. (Incidentally, the awkward phonetic co-incidence of 'poseedora' and 'acreedora' was also removed, with the substitution of the adjectival phrase 'en posesión de': the 2M draft evidently helped Galdós to view his writing with some critical detachment.) Another interesting example of Galdós's awareness of the need for verisimilitude occurs in the corrections at the bottom of 2M 38/PM 44, where three verbs are rejected in favour of the fourth, more precise version (the narrator is discussing Eloísa): 'Por otras conversaciones que tuvimos, hube de [comprender notar ver en ella] atribuirle una gran aptitud.'

The most important source in the creation of narrative perspective at the final draft stage is the addition of the narrator's reflections on his experiences. These reflections, since they are supposedly written by the narrator during the time of his passion for Camila (August of 1882 and Holy Week 1883), whenever they deal with his thoughts about Eloísa always give rise to irony unintended by José María. An addition at the PM stage to his comment about Eloísa's *tertulias* on 2M 285 is a good example of the rich vein of irony that Galdós can explore by using a first-person narrative of the memoir type. The 2M sentence had read: 'Cosas eran estas que yo estaba viendo constantemente, y sin embargo no las comprendía.' This was replaced in the later version by: 'Yo lo presenciaba aquellos días y aún no me daba cuenta, por la embriaguez que narcotizaba mi espíritu, de lo absurdo, de lo peligroso, de lo infame que era' (I, 184), thereby allowing a much sharper irony to be directed against the narrator, since the words he uses here —'embriaguez', 'narcotizaba', 'absurdo', 'peligroso', 'infame'— could also be applied to his pursuit of Camila, in which he is engaged at the time when he is writing them. His reaction to Fúcar's news that Pepe and Eloísa have mortgaged the *Encomienda* inheritance is similarly sharpened by Galdós at PM. 2M 289 had read: 'Sentí escalofríos al oir esto. Algo me sospechaba yo; pero Eloisa no me había dicho nada', and PM: 'Sentí escalofríos al oír esto. Yo lo sospechaba, mejor dicho, lo sabía; pero en el atontamiento estúpido en que me tenían el amor y la vanidad, no paraba mientes en ello' (I, 186-7), where the words 'atontamiento estúpido', 'el amor y la vanidad' again direct the irony against the narrator.

Important reflections are also added at PM in the first chapter of Vol. II (the scene between the narrator and Eloísa). These are the paragraphs 'Mientras dijo esto' (II, 10-11) and 'Y en aquel rato' (II, 14-15) which, while being reliable observations, also gain in ironic depth from the fact that they are being written by José María when he is attempting to seduce Camila. By the addition of reflections and paragraphs such as these at the PM stage, Galdós is able to add greatly to the irony and moral complexity of his final draft.

In general, Galdós did not alter much from 2M to PM the mental conception that he had of his characters, although they are all given fully-rounded and hence more convincing existences in the final version.

(The most striking exception is the character of Cristóbal Medina; see p. 74.) The most interesting character from the point of view of change between the drafts is undoubtedly Eloísa's husband, Carrillo, as was also the case with 1M. The significant instances of changes tend to present Carrillo in a more favourable light in the later drafts. From as early as the first draft, it is evident that Galdós wished to create in the figure of Carrillo a character with an admixture of good and bad points and one who would always remain an enigma for the narrator. We remember from 1M how Carrillo spoke to the latter concerning politics 'en términos que me parecieron juiciosos' (1M 87), that 'sus ideas eran de rectitud' *(ibid.)* and that these positive points in Carrillo's character, the narrator tells us, 'me ofendían me lastimaban' *(ibid.).* On the other hand, there is, according to the narrator, Carrillo's deliberate blindness to Elena's extravagances: 'Imposible que Carrillo dejase de comprender que sus rentas no podían dar para tanto' (1M 92). These three ideas: Carrillo's good sense, his blind spot where his family is concerned, and the narrator's unhappiness that the man whose honour he is compromising shows talent and discretion, are also the ones that Galdós worked upon in his later drafts, generally deciding upon a positive presentation of Carrillo's character.

As we saw when examining 1M (see p. 23), the question of Carrillo's sexual waywardness remained as a query in Galdós's mind until 2M, and on a page of 2M we have a revealing insight into the way Galdós's mind was working, by the following passage in 2M 114 (which became PM 131):

> A ratos tenía también sus confidencias conmigo, dejándome entrever que su marido no era tan [formal y] juicioso despues de rico como lo había sido [antes] en los días de pobreza. No obstante hablaba de él con gran respeto, y yo le hacía el duo ensalzando a Carrillo.

The passage remained in the text until the PM stage ('en los días de pobreza' was added then, judging by the shape of the nib used), but Galdós had decided to remove the word 'formal' (crossed out in ink) before crossing out the whole passage in thick crayon pencil. The removal of the word 'formal' places the emphasis firmly away from considerations of Carrillo's sexual waywardness, and evidently Galdós decided the matter by crossing out the word here. Another instance which did not involve re-writing, but removal of a negative aspect of Carrillo's character, is the reference on 2M 235 to Eloísa's doubts about her husband's irresponsible gambling: 'Pepe no sale del *Veloz.* El me jura que no juega; pero yo no lo sé.'

Another occasion where we see Galdós giving a less negative note to Carrillo's character is in Carrillo's attitude to not inheriting the title of *marqués de Cícero.* 2M 98 read: 'Eloisa no parecía dar gran importancia á esto pero por ciertas referencias, pude observar que á su marido le había molestado no ser ya marqués de Cícero.' The change in the later version enhances the character of Carrillo (and also the quality of the writing by substituting 'tenía pesadumbre' for the incongruous, rather fussy use of the verb 'molestar'): 'Eloísa no parecía dar importancia a esto; y en cuanto a Carrillo, si tenía pesadumbre por el marquesado, lo disimulaba con buen juicio' (I, 69).

An intriguing correction on 2M 140 and 2M 141/PM 168 may possibly be no more than the rectification of a *lapsus calami* by Galdós, but it may also show the hesitation in Galdós's mind concerning the enigmatic character of Carrillo. The narrator, commenting on Carrillo's political activities, writes: 'Comprendí que Carrillo tenía ambición y [me alegré de ello. Hubiera deseado que aquel] lo sentí.'

The strange turnabout in the correction from 'me alegré de ello' to 'lo sentí' could also be an indication of the ambivalent attitude towards Carrillo with which Galdós endows his narrator, the most striking example of which, in terms of the development of the drafts of *Lo prohibido,* is the inclusion of the paragraph at PM in which the narrator describes 'lo más importante, lo más extraordinario y anómalo en el carácter de aquel hombre', *viz.* that 'Carrillo me mostraba un afecto cordial. La confusión que esto producía en mis ideas no puede ser expresada por mí' (I, 163). This idea, of Carrillo's feeling of friendship for the narrator, is an authentic PM inclusion and a major reinforcement of the ironic position in which the narrator finds himself throughout his story, especially if we compare the complex idea of friendship between husband and lover with the melodramatic confrontation in 1M 100 between Carrillo and the narrator shortly before Carrillo's death.[4]

The final drafts of the last chapter of Part I of *Lo prohibido* and the first chapter of Part II, which deal principally with scenes between the narrator and Camila, and between the narrator and Eloísa, expand greatly the earlier 2M draft. The 2M version for each chapter contains three continuous pages of text. The presence of such continuous pages in 2M means, of course, that Galdós re-wrote more of the scene than usual at the later stage. Consequently, these early pages are likely to be of greater interest than isolated pages of 2M. The three pages, 2M 462, 463 and 464, were greatly expanded at the PM stage, and when we compare this draft with the final one (see Chapter XV, Section II), we can readily appreciate the improvements made in the later version, and the usually unerring instinct of Galdós in his additions. The nine paragraphs from '¡Qué tonta eres' to 'créelo, lo hace' were added at PM. In them are included the narrator's grudging admiration for Camila's wholesome influence on Constantino, the latter's strength and his devotion to Camila. In the paragraphs from 'A la sazón' to 'se ha de llamar Belisario', which were also added, an atmosphere of 'inocencia pastoril' (I, 317) in the Miquis household is created.

The scene between the narrator and Eloísa in Chapter XVI is also greatly expanded in the later version, as can be seen by comparing the three pages, 2M 478, 479, 480 (and a fourth page continuing on to 2M 481,

---

[4] The whole of the paragraph that follows the one just discussed ('Ignoro por qué me quería tanto Carrillo') is not in the MS and no pages are missing. The paragraph, with its emphasis on anecdotal detail in the British Parliament, is evidently based on special information acquired by Galdós, and was possibly inserted at the galley stage.

which became PM 560²°) with their PM counterparts in Chapter XVI, Section I, (beginning in the second last paragraph). The most striking difference between the two versions lies in the naturalness of the language in the PM draft, and it is obvious when we look at the somewhat stilted language of Eloísa in 2M that at PM Galdós worked hard to give her language a much greater feeling of spontaneity. There are also three important additions, giving a more realistic perspective to the later version. The first addition is Eloísa's inclusion of José María in sharing the responsibility for her present position ('No pongas esa cara de juez, después de haber sido mi Mefistófeles' [II, 13]) which enables the reader to imagine José María's reactions as Eloísa is speaking and is a reminder of his hypocrisy. The second addition (the paragraph beginning 'Después de echarme'), as well as breaking up the dialogue, reminds us of Eloísa's obsession with clothes and mentions the servant Quinquina, dismissed earlier by José María, but later to be used by him when he renews his affair with Eloísa. This paragraph is followed by another added at PM, 'Y en aquel rato', an important trustworthy observation by José María about his conduct of the interview between himself and Eloísa, but written in San Sebastián, when he is on the verge of tempting Camila with his money.

The change in Eloísa's language from 2M to PM in this scene is all the more striking if we consider the only long speech made by José María during the interview. A comparison of the speeches at 2M 480-2M 481 and II, 16-17 shows that there is not very much enlivening of the language from the 2M to the PM version. The phrases 'víctima lastimosa', 'vender... el honor de tu marido', 'para que los usureros no profanaran el dicho del pobre Carrillo', 'que me libra de tí para siempre', with their hollow, and in the narrator's case, hypocritical ring, are all re-employed in the later version. The quasi stage direction *cogiendo mi sombrero* is also repeated and firmly points the finger at José María's melodramatic and stilted language; in other words, the language of insincerity.

The notes that Galdós occasionally jotted down on the first and second drafts of his MS give us an interesting picture of the novelist at work, thinking a few steps ahead as he wrote. Working notes appear at 2M 158, 166, 179, 202 *(q.v.)*, 237, 310, 359, 380, 400, 449, 473, 522, 567, 570 (see p. 73), and 578 (see note 3 to this commentary).

The pencilled notes on 2M 158 have already been quoted and discussed (see p. 58). Those at 2M 166 again indicate, as do the words 'mi fortuna' (2M 158) that Galdós needed very few words indeed as a reminder to himself for the continuation of the plot. The paragraph in which the notes on 2M 166 appear reads:

Cada día que íbamos allá veíamos algo nuevo. Eloisa me mostraba todo con satisfacción que se desbordaba de los ojos. Yo embobado... Pareados del brazo por la casa la tía Pilar en el comedor, hacía el recuento de la ropa blanca...

"Estas cosas me tientan
Regalo mío
Soberana elegancia de Eloisa —

The notes 'Estas cosas me tientan' and 'Regalo mío' constitute in fact a miniscule sketch for nearly two-thirds of Chapter VI. The idea of Eloísa's extreme elegance was not used, however, until Chapter XI ('Los jueves de Eloísa'). Incidentally, the phrase 'pareados del brazo' was later rewritten at 2M 161/PM 195 as 'colgándose de mi brazo' and more hints are dropped in the same paragraph to suggest that it is Eloísa who takes the lead at this point in the affair that is developing between them.

2M 179 (the beginning of Chapter VII, 'La comida en casa de Camila') has the brief note 'no sabía sumar', an idea about Camila which was not used either until much later in the novel. The note on 2M 237 is just a single word — 'pobreza' — and is a reminder to Galdós to describe the fantasies of poverty that the narrator and Eloísa indulge in at the end of Chapter IX; the word is evidence again that Galdós was not thinking very far ahead, since the word comes after their fantasies of riches have been described: the page was then left half completed, and Galdós finished the account of the couple's fantasies of poverty on 2M 238 and 239 (which later became PM 271 and 272 respectively). 2M 310 was also left unfinished, ending with the simple note about Eloísa: 'no me pide dinero'. Two words 'cuentas capdeville' are inserted at 2M 359, a reminder which Galdós used at PM when mentioning the presents of the narrator to his god-child in Chapter XII, Section II. The note on 2M 380 comes at the end of Chapter XII, in which Galdós has described the scene between Eloísa and the narrator in the latter's apartment. The note reads: 'Esta escena breve y que se parezca poco á las dos anteriores, la del cuartito y la del hotel en París.' 'La del cuartito' is probably a reference to the scene in Chapter IX, Section III, where the couple dream about riches and poverty. The hotel scene takes place in Chapter IX, Section II. Both earlier scenes are idyllically romantic, but in the third one Galdós carefully lays the ground for the narrator's disillusionment that is shortly to follow. He must have had second thoughts about the scene being 'breve' because there is some expansion at PM, with the inclusion of the long paragraph, '¡Ah! esto de las contratas es mi fuerte' (I, 249-50) in the final version.

At 2M 400 (the equivalent at PM of the last paragraph of Chapter XIII, Section I) Galdós broke off from the text and began what were to be notes for a draft of Section II of that chapter:

> En aquellos días tenía yo pocas ganas de andar por el mundo. Compartía mi tiempo entre la casa de Eloisa y la de Camila, y me entretenía en una y otra. Los niños me encantaban, sobre todo cuando estaban sanos y no lloraban. Con el de Eloísa me pasaba las horas muertas. Carrillo seguia mejor. — Eloísa parece conforme con la vida de sujeción y economías. — De pronto una noche, Eloísa estaba en el teatro. Yo no había tenido ganas de ir.

On 2M 401, he begins again with 'En aquellos días'. The ideas in the notes on 2M 400 are all used in Section II of this chapter. It is worth repeating here what remarkable use Galdós was able to make of such elementary notes as these. For the final results of these simple sketches, see the paragraphs from 'Entretanto' to 'En casa de Camila' (I, 266-9) in Chapter XIII, Section II.

The notes on 2M 449 are written in two columns and deal broadly with the same material, those in the right-hand column expanding a little on the notes written at the left-hand side of the page. The left-hand notes read: 'Cuestión. Riña — Rompo y me alegro. Me pide perdon. — Camila — muere su niño Principio á enam. Fúcar'; and the right-hand notes:

> La mina cargada iba á estallar. No estalló por que sobrevinieron unos días en que estaba yo muy preocupado con un suceso. Murió el niño de Camila, entierro, Principia á gustarme Cuestión con Eloisa — riña Rompo con ella. me pide perdon —.

These are notes for Chapters XIV, XV, XVI and XVII, with the single word 'Fúcar' acting as a reminder to Galdós for the first two sections of Chapter XVIII. The notes at the bottom of 2M 473 include the interesting words 'niño, sentimiento'. Ten pages further on we read that the narrator kisses Rafaelito 'con ardor frenético' (2M 483) as he thinks that he is leaving Eloísa's house forever. The phrase was wisely modified later. The note that heads 2M 522 ('ella le banaba á él — le la') gives rise to the memorable scene in which Camila supervises her husband's bath.

The notes at the top of 2M 567 offer an intriguing possibility of an earlier thought of Galdós on the question of a title for *Lo prohibido*. These notes read: *'Nosotros los Buenos Ellas y yo'* (Galdós's italics). The title that he finally settled on appears in the MS only as a note on 2M 443 (which was incorporated into PM and became PM 507). Here Galdós wrote and underlined the words 'Lo Prohibido'. They have a hunting arrow drawn through them, and appear to correspond to one of those moments when the novelist took a very brief rest from his writing and let his imagination wander a little. The shape of the nib which traced the two words, when compared to PM corrections made on the same page, suggests that the phrase was written at the PM stage, not at 2M, and the capitalised 'P' means that Galdós was thinking of the phrase as a title. PM 507 deals with part of the scene between the narrator and Eloísa in her house after the death of Carrillo (Chapter XIV, Section II, from 'Sin rodeos' to 'Embajada'). Nothing specific in the text on that page gives any reason why Galdós should have used it to muse upon a title for the book, except that the scene as a whole, and the narrator's increasingly invidious position in the Carrillo household, may have caused the phrase to enter Galdós's mind. The notes on 2M 567 (a discarded page), then, probably precede the phrase which finally became the title. In jotting down these notes Galdós may have been aware that he was nearing the end of his 2M draft (the final page is 2M 608) and hence wrote the phrase *Nosotros los Buenos* as a possible title and *'Ellas y yo'* as a heading for the first chapter, eponymous titles being the rule rather than the exception in Galdós's novels of contemporary life.[5]

---

[5] ROBERT RICARD, *Aspects de Galdós* (Paris: Presses Universitaires de France, 1963), thinks that a sentence from *De los nombres de Cristo* may have inspired the title of *Lo prohibido* (see pp. 99-104).

The extreme simplicity of the notes that Galdós used to continue the story demonstrates clearly that he used nearly all his talents as a novelist in the actual writing of descriptive text, rather than in an elaborate series of sketches and notes. At the PM stage virtually no notes are used, and from the evidence of Galdós's handwriting the novel appears to have progressed quite fluently in the final version.

Four sections of 2M seemed worthy of special commentary because of the extensive amount of re-writing of these sections by Galdós at the PM stage. The section dealing with the last illness and death of Carrillo (2M 409-2M 432) contains a large number of rejected pages, an indication of the importance that Galdós attached to this section. The other three sections represent early drafts of what later became chapters in Volume II of the completed novel. The pattern of composition of 2M is therefore analogous to that of 1M: attention to detail in the early stages of composition, followed by a more condensed style in the second half of the draft, leaving a large bulk of the second half of the completed novel to future inspiration and the PM draft. Some evidence of the problems that this method of composition must have caused Galdós will be found in the text of note 3, pp. 58-9.

THE LAST ILLNESS AND DEATH OF CARRILLO (2M 409-432)

As mentioned in the commentary on the second draft, Galdós was very aware of the need to expand that draft of 615 pages, if he was to compose a novel of 2 volumes. The section under consideration was considerably expanded in the PM version. A comparison between the page numberings shows the expansion clearly:

2M: 2M 408 (which became PM 458)-2M 433 (which became PM 497): 26 pages

PM: PM 458-PM 497: 40 pages, an expansion of 14 pages at the PM stage.

At times, indeed, the rather colourless, short sentences in the 2M manuscript give the impression of a quasi note form being used.

One way in which Galdós expands his printer's manuscript is by taking the opportunity of adding more nuances to a character, remembering their eccentricities. At the beginning of this passage, between 2M 408 (which became PM 458) and 2M 409 he inserts at PM a description of Carrillo's uncle, the marqués de Cícero, with his country manners and personal vanity. For an illuminating insight into the way Galdós 'humanizes' a character, compare the single-sentence description of the marqués in 2M 413 ('Era un ...') with the finished product at I, 270-1. Another minor character who accounts for some of the expansion of this scene is the doctor attending Carrillo: between 2M 411 and 2M 412 (the latter became PM 463) Galdós describes him and his somewhat faltering diagnosis.

PM also gave Galdós a chance to add realistic touches such as, here, the time of Eloísa's arrival from the theatre: 'Eran las diez y media'

(PM 460; II, 271). After this, references to time are carefully placed throughout the scene. Indeed, at the PM stage, the passing of time becomes a half-concealed metaphor for the ebbing away of life. In 2M 415, Galdós had originally written 'viendo resbalar los minutos' and then crossed it out. However, he took up the idea again in PM and describes how those around the bed keep vigil, 'oyendo sólo el rumorcillo del reloj de la chimenea, que arrojaba los desmenuzados espacios de tiempo, como la clepsidra chorrea las arenas que caen para siempre' (PM 467; I, 276).

The major difference, however, between 2M and PM in this scene is the involvement of the narrator himself. In 2M, José María's involvement is no more than that of physical presence, albeit a dramatic one, whereas in PM the complexity, irony and pathos is greatly increased by the addition of José María's thoughts, a jumble of compassion, admiration, contempt, enmity and revenge towards the man who is about to die in his arms (see II, 281-2 and II, 284). The narrator's unwilling involvement in the episode is brought out well by an addition at the PM stage, when the priest asks him if he is Eloísa's brother. Another example of a change that brings the reader into a much more complex series of sensations than was present in the early draft is the description of the narrator's blood-stained clothing: on 2M 423 we read 'En el pasillo encontré á Micaela, que lloraba. [Ella comprendió mi deseo y corrió adentro, trajome ropa del señorito una camisa del señor] Preguntele por su ama'. The final version reads:

> En el pasillo me vi a la claridad del día, que entraba ya por las ventanas del patio, y sentí un horror de mí mismo que no puedo explicar ahora. Parecía un asesino, un carnicero, qué sé yo... Salióme al encuentro Micaela, la doncella de Rafael, que me tuvo miedo y echó a correr dando gritos. La llamé; preguntéle por su ama.' (I, 284)

Apart from the two-fold expansion of the original, it can be seen that Galdós was not afraid to accentuate the note of horror in the second version; yet done in so natural a way that it cannot be called melodrama. However, when we compare in detail these three sentences with their straightforward predecessors, we can readily see the artistry of Galdós in creating a complex of sensations around the occurrence, the most important aspect of which is that in the final version we become aware that the mind and memory at work is José María's. On one level are the facts: the narrator leaving Carrillo's death-bed, stained with blood, seeing himself, and being seen by Micaela. On another level there is the image of the assassin being discovered in the light of day. On a third level, however, we can see that these ideas are being filtered through José María's mind, with all the guilt that would weigh on his conscience at that instant: the assassin of Carrillo's honour, the 'claridad' of his conscience, the resulting guilt ('sentí un horror de mí mismo que no puedo explicar ahora'), and the apparent confirmation in Micaela's reaction: these are the subliminal feelings of the narrator that Galdós allows us to detect in the sentences of the final version. In a similar vein, although with nothing like the same dramatic impact, is the addition in the final version of Eloísa's reactions to seeing José María dressed in her husband's clothes.

As with 1M, the second draft of *Lo prohibido* reveals a change of emphasis concerning the character of Pepe Carrillo, making him more sympathetic than originally conceived. For example, in an earlier page of the second draft, a reference to the fact that Carrillo's 'antiguas aficiones democraticas se habían enfriado mucho' (2M 249) is crossed out. A major change in PM from both 1M and 2M is the addition in the final version of Carrillo's continued friendship, until the moment of his death, towards José María. The important phrase 'con cariño' was added at PM 474 (I, 280) to a remark that Carrillo addresses to the narrator on his death bed. In one of Carrillo's last speeches Galdós made considerable alterations from 2M to PM. Exceptionally, he used little of the original in PM. The very extensiveness of the changes is a pointer to their importance, because Galdós, by and large, was not slow to re-use in PM the stock of phrases and ideas which saw the light in 2M. The speech in 2M reads as follows:

> Esta noche me moriré, — nos dijo con una serenidad que nos dejó pasmados, — y no creais que me importa gran cosa. Esta vida de sufrimientos es poco apetecible. Yo me muero resignado y aun creo que algo contento... El mundo es todo miseria, [una pesadilla espantosa.] Cerrar los ojos á tanta infamia, á tanta vileza, ¿no es ir ganando algo? La vida humana es para mí poco enviable. La desprecio y la abomino... (2M 416)

And the final version:

> Esta noche me moriré — exclamó con una serenidad que nos dejó pasmados. — Esta noche se acabará esta vida que he deseado fuese útil, sin poderlo conseguir. Y no creáis que estoy afligido. Me muero resignado. ¿Qué soy yo en el mundo? Nada. Soy un cero que padece y nada más. La mayor parte de los que vivimos, ceros somos, y mientras más pronto se nos borre, mejor. (I, 276)

One notices immediately in the final version, to Carrillo's credit, that there is less of a note of self-pity: the words 'poco apetecible', 'miseria', 'infamia', 'vileza', 'poco envidiable', 'desprecio', 'abomino' are all omitted. The tone and vocabulary in the latter version convey more a sense of insignificance than of affliction and self-pity. In particular, the last sentence of PM contains a harder, more generally philosophical note than the original 'el mundo es todo miseria, [una pesadilla espantosa]'. More importantly, the last sentence of the final version embraces the narrator as well, and this provokes him to react later in his own romantic way: ' ¡Morirse sin haber querido o sin haber odiado a alguien! ¡Morir sin despedirse de una pasión, sin tener alguien a quien perdonar, algo de que arrepentirse! ¡Sosa, incolora y tristísima muerte!' (I, 282), a thought also added at PM (or, in some cases, on the galley sheets), as are all of José María's thoughts during the death-bed scene.

THE NARRATOR'S PASSION FOR CAMILA (2M 490-503)

2M 490-503 is almost wholly a first draft of Chapter XVII. The five preceding manuscript pages, i.e. from the beginning of Chapter XVII, which deal with the narrator's thoughts about Eloísa and about his own character, originally belonged to 2M and were transferred to PM with very few changes. This pattern of little change continues into pp. 2M 490-1, since, once the idea was accepted, a discursive section did not need major re-writing because few stylistic considerations were involved. Galdós, indeed, considered incorporating 2M 490-1 into PM and changed the original 2M numbers to correspond to the PM stage: 569 and 570. Legibility does not appear to have been a factor in Galdós's rejection of these pages, because he had sent worse to the printer. We must therefore assume that even the small changes that there are between 2M 490-1 and their PM counterparts were important enough in Galdós's eyes to justify their rejection. 'De mi madre' and 'de mi padre' were added at PM, as was the graphic reference to tío Serafín. The 'carezco ... base' repetition of 2M may have prompted Galdós to expansion and clarification of the point that he was making, as well as prompting the stylistic improvement: 'filosofía Dios la dé' (II, 23). The metaphor from 'sobrenado' was extended considerably and given much greater force by the images of storm and shipwreck. (The sentences from 'yo no tomo' to 'que me deje' were removed at the galley stage, probably because they add nothing.)

The remainder of Chapter XVII is sketched out from the last line of 2M 491 to 2M 503. (2M 500 is missing from the manuscript.) The draft deals with the narrator's meeting with Camila, their shopping trip, lunch in Camila's apartment, and the arrival of Constantino. The principal difference between 2M and PM in the conception of the chapter occurs towards the end: instead of the idyllic picture of the three busily at work in the apartment, the first draft describes the frustrated passion of José María as he watches the couple 'tortolear' in his presence (2M 503), and he goes home sick and resentful, having taken too much rum. It is of particular interest that Galdós omitted in the final version the sexual references in 2M 502 and 503, thereby playing down the physical and the sexual side of the narrator's attraction to Camila and moving towards the creation of the 'delicioso ambiente de aquel Paraíso terrestre y casero' (II, 38) which survives the unhappy events of the closing pages of the novel.[6]

As well as the addition of this scene of the three at work together, the chapter is also strikingly endowed with a brilliant enlivening of dialogue and detail. The latter, whether it deals with street or shop names, the money in Camila's purse, the problems with Constantino's shirts, the games

---

[6] The note of innocence that the reader associates with the couple was particularly emphasised at the final draft stage. For example, although Galdós retains the verb 'tortoleaban' from 2M 526 to PM, he lends to it an atmosphere of exuberance and innocence by adding the words 'puericia', 'candorosos' and the phrase 'que salta y brinca como los niños' (PM 649-50; II, 70).

he plays, with many other instances, is all sharply focused. A good example of this enlivening of language and expansion of detail is the way in which the three short sentences 'A veces...no era' (2M 494) became the paragraph 'De repente...de la esquina' (II, 26). Incidentally, the felicitous idea of changing the verbs to the present tense occurred to Galdós at the galley stage and clearly demonstrates that his galley corrections went far beyond the merely orthographic.

One can also detect, in a few of the changes in the first paragraph of the second section of the chapter, that Galdós is using the later draft not only to create more graphic language but also to induce the reader to have a more critical attitude towards the narrator. These are changes such as where the original 'me agradaba lo imprevisto, y lo buscaba' (2M 492) becomes 'tenía sed de lo imprevisto, y me lo procuraba como podía' (II, 24), 'ya me estaba yo recreando con la idea' replaces 'gustaba yo' and the phrase 'haciéndome cosquilleos románticos' is included. Although these are simple stylistic exchanges or additions to make the language more expressive, the moral emphasis is also changed: a suggestion of ephemeral pleasure-seeking has entered with the use of 'sed', 'procuraba como podía' and 'cosquilleos'. The note of calculation introduced by 'procuraba' is continued in the change from 'saborearamos' (2M 493) to 'paladeáramos' (II, 24): a very good example, this, of how with a minute stylistic change (done at the galley stage) Galdós could also alter the moral emphasis, in this case from 'tasting' to 'savouring'. In other ways, too, the initially more romantic thoughts of the narrator are brought to a lower level: the phrase 'los indecibles encantos de la aventura' (2M 493) is omitted, 'inopinados encuentros' become 'bonitos encuentros' (II, 25; another galley change) and the imagery begun in 'saborearamos' is continued in the later draft where 'se sublimara' becomes 'se sazonara con la salsa de lo furtivo y con esa pimienta dramática' (ibid.).

CHAPTER XVIII AND THE HOLIDAY IN SAN SEBASTIÁN (2M 519-2M 549)

Pages 2M 519-24 form a draft for Chapter XVIII and deal with the scene between the narrator and Camila in the latter's apartment, Constantino's arrival home, and the scene on another day when Camila gives Constantino a bath.

In the transition from these pages to the PM manuscript, we observe a continuation of the process of enlivening of the language noted earlier. One of the ways in which Galdós achieves this is by means of greater concentration on dialogue in the PM version. Of course the creation of graphic language is very important during the scene in Chapter XVIII where the narrator declares himself passionately to Camila. Hence, for example, a rather colourless phrase in 2M 521 —'la señora de mi vida'— becomes in PM 'fiera con más alma que Dios' (II, 54). At the PM stage, the author, remembering, perhaps the narrator's Andalusian background, endows José María's declaration to Camila with a more *flamenco* character through phrases such as 'gitana negra, loba' (ibid.).

The last paragraph of 2M 521 also offers a good illustration of the quasi note form that Galdós used from time to time during the writing of 2M. The expansion of these four sentences at the PM stage is so great (see II, 55-7) that the sentences cannot be seen as other than notes for the later draft. It is worth remarking, too, how Galdós picks up and expands at PM the pastoral note touched upon in the paragraph. Also added at the PM stage are several references to Constantino's 'potente musculatura de gladiador' (II, 55) as he is being bathed by Camila, a contrast, no doubt, with another idea which is brought in at the PM stage: Camila's reply to the narrator's passionate declaration, describing him as a 'tísico pasado' (II, 54). (In the first draft Constantino had been described as 'enfermo' [see 1M 39]. By PM, therefore, there is a complete change of idea concerning this character.)

Other references, introduced at PM, to Constantino's cleanliness and wholesome appetite, and to Camila's beneficent influence on him, serve to deepen the characterization of the couple. (See also 2M 547, where Camila's account of Constantino is toned down in the final version: 'se emborrachaba' becomes the somewhat less wayward 'bebía aguardiente' [II, 88; this was a galley change] and 'groserías' becomes 'gansadas' [ibid.]) At 2M 524 there is a very good example of how Galdós, with his second draft in front of him, could expand upon what he had written, to create an ironic perspective in which the reader can see both the characters of José María and Camila in relation to what they were at the beginning of the story and to what they are now. The narrator's 'me mato, te juro que me mato, si no me quieres' (2M 524) is repeated exactly at PM 642 (II, 64-5), but is received by Camila not 'con profunda lástima' as in 2M, but 'con un poco de lástima' (II, 65) (Galdós had originally written 'con lástima' on PM 642) and is neatly turned against the narrator in the later version, as Camila remembers how she 'en la *edad del pavo*, había querido matarse, y nada menos que con fósforos' (II, 65).

2M 523 contains material not subsequently used by Galdós: the *ventas* episode was omitted at PM. In the overall context of the 2M draft it was unusual for Galdós to omit so much. Perhaps the author wished to associate the couple's life outside the apartment with the impending holiday in San Sebastián, and the various 'idilios' that the couple enjoy while there. Whatever may have been the reason for the omission of the episode, Galdós took from it the idea of describing Camila and Constantino eating a meal at home, a scene of simplicity and wholesomeness, and thus created a good ironic contrast with the chaotic 'comida en casa de Camila' described in Part I of *Lo prohibido*. There is, of course, in the *ventas* episode of 2M an element of the ridiculous in Constantino's behaviour, about which Galdós probably had second thoughts: inserted in PM a few pages before the removal of the *ventas* scene is a comment by Camila's mother on the 'transformation' of her son-in-law under Camila's influence (II, 57).

The process of the expansion of material is continued in the development of the second draft of Chapter XIX at the PM stage. In terms of MS pages, the increase is from 25 pages (2M 525-49) to 52 pages in PM. What is probably the most important addition in the whole of the MS is the interpolation of the second paragraph of Chapter XIX at the PM draft, which attempts to create a realistic perspective and at the same time brings about most markedly the ironic distance between author and narrator that is a feature of other Galdós novels of the 1880s. The irony arises in the case of *Lo prohibido* from the narrator's willingness to admit his mistakes where Eloísa was concerned, but refusal to countenance the same possibility concerning Camila. At PM 647, between the draft pages 2M 525 and 2M 526, Galdós wrote in the paragraph explaining how the *memorias* came about: the first sentence of 2M 525, 'Ya en agosto estábamos todos allá', is changed in PM to a fortnight's wait in San Sebastián by the narrator, during which he begins the writing of his memoirs, completing approximately the first twelve chapters.

A PM addition in the same vein in Chapter XIX is the first paragraph of Section III of the chapter. An indication of the amount of expansion from 2M to PM can be seen in the PM draft, which is seven times longer than the corresponding paragraph in 2M 544-5. The narrator's simple idea in 2M of marrying Camila becomes, in the PM draft, a complex of memories, assertions, true and false perceptions, leaving the reader with a web of truth and falsehood to disentangle. The simple sentence in 2M 544, 'Por que Camila no era mía', is retained in the PM paragraph, but we are then, in the PM draft, led through the narrator's view of Camila as the perfect woman, to his blaming destiny, God, his earlier mistaken perception of Camila on his arrival in Madrid, for not having appreciated her. José María even correctly considers that if he was mistaken regarding Eloísa then why not also with Camila? This idea, however, is rejected, along with the idea of legitimate union with Camila that was mooted at the beginning of the paragraph: the idea is twisted and becomes 'tenía que ser mía en una forma u otra' (II, 85). Significantly, too, the reference to 'un fin noble' at the end of the 2M paragraph is replaced by the callous 'legitimar mi victoria' of PM. (In PM, after 'legitimar mi victoria', Galdós had written 'y pegarme para siempre á mi disgregada mitad'. He crossed this out at the galley stage, thereby leaving the accent to fall on 'victoria'.) Therefore, in the expansion of this paragraph from 2M to PM we are witnessing the addition of ever more complex material to the original simple idea. It allows us to suggest that, at this stage in the creation of *Lo prohibido,* Galdós was so immersed in the unfolding of plot and theme that he was able to make an astonishing leap from such a simple base and create in his narrator's mind in the final version of this paragraph a jumble of hopes and assertions that is full of unconscious irony on José María's part.

FROM CHAPTER XX TO THE END OF THE SECOND DRAFT (2M 559-2M 608)

Pages 2M 559-2M 577 form a draft for Chapter XX of the PM version. There is, of course, a great expansion in the final draft, but the pattern of episodes in 2M is closely followed. The exception to the pattern, and the source of the main expansion in the chapter is the life story of the stockbroker, Gonzalo Torres. (There is a little evidence in 2M that Galdós was going to use Torres as the instrument of the narrator's financial ruin: see 2M 596; it is likely, too, that tío Rafael was to become involved in the financial catastrophe: see 2M 600.) Torre's story takes up about one quarter of Chapter XX. Galdós was also able to expand and enliven 2M by the addition in Chapter XX of much humorous local detail to Raimundo's project to publish a *mapa moral* of Spain.

2M 559 does not completely belong to the 2M draft since only a portion of the page was crossed out, the rest being retained and incorporated into PM, becoming PM 698. If we compare 2M 559 with its counterpart, PM 698$^{2°}$ (see II, 98), we detect a change of tone in the later version where the narrator's attitude to Raimundo is concerned: the sentence 'todos los días almorzaba conmigo' is omitted and 'me entretenía siempre' becomes 'caía sobre mí muy comunmente cuando menos ganas tenía de oirle'. (We can see Galdós's train of thought from 2M to PM by the original words 'á veces' in PM 698$^{2°}$ which were crossed out and replaced by 'muy comunmente'.) Is it possible to trace here the beginning of the narrator's isolation after the San Sebastián episode? The omission at PM of the sentence in 2M 562, 'Constantino me acompañaba largos ratos, su mujer alguna vez, y mis amigos siempre', reinforces this sense of isolation.

The PM meeting between the narrator and Eloísa in the former's apartment is closely based on the 2M draft, with the exception of 2M 566, where Eloísa tells the narrator of a rumour she has heard about his getting married. By omitting this at PM, Galdós places a little more emphasis on the narrator's confinement and isolation that appears to prevail after San Sebastián.

The notes at the top of 2M 570 must have been written in at the PM stage because Galdós uses the PM name for Eloísa's son, *Rafaelito*, instead of the 2M name, *Pepito* (see 2M 571). The single word 'Rafaelito' was probably a very brief reminder by Galdós to himself to describe in detail Rafaelito's day at José María's house, and this was done (see II, 111-12). These brief notes give us a picture of Galdós at the PM stage 'studying' his 2M draft, adding a note or two, and then proceeding to the expansion and development of the work at PM.

The sentence 'Por las noches, la fiebre de los negocios llevabame á casa de Maria Juana' on 2M 577 corresponds to the beginning of Chapter XXI, 'Los lunes de María Juana' in the PM version. Her *tertulias*, her conversations with the narrator, her search for a *novia* for him, the inside information that she gives him about stock-exchange affairs are all anticipated in 2M 578-2M 583, as is the conversation between Camila and the narrator (2M 583-4). An important addition at PM is the financial collapse of Eloísa, which was not anticipated in 2M. We also learn more about Cristóbal Medina in the PM chapter and another significant addition here is José María's idea of using María Juana to be avenged on Medina for what the narrator sees as the former's coldness and discourtesy towards him.

There are three important changes in the character of Medina from 2M to PM. On 2M 581 María Juana tells the narrator that 'Medina, el picaro tenía sus distracciones. Economicamente, entretenía alguna bailarina tronada. Cuando Torres fué empresario de teatros Medina contrajo el vicio de las coristas guapas. La suerte era que no gastaba dinero, y las entretenía a lo pobre.' As with the earlier suggestions about Carrillo's sexual morality, those concerning Medina are left in a vague state and are, in any case, omitted in the PM version. It is interesting, then, that in the final version of the novel, the husbands of Eloísa and María Juana are men of impeccable sexual morality, a fact that lends more complexity to the characterization of José María, because the implication is that Carrillo and Medina are of more upright character than the narrator. Part of the resulting complication in the narrator's relationship with the two men can be seen in the final versions of Chapters X and XXI.

Another omission from 2M at PM also shows that Galdós took a kinder view of Medina in the final version, changing his conception of the character, from, in the example that follows, Medina's servility and venality to a markedly different attitude in PM. The example occurs at 2M 306: the context is the narrator's description of the various guests who attended Eloísa's *jueves*. 2M 305 is missing; the last word on that page was probably 'Eloísa':

[2M 306]

> reunía en torno suyo á eminencias de la riqueza y de la política. Entre estas, ninguno ejercía tanta atracción sobre el bueno de Medina, como el ministro de Fomento que solia ir un jueves sí y otro no. Medina se había erigido en reloj de repetición de su Excelencia, un andaluz de palabras *barbianas* y de elevados pensamientos, de mucho empuje en la iniciativa y de poca perseverancia en las acciones; le aplaudía, le mimaba, le adulaba, quería á toda costa ser su amigo, ser su satélite, enaltecer su personalidad y difundir su política; quería muchas cosas y especialmente ser contratista del suministro de piedra picada para las carreteras del Estado.

There is no paragraph at PM that corresponds with 2M 306. The minister is mentioned only briefly in PM by the narrator as 'amigo y paisano mío' (I, 204). If, however, we compare the 2M paragraph with the one at I, 199-200 ('María Juana tampoco iba...') and particularly the last sentence referring to Medina ('Aquel hombre juicioso y modesto, dejó de favorecernos desde el segundo o tercer jueves') we can appreciate the change in Galdós's conception of this character. We have already noted, with regard to the *ventas* episode (see p. 71), how Galdós also moves towards a more positive view of the character of the third husband, Constantino.

An aspect of the narrator's character subsequently deepened in the later version is brought about by the simple expedient of changing the character of the woman that María Juana chooses as a potential wife for José María. She is 'la de Trujillo' and instead of being 'insufrible' (2M 582) is, in the final version, a pleasant and gracious girl (see II, 148-9), a fact that enables Galdós to suggest again the obsession and isolation that is beginning to overcome the narrator.

The draft for Chapter XXII effectively begins with Camila's question to the narrator 'Que tal las camisas?' (2M 585) and ends with the reconciliation between Camila and Constantino (2M 595), a mere 11 pages of 2M for what becomes the longest chapter in *Lo prohibido* (from PM 820 to PM 930). The eleven pages, however, contain in embryo most of the episodes of the later draft, with the exception that in 2M Eloísa does not suffer a financial downfall. Galdós may nevertheless have envisaged the ruin of Eloísa from the 1M stage, where we read that 'Elena se entrega a varios para que le den dinero' (1M 103).

The idea of the narrator using what he sees as a weakness in Camila (the episode of 'la ambición suntuaria' in 2M 591) was omitted at PM. Yet Galdós was evidently concerned to create in the person of Camila an authentic human figure, with weaknesses as well as strengths. The temptation of Camila had already been described in the San Sebastián episode (see 2M 545) and Galdós presumably realized this when rewriting the 2M 591 episode. What he did instead was to create in the PM version the excellent little scene in section VI of Chapter XXII, in which Camila is hobbling about the room wearing a shoe of her own and a high-heeled boot of Eloísa. The temptation scene of 2M is in fact transformed: Camila consults José María about what she might take away, to which he replies: 'apanda todo lo que puedas' (II, 213). The unaffected naturalness of Camila is further enhanced by the presence of María Juana who loses no opportunity to moralise about what is happening. When we compare this scene with its forebear at 2M 591, we can readily see what gains have been made: the vivid eye for detail, the use of perspective through the inclusion of a third character, and the way that the narrator is yet again placed in an ironic context in the final version, instead of being a tempter, his past authority in Eloísa's house, an authority that he would wish to reject, is being appealed to by Camila, the very person he least wishes would do so.

The last sentence of the first paragraph of 2M 591 —'Me miraba de un modo que á mí me pareció tierno'— is also an interesting omission from PM. The sentence was probably left out because it strikes a false note: except following the death of her child, Camila is always portrayed as a sturdy type, not sentimental, and certainly not deceived by José María as are her two sisters. Evidence that Galdós was aware of the danger of sentimentalising the character of Camila is found in another interesting omission from 2M at the PM stage. After mentioning that Camila was unable to attend Eloísa's *jueves* regularly because she had no suitable clothes, and that in any case 'estaba ya en meses mayores' (2M 307), the narrator writes that one day he discovers the reason for himself, 'sorprendiendo en ella lágrimas de ahogada pena, que carecía de medios para hacer su equipo' (2M 308/PM 351$^{2°}$). The sentimental, Cinderella image evoked in the phrase 'lágrimas de ahogada pena' was wisely omitted in the later version.

Pages 2M 596 to 2M 608 form a draft for Chapter XXIII, with the exception of the last line of 2M 608, on which the draft ends. The affair between the narrator and María Juana is described somewhat more explicitly in 2M, in the paragraph beginning 'Al siguiente salimos también' (2M 601-2). Incidentally the contradiction concerning the rain in this paragraph indicates the haste with which these final pages were written. In the event, the idea of the couple sheltering from the rain was not used at PM, where the oblique description of the affair proves a much more suitable method, matching as it does the demeanour of María Juana, whose approach is tortuous and hypocritical. The narrator's illness, described at 2M 602, was sensibly left by Galdós until after the scene of the struggle between the narrator and Camila, taking place in PM at the beginning of Chapter XXIV.

The first paragraph of 2M 600, dealing with the narrator's uncle Rafael, seems out of place, particularly since it breaks into the middle of the description of the affair between the narrator and María Juana. From the evidence of the paragraph Galdós intended Rafael to become embroiled in dealings with Torres, with disastrous financial results, and the 'tremenda noticia' in the last line of the draft may have been the announcement of the financial ruin of both tío Rafael and the narrator. The intrusiveness of the paragraph may be seen as a further indication of the haste of Galdós at this point, but also allows us to speculate that Rafael may have been intended originally to play a large part in the climax of the novel.

THE SECOND DRAFT OF *LO PROHIBIDO*

PM I *
I

Refiero mi aparición en Madrid, y hablo largamente de mi
tío Rafael y de mis primas María Juana, Eloisa y Camila.

1

En Setiembre del 81, pocos meses despues del fallecimiento de mi padre, resolví apartarme de los negocios, traspasé mi razon social á otra casa extractora de Jerez tan acreditada como la mía, realicé creditos, arrendé los predios, cedí las bodegas y sus existencias y me fuí á vivir á Madrid. Mi tío (primo hermano de mi padre) D. Rafael Bueno de Guzman y Ataide quiso albergarme en su casa, mas yo me resistí á ello por no perder mi independencia. Por fin supe hallar un término de conciliación, combinando mi comoda libertad con el hospitalario deseo de mi tío; y

PM 2

alquilando el cuarto mas próximo á su vivienda, me arreglé para estar solo cuando quisiese, y gozar del calor de la familia cuando lo hubiese menester. De este modo obtenía, según me lo indicasen las circunstancias, las ventajas del aislamiento y las de la concentración doméstica. Vivía el buen señor, quiero decir, vivíamos en el barrio que se ha construido donde antes estuvo el Pósito. El cuarto de mi tío era un principal de diez y ocho mil reales, hermoso y alegre, si bien no muy holgado. Yo tomé el bajo, poco menos grande que el principal, pero sobradamente espacioso para mí sólo, y lo decoré con lujo y puse en el cuantas comodidades á que estaba acostumbrado y aun algunas mas, pues mi fortuna se me permitía.

Mis primeras impresiones en Madrid fueron de sorpresa y agrado en lo referente al aspecto de la Villa,

PM 3

donde yo no había estado desde los tiempos de Gonzalez Bravo. Causábanme asombro la hermosura y amplitud de las nuevas barriadas, los rapi-

---

* In order to approximate PM pages as nearly as possible to a 2M reading, the first version of corrected material is given in these cases (i.e. to PM 41).

dos medios de comunicación, la evidente mejora en la apariencia de los edificios, de las calles y aun de las personas, los bonitísimos jardines plantados en las antes polvorosas plazuelas, las gallardas construcciones de los ricos, las muchas y aparatosas tiendas, no inferiores, por lo que desde la calle se ve, á las de París y Londres, y, por fin, los muchos y elegantes teatros para todas las clases, gustos y fortunas. Esto y otras cosas que observé despues en sociedad hiciéronme comprender los bruscos adelantos que nuestra capital había realizado desde el 68, adelantos mas parecidos á saltos nerviosos y desordenados que al andar progresivo y firme de los

PM 4

que saben á dónde van; mas no eran por eso menos reales. En una palabra, me daba en el olfato cierto tufillo de cultura europea, de bienestar y aun de riqueza y trabajo.

Mi tío era agente de Bolsa muy conocido en Madrid. En otros tiempos desempeñó cargos de importancia en la administración; fué primero cónsul, despues empleado de embajada; mas tarde, el matrimonio le obligó á fijarse, sirvió algun tiempo en Hacienda, protegido por Bravo Murillo, y al fin las necesidades de su familia le estimularon á trocar la seguridad de un sueldo mezquino por las aventuras del trabajo libre. Tenía ambición, rectitud, inteligencia, muchas relaciones; se hizo agente de Bolsa y al poco tiempo de estar en este oficio, se felicitaba de ello y de haber

2M 5/PM 6½

vuelto la espalda á la oficina. Su trabajo desde 1850 hasta el 81 debió de serle provechoso, pues cuando yo me establecí en Madrid, el tío, a juzgar por el aspecto de su casa, debía de estar en muy holgada posición. Era entonces un señor que parecía menos viejo de lo que era, vestido siempre como los pollos, elegante, pulcro y distinguidísimo. Se afeitaba toda la cara, siendo esto como un alarde de fidelidad á la generación anterior de la que procedía. Su semblante sonrosado y risueño, su mirar agudo, su finura y cortesanía, siempre sostenida en el fiel de balanza, sin caer del lado de la familiaridad impertinente ni del de la petulancia. En la conversación estaba su principal mérito y también su defecto, pues sabiendo lo que valía hablando, se había dejado llevar del prurito de dar pormenores y de ex-

2M 6

tender fatigosamente sus relatos. Alguna vez los tomaba tan desde el principio y los adornaba de tan pueriles minuciosidades, que era preciso suplicarle por Dios que fuese breve. Para referir, por ejemplo un incidente de caza (ejercicio por el que tenía pasión) empezaba narrando los pasos que dio, lo que él y el guarda del soto hablaban camino del puesto, lo que hacían los perros, el aspecto del cielo, los arboles, como vió las perdices, como se echó á la cara la escopeta.

2M 7: missing

2M 8/PM 9

y sacando el pañuelo, me refería historias que no tenían termino. Conceptuábame como el último representante de aquella raza fecunda en caracteres, y me acariciaba y mimaba como á un chiquillo, á pesar de mis treinta y seis años. ¡Pobre tío! En estas demostraciones que aumentaban considerablemente el caudal de sus ojos, descubría yo una pena secreta y agudísima, una espina que laceraba el corazon de aquel excelente hombre. No sé como vine á conocerlo, pero tenía tal certidumbre de la disimulada herida cual si la hubiera visto y tocado con mis dedos. La herida era un desconsuelo grande, profundo; el desconsuelo de no verme casado con una de sus tres hijas, contrariedad irremediable porque sus tres hijas ¡ay! estaban ya casadas.

2M 9/PM 10

En la primera ocasión que se presentó, mi tío habló de sus tres yernos con muy poco miramiento. El uno era antipático, el otro un pobretón vanidoso, el tercero una mala persona. De confidencia en confidencia llegó hasta las mas íntimas y delicadas, acusando á su esposa de precipitación en el casorio de las hijas. De esto colegí que mi tía Pilar, señora indolentísima y de cortos alcances, por quedarse libre y descansar del fatigoso papel de mamá casamentera, había entregado á sus niñas al primero [sic] hombre que se presento, llovido en paseos y teatros, ó que ellas se sobrepusieron á la disciplina paterna casandose con el primer novio que les deparó la ilusión juvenil.

No habían pasado quince días de mi instalación cuando [el tío se puso] me puse malo. [Era una desazon] Desde niño padecía

PM 11 *

[que le acometía periódicamente y que, cumplidos los sesenta] yo ciertos achaquillos de hipocondría, desordenes nerviosos que con los años habían perdido algo de su intensidad y eran mas raros cada día. Consistían en la perdida completa del apetito y del sueño, en una desazón inexplicable

---

* There is no alteration of pagination on PM 11. Galdós, therefore, must have stopped at a point previous to this page and written in (at the 2M stage) the additional pages that were to become PM 5, PM 6 and PM 8, discarding 2M 7 in the process. The revision is most likely to have occurred at the end of 2M 9/PM 10, immediately before the change of subject (the narrator's first illness). There would then be no need for a 2M 10.

que mas parecía moral que física, y cuyo principal síntoma era un temor angustioso, como cuando nos hallamos en presencia de inevitable inmediato peligro. Con ligeros intervalos de descanso y tristeza, mi espíritu experimentaba aquel miedo inmenso, invencible que la razon no podía atenuar, que la realidad no sabía combatir; miedo semejante al que sentiría el que, cayéndose sobre la vía ferrea y no pudiendo levantarse, viera que el tren se acercaba, le iba á pasar

PM 12

por encima... Cuando me ponía así, la vista de personas extrañas me escitaba mas. Dabanme ganas de pegar á alguien ó de injuriar por lo menos á los que me visitaban, y sufría mucho conteniéndome. Por esta razon no queria recibir á nadie, y mi criado, que ya conoció bien este flaco y otros, no dejaba que llegase á mi presencia ni una mosca. No pude en Madrid extremar la consigna, porque no valían estos rigores con mi tío; el cual atropellando la guardia, se colaba de rondón en mi gabinete. Y era que creía llevarme en sus largos discursos la mejor medicina de mi mal; jactábase de conocerlo profundamente, y en vez de hablarme de cosas que engañosamente llevaran mi espíritu á otra región distinta de aquella de su padecimiento,

PM 13

juzgaba que era mas eficaz encararlo con el mal mismo, hacerle meter la cabeza en él valientemente, como se hace con los caballos espantadizos acercándoles á los mismos objetos de que huyen. Díjome primero festivamente que aquello era el mal del siglo, el cual, forzando la actividad cerebral, creaba una diátesis nerviosa constitutiva en toda la humanidad. Esto se lo había dicho Augusto Miquis la noche antes. Por eso lo sabía y lo repetía, sin entender una jota de medicina. En lo que principalmente recalcaba mi tío Rafael era en ver en mi mal las proporciones de un mal de familia que se perpetuaba y transmitía en ella como en otros el herpetismo ó la tisis hereditaria.

PM 14

"Todos padecemos en mayor ó menor grado, — me dijo — los efectos de una imperfección nerviosa cuyo origen se pierde en la oscura historia de los primeros Buenos de Guzman de que tengo noticia. En nuestra familia ha habido individuos dotados de cualidades eminentes, hombres de gran talento y virtudes; pero todos han tenido una flaqueza, una chifladura, bien pasión invencible que les ha hecho desgraciados, bien manía incomprensible que no afectaba á la conducta. A unos les ha tocado el daño en el cerebro, á otros en el corazon. En algunos se ha visto que tenían una organización admirable, pero que les faltaba, como se suele decir, la catalina. Por esto, abundando tanto en nuestra familia las altas prendas de

PM 15

entendimiento y de caracter, ha habido en ella tantos hombres desgraciados. No han faltado en nuestra familia tragedias lastimosas, ni enfermedades crónicas graves, ni los manicomios han carecido en sus listas del apellido que llevamos. En cuanto á las mujeres, las ha habido ilustrísimas por la virtud, algunas heroicas, pero también las ha habido de temperamentos tan exaltados que mas vale no hablar de ellas.

Parecíame algo fantástico lo que mi me [sic] contaba aquel hablador sempiterno, que por tener que hablar y lucir su ingenio era capaz de alimentar su facundia con materiales de invención. "Usted hubiera sido un gran novelador, — le dije — y él

PM 16

acercándose mas á mí, prosiguió de este modo:

"Recorre la historia de la familia en los individuos mas cercanos, y veras como hay en ella un mal cronico, un desorden neuropático que viene reproduciéndose de generación en generación, debilitandose al fin, pero sin extinguirse nunca. Entre los hermanos de mi padre, primos del tuyo, hubo algun Bueno de Guzman extravagantísimo. Si contara lo que sé de ellos, no acabaría en tres meses. Solo diré que mi abuelo, abuelo también del tuyo era un hombre que á lo mejor se envolvía en una sábana y andaba por las calles de Ronda haciendo de fantasma para asustar al pueblo. Tu abuelo, hermano de mi padre, se hizo construir un panteón magnífico para él solo, quiero decir que ninguna otra per-

PM 17

sona de la familia se había de enterrar en él. Pero en su testamento dispuso que le fueran poniendo al lado todos los niños pobres que se murieran en Ronda. Y así se hizo. En treinta años fueron sepultados allí mas de doscientos cadaveres de angeles. El tal tenía pasión por los niños agenos. Decían que había hecho muchos en el pueblo, pues fué el primer calavera de su tiempo. Mi padre no tuvo otra manía que criar gallinas y gastarse en esto su caudal todo. Pero el tuyo, hijo del del panteón, merece capítulo aparte. Fue el hombre mas guapo de Andalucía. A él has salido tú, y llevas su retrato en tu cara. Fué el hombre mas enamorado de su tiempo, y jamas puso defecto á ninguna mujer,

PM 18

porque le gustaban todas, y en todas encontraba algo de lo que don Quijote llamaba el *incitativo melindre*. Cuando se casó con la inglesa tu madre, creimos que se corregiría, pero quiá! tu mamá pasó muchas penas la pobre. Demasiado lo sabes.

"Vamos ahora á mi rama. Mi padre, el de las gallinas, se sabía el Quijote de memoria, y hacía con aquel texto incomparable las citas mas oportunas. No había refran de Sancho ni sentencia de su ilustre amo que él no sacase oportuna y gallardamente poniéndolo en la conversación como pone [sic] los pintores un toque de luz en sus cuadros. Cito esto porque también corrobora lo que voy contando. De mis hermanos algo sabes tú; pero algo puedo aña-

PM 19

dir á lo que sabes. Javier fué la esperanza de mi padre. Tenía como tú esas melancolías, ese temor de que se le caía encima un monte. De pronto le entró la manía mística, y le dió por los éxtasis y visiones. Mi padre, que quería fuese marino, se disgustó. No había mas remedio que meterle en la iglesia. Estudió en el seminario de Ronda cuatro años, y á lo mejor se nos presentó en casa... Ya sabes. Se fugó del seminario y se casó con una aldeana. Lo gracioso es que tuvo despues mucha salud y no padecía mas que unos fuertes ataques de dentera que le hacían sufrir mucho. Su mujer paría siempre gemelos. Mi hermano Enrique tenía un caracter grave, una habilidad mecánica prodigiosa, delicadezas

PM 20

de mujer y un horror invencible á las aceitunas. Solo de verlas se ponía malo. Hizo de papel la colegiata de Ronda. Mi padre quería que fuese á estudiar a Sevilla; pero repugnaba el estudio. Enamorose perdidamente de una joven [de] buena familia. Eran novios y no había inconveniente en que se casaran. Pero de la noche á la mañana Enrique empezó á caer en melancolías. Le entró la manía de que no podía casarse de que carecía de facultades varoniles. ¡Pobre Enrique! Acabó en el manicomio de Sevilla como tú sabes. — Mi hermana Rosario no dió mas muestras de la infección hereditaria que el tener toda su vida violentísimo odio á los perros. No los podía ver, y lo mismo era oir un ladrido

PM 21

que ponerse á temblar. Casó con Delgado, y en su hijo Jesus aparece pujante el mal. Tú no le conoces. Es un ser inocentísimo y desgraciadísimo que se pasa la vida escribiéndose cartas á sí mismo.

"De mis hermanos solo quedamos Serafín y yo. Serafín fué siempre el mas robusto de todos. Era un mocetón, la gala de Ronda y el primer alborotador de sus calles de noche y de día. Por su vigorosa salud y su constante buen humor parecía tener completos los tornillos de la cabeza. Pusiéronle á estudiar Marina en San Fernando, y se distinguió por su aplicación y laboriosidad. Salió á oficial el 43, y su carrera ha sido de las mas brillantes. Estuvo en Abtao, en el desembarco de Africa, en el Pacífico.

Hoy es brigadier retirado y vive en Madrid, donde no hace más que pasear. Todas las mañanas va

PM 22

al relevo de la guardia de Palacio. Pero á que no sabes todavía en que consiste y de que manera tan extraña se ha manifestado en el, al cabo de la vejez, esa maldita cosa que no ha perdonado á ningun Bueno de Guzman? Te lo diré en confianza. Serafín es el hombre mas completo que puedes figurarte, el tipo del caballero atento y discreto, el veterano valiente y pundonoroso, y seguiras teniéndolo en el mas elevado concepto hasta que descubras su defecto, el cual es de tal naturaleza, que casi me da vergüenza hablar de él. Pues Serafín ha adquirido la maña,...no me atrevo á llamarla de otro modo, ... de apropiarse con disimulo tal ó cual objeto que ve en las casas que visita, y metérselo en el bolsillo... ¡y llevarselo! No sabes los

PM 23

disgustos que esto me ha causado no te lo explicas, ni yo tampoco, ni él mismo sabe dar cuenta de como lo hace y por qué lo hace. Es un misterio de la naturaleza, un fenomeno cerebral... Es particular! Pues nada; entra mi hombre en una librería y acecha el momento en que los dependientes están distraidos, y agarra un libro y se lo guarda en el bolsillo del *Carrick* y abur. En varias casas ha cogido chucherías de esas que ahora se estila poner sobre los muebles, y hasta perillas de picaportes, aldabas de puertas, tapones de botellas,...Me ha confesado que siente un placer inmenso en esto; que no sabe por que lo hace, que es cosa de las manos...que se yo...mil desatinos que no entiendo.

PM 24 *

Bien podría ser la relación de mi tío, como he dicho antes, puramente fantástica, una de esas improvisaciones que acreditan el número de los grandes habladores; pero fuese verdad ó mentira á mí me entretenía y agradaba en extremo. Pendiente de sus palabras, yo sentía que estas acabasen, y con ellas la historia, cuyos pormenores, referentes á dolencias agenas servían de bálsamo á la mía. Parecíame á mí que faltaba aun lo mas interesante, y era saber si mi propio tío y su descendencia estaban tocados del mal de familia, ó si por ventura se habían librado ya de tan grande enemigo. Echóse á reir y á llorar, cuando le manifesté esta curiosidad, y prosiguió de este modo:

* A fragment of an earlier draft of this page exists:

'La relación de mi tío sería tal vez, como he dicho antes, fantástica, una donosa invención de hablador para distraerme; pero á mí entretenía mucho y estaba embelesado, pendiente de sus labios.'

PM 25

III

"Me parece, querido, que yo soy, de todos los individuos de la familia, el que menor lote ha sacado de esa condenada maleza. La actividad de mi vida, el afan diario de los negocios, la ocupación constante del espíritu en cosas reales me han preservado de graves desórdenes. Sin embargo, sin embargo, no ha sido todo rosas. En ciertas ocasiones de mi vida, á raiz de un trabajo excesivo ó de un disgusto, he sentido...así como si me suspendieran en el aire. No lo entenderas, ni lo entiende nadie mas que yo. Voy por la calle, y se me figura que no veo el suelo por donde ando; pongo los pies en el vacío... Al mismo tiempo experimento la ansiedad del que busca una base sin encontrarla... Pero ando, ando, y aunque á cada instante creo que me voy á caer, ello es

PM 26

que no me caigo. La *suspensión,* como yo llamo á esto, me dura tres ó cuatro días, durante los cuales no cómo ni duermo; luego pasa, y como si tal cosa. — En mis hijos, he observado fenómenos diferentes. Raimundo tiene indudablemente un gran desequilibrio en su naturaleza. No puedo menos de relacionar su caracter con el de otros Buenos de Guzman, que habiendo tenido, como él, una imaginación viva, una aptitud teórica para todos los ramos del saber humano, no han servido para maldita cosa ni supieron hacer cosa de provecho. Así es mi hijo Raimundo, un pasmoso talento improductivo, un arbol hermosísimo cuyas flores se pudren antes de ser fruto. De niño era un prodigio. Híceme la ilusión de tener en mi familia un hijo que

PM 27

llegaría á los puestos mas altos de la nación. Pero creció, y me encontré con un soñador, con un enfermo de mal de imaginación. No le falta un tornillo, [le faltan todos todos muchos] yo creo que le sobran. En aquella cabeza hay algo de mas. [una superabundancia que trae la obstrucción] Tres ó cuatro cerebros dentro de un craneo no pueden funcionar sin estorbarse y producir un zipizape de todos los demonios.

"Paso á mis tres hijas. En ellas observo la maleza tan debilitada ya que es como un agente que se extingue y acaba con el mucho uso. Y eso que son mujeres, y que en opinión mía (que será un disparate fisiologico, pero es una opinión) las mujeres tienen mas nervios que los hombres. Ninguna de las tres ha presentado hasta ahora desórdenes que me pongan en

PM 28

cuidado, como no sean aquellos que vienen á ser como de rubrica en el bello sexo y sin los cuales hasta parece que perdería parte de sus encantos. María Juana, la mayor de las tres, es una mujer como hay pocas. ¡Que buen juicio, que seriedad de caracter, que vigor de creencias y opiniones! Te digo que me tiene orgulloso. De cuando en cuando, le entran melancolías, cefalalgias, y sufre la inexplicable molestia de cerrar fuertemente la boca por un movimiento instintivo, que no puede vencer. Ha tratado de dar explicaciones de lo que siente; pero lo unico que le he podido entender es que se figura tener un pedazo de paño entre los dientes y que se ve obligada por una fuerza superior á su voluntad, á masticarlo y triturarlo hasta deshacer el tejido y tra-

PM 29

garse la lana. Fíjate bien y veras que es un suplicio horrible.

"Eloisa tiene una constitución menos vigorosa que la de su hermana mayor. Hermosa como un angel, buena, sencilla, dulce, sensible hasta no mas, por la menor cosa se altera. Se apasiona pronto y con vehemencia, y en sus afectos no hay nunca tibieza. Era de niña, tan accesible al entusiasmo, que no la llevabamos nunca al teatro, porque siempre la traíamos á casa con fiebre. Gustaba de coleccionar cachivaches, y cuando un objeto cualquiera caía en sus manos lo guardaba bajo siete llaves. Reunía trapos de colores, estampitas, juguetes. Cuando ambicionaba poseer alguna chuchería y no se la dabamos, le entraba calentura intensa. Sufría la privación en silencio; pero el contrariado anhelo del alma se pintaba en sus bonitos ojos. Ya mujer, nos ha

PM 30

sorprendido con una manía que á veces me parece ridícula, á veces digna de la mas viva compasión. Tiene horror á las plumas, á todo lo que tiene plumas y por tanto horror á todo el reino volátil. Preguntale sobre esto, y te dirá que la acompaña casi constantemente, pero unos días mas que otros, la penosa sensación de tener una pluma atravesada en la garganta sin poder tragarla ni expulsarla. Es terrible ¿verdad? Se pone nerviosísima a la vista de un canario. En la mesa no hay quien la haga comer de un ave, por bien asada que esté. Hasta las plumas con que se adornan los sombreros le hacen mal efecto, y como pueda las destierra de su cabeza... A veces nos reimos de ella por esto y á veces la compadecemos. Es una mujer de bondad, y su marido (á ti te lo digo

PM 31

en confianza) no merece tal joya.

"Por último mi hijita Camila, la menor de las tres, es la menos favorecida en dotes morales. No es esto decir que sea mala. Oh! no, no la juzgues por la apariencia. Como era la mas pequeña, la hemos mimado mas de la cuenta y nos ha salido mal educada. Parece una loca, parece una mujer casquivana y superficial; pero yo sé que hay en ella un gran fondo de rectitud. No puedes figurarte la pena que siento cuando oigo decir que Camila acabara en un manicomio. Es una injusticia. Los que tal dicen no la conocen como la conozco yo. Esas prontitudes suyas, esas extravagancias, esas sinceridades tan chocantes y a veces de tan mal gusto, no son mas que chiquilladas que se irán curando con la edad. Tres meses ha que se ha casado. Creo que este matrimonio ha

PM 32

sido algo prematuro; pero se puso en tales términos, que una mañana me espeluznó Pilar contandome que había sorprendido á la niña en el acto de tomar fosforos disueltos en agua... Ya sentará la cabeza. Si es forzoso que también descubra y apunte en Camila una manía, no encuentro otra mas merecedora de tal nombre, que querer á un bruto..."

Al llegar aquí, la facundia de aquel gran hablador, engolosinada por la sangre de uno de sus yernos á quien acababa de morder, la emprendió con los tres á un tiempo, dejándolos al fin bastante magullados. Hizo despues, sin venir á cuento, elogios que me avergonzaron. Yo era, segun él, un hombre como se ven pocos en el mundo, por las prendas físicas y por las morales. De todo este panegírico saqué en limpio, leyendo

PM 33

en la intención y en el desconsuelo de mi tío, que este habría deseado que sus tres hijas fuesen una sola, y que esta hija única suya, fuese mi mujer. El gran suspiro con que terminó indicaba lo absurdo de tal pensamiento.

Fenómeno singular, que recomiendo á los médicos para que se acuerden de él cuando les caiga un caso de neurosis. Lo mismo fué acabar mi tío aquel prolijo cuento, historia ó lo que fuese de la calamidad que afligía á la perínclita raza de los Buenos de Guzman, me sentí aliviadísimo de la parte que me correspondía por fuero de familia, y el alivio fué creciendo en términos que un rato despues me encontraba completamente bien. El ataque había pasado como nube arrastrada por el viento.

2M 30/PM 34

Mis tres primas María Juana, Eloisa y Camila

Ratos muy buenos pasaba yo en casa de mi tío, donde nunca faltaba animación, por estar casi siempre allí mis tres primas. Eloisa vivía con sus padres; Camila en un tercero de la misma casa; pero todo el santo día lo pasaba en el principal [dejando abandonados su hogar y marido], y María Juana, que habitaba en el barrio de Salamanca, hacía largas visitas á sus papás. Viéndolas allí á todas horas charla que te charla, unas veces riendo, otras disputando, se habría podido creer que eran solteras, si la presencia de los respectivos maridos no lo desmintiera.

Pocas mugeres he visto mas arrogantes que María Juana. Era una hermosura de primer orden, Diosa vestida, si la estatuaria admite el corsé y los trajes modernos. Desde que la conocí, inspiróme mas admiración que estima, pues algo va de escultura á persona. Su airecillo desdeñoso no fué

PM 35

nunca de mi agrado. Por aquellos días no había empezado á engrosar todavía, y así su engreimiento no tenía la encarnación monumental que ha tomado despues. Su marido me fué mas simpático. [Era] Parecióme un hombre de gran rectitud, veraz, sencillo, con cierta tosquedad no bien tapada por el barniz que le daba su riqueza, callado, prudente, modesto en todo, y muy principalmente en la estatura, pues es uno de los hombres mas chicos que yo había visto. Cuando el y su mujer paseaban juntos, por cada dos pasos que ella daba, el tenía que dar tres. Despues supe que no era ambicioso, que no aspiraba á ser padre de la patria, ni á fatigar á los organos de la publicidad con la repetición de su nombre, lo que me sorprendió, pues es de hombres chicos el apetecer

PM 36

cosas grandes. Gustaba de la vida oscura, arreglada y cómoda, y sus ideas, poco brillantes, giraban dentro del círculo estrecho del ya anticuado criterio progresista; pero siendo Medina una de las personas que con mas sinceridad deploraban los males de la nación, no hacía gala de creerse llamado á remediarlos, como otros muchos á quienes esta petulancia hace tan ridículos. Contáronme que su origen era humilde, pues su padre, que había hecho mucho dinero con los transportes en la [última] primera guerra civil, andaba por Madrid con el pintoresco traje de Astorga, cuando ya su hijo guiaba su cochecillo en la Castellana.

PM 37 *

Muerto su padre, Cristóbal Medina heredó con sus dos hermanos una pingue fortuna. Casó con mi prima dos años antes de mi venida á Madrid, y hasta entonces no habían tenido sucesión, ni despues la han tenido tampoco. Vivían en envidiable armonía. En su casa todo era orden y método. Gastaban mucho menos de lo que tenían y no se señalaban por su generosidad. Así llegó la malicia a tacharles á entrambos de avaricia y del prurito de alambicar, apurar y retorcer demasiadamente los números. No sé si era esta u otra la causa de que

2M 33 **/PM 38

tuvieran algunos enemigos, gente desordenada y envidiosa que persigue con satiras de mal gusto á los que no tiran el dinero por la ventana. Una

---

* This is a short page, in order to link it into 2M 33/PM 38.
** The original number is crossed out heavily: '33' is a conjectural reading.

señora, muy conocida que fué compañera de colegio de mi prima y despues, por ciertas cuestiones, ha trocado su cariño en el odio mas vehemente, puso á mi prima un apodo que por suerte no ha prevalecido sino en el círculo de los envidiosos. Recordando que al padre de Cristóbal se le conocía hace treinta años por *el ordinario de Astorga,* dió aquella mala lengua en llamar á María Juana *la ordinaria de Medina.*

[Ella y él tenían manía por las cosas aristocráticas, mi prima por temperamento, él por el afan de] En cuanto al valor intelectual de ésta, bastaba tratarla un

PM 39

poco para descubrir en ella las ideas mas juiciosas, por ejemplo: dar mas valor á las satisfacciones de una conducta honrada que á los honores y vanas pompas de la vida oficial; preferir los sencillos goces de una fortuna arregla [sic] y bien distribuida á las escandalosas fiestas con que algunas afamadas casas ocultan sus trampas y su ruina. De sus conversaciones se desprendía un tufillo democrático, un odio vivísimo á las farsas sociales, una guerra sorda á los que suponen mas de lo que son, y gastan mas de lo que tienen. Pagaba su óbolo á la sátira corriente, que se ha hecho amanerada, pasando de labio en labio y de oido en oido, quiero decir que repetía esas frases que parecen un fenómeno atmosférico por segun se están

PM 40

mezcladas con el aire de nuestro aliento y en las ondas sonoras que nos rodean: "Oh! si aquí se trabajara; si no hubiera tanto vago, tanto noble arruinado que se vive del juego, tanto abogadillo cesante ó ambicioso que vive de las intrigas políticas...!" Debo añadir que María Juana había adquirido, no sé si en libros, en algun periódico, cierto saber político religioso y literario que era la admiración mayor de todas las admiraciones que su marido tenía por ella. El amor de Medina por ella principiaba en ternura y acababa en veneración, motivada sin duda por la superioridad de ella en todos los terrenos. Tenía este matrimonio muchas y buenas relaciones. ¿Como no tenerlas si eran ricos, cuando hasta los mas necesitados y humildes se codean

PM 41

aquí con los mas poderosos, con tal que sepan envolver su miseria en el paño negro de una levita?

V

Mi prima Eloisa era tan hermosa como su hermana mayor, y mucho, pero mucho mas linda. María Juana era una belleza marmorea; mas Eloisa parecióme una perfección de la carne mortal, pues en su perfección física se veían impresos los signos más hermosos del alma humana, sentimiento, piedad, querer y soñar. Desde que la ví me gustó mucho. Era sin duda mujer como pocas, un hallazgo de esos que se encuentran una vez en la vida, lo que todos soñamos y no poseemos jamas, el bien que encontramos tarde y cuando ya no podemos cogerlo, en una inesperada vuelta del camino. Cuando ví aquella fruta sabrosa, otro la tenía ya en la mano. "Al poco tiempo de tratarla mis simpatías

2M 35 *

lo que hace falta es mucho palo, pero su muger solía desarrollarlas con mas facundia, sacando á relucir oropeles de saber políticos y religiosos y argumentos sentimentales, de puro talco, que deslumbraban á sus amigos en general y á Medina en particular. Tenían muchas y buenas relaciones. ¿Como no tenerlas, siendo ricos, cuando los [tienen] hasta los pobres y humildes se codean aquí con los mas poderosos y encumbrados, con tal que envuelvan su miseria en el paño negro de una levita?

Pasemos á mi prima Eloisa. Era casi tan hermosa como su hermana mayor; pero mucho mas linda... No cuadra la comparación; quiero decir que era linda, graciosa, hechicera. Su hermana era una belleza marmorea; esta

2M 36: missing

2M 37

así me lo hacía ver mi exaltada admiración. Pronto observé en ella un gusto esquisito en las artes, instinto artístico y literario de primer orden, sin pedantería, sin sabiduría, tan natural y peregrino como lo es que los pájaros canten sin entender de música. Tras esto venía un [sentido admirable para juzgar las cosas] cierto sentido practico que dejaba entrever en las cuestiones y disputas con su mamá y hermanas. No sé si estaría yo alucinado, pero siempre me parecía que Eloisa tenía razón. La actividad ferviente con que sabía atender al aseo, al arreglo y á la perfecta colocación de todas las cosas, me cautivaban mas. A medida que iba yo teniendo más confianza con mis primas, mostrábame estas nuevas

---

* The first rejected 2M page that is extant is 2M 35, and it corresponds with parts of PM 40-1. 2M 35 was composed on the back of the page that was later to serve as PM 42; when Galdós had written PM 40 and 41, using 2M 35 as a guide, he crossed through the 2M page, turned it over and used it for PM 42. The general pattern of Galdós's method of composition of PM (rejection, incorporation and re-numbering of pages) and hence the re-construction of 2M, can be established with certainty from 2M 35 onwards.

2M 38/PM 44

notas de su caracter en consonancia con los modos del mío. En su ropero tenía colección [sic] y en una hermosa cómoda antigua, tenía colecciones bonitísimas de encajes, de abanicos, de cajas de regalo, de estampas y algunas alhajas de mérito artístico. Al mostrarme aquellos tesoros con tanto amor guardados, solía dejar entrever desconsuelo de que no fueran mejores, objetos sobresalientes por la riqueza del material y el primor de la obra. El "si yo fuera rica" que se sale de los labios de toda persona del siglo como aliento tomado de la atmosfera que todos respiramos (y de estos alientos se forma la atmosfera moral que respiramos) salía de los suyos con una entonación tan patética que me causaba pena. Por otras conversaciones que tuvimos, hube de [comprender notar] ver en ella sentimientos de verdad y rectitud. Parecíame

2M 39/PM 45

que su corazon [respondía poseía] sabía apreciar y sentir las acciones humanas, teniendo por tanto andado la mitad del camino de la virtud. Seguramente andaría lo restante, poseyendo una voluntad firme que la hiciera dueña de las circunstancias. Todo esto pensaba yo en mi entusiasta y caballeresca admiración por aquella perla de las primas. Habríame parecido un ideal humanado, criatura superior á las realidades terrestres, si estas no estuvieran por aquellos meses impresas y como estampadas en su naturaleza [carnal] mortal. Y es que cuando conocí á aquel ideal, tenía la pequeña contra de hallarse en estado interesante. No sé decir si me parecía que ganaba ó perdía en ello su caracter ideal. Creo que á ratos la rebajaba á mis ojos y á ratos la enaltecía

2M 40/PM 46

aquel indicio cierto de la reproducción de sus gracias en otro sér.

A los cuatro meses de vivir yo en Madrid, mi criado, al despertarme, díjome que aquella noche la señorita Eloisa había dado á luz un robusto niño con toda felicidad. Grande alegría en la casa. Yo también me alegré mucho. Sentía hacia la que ya era mamá un cariño leal y respetuoso, verdadero cariño de familia sin mezcla de maldad alguna.

El marido de mi prima Eloisa era noble, quiero decir aristócrata. Pertenecía á una de nuestras primeras familias históricas que con los dispendios y el desorden de tres generaciones han venido muy á menos. Pepe Carrillo (Carrillo de Albornoz) venía haciendo momos á mi primita desde que ella estaba en el colegio y él

2M 41/PM 47

en la Universidad. Si se amaron ó no formalmente no lo sé. Sólo me consta que fueron novios mas ó menos entusiasmados como unos diez años, y que cumplieron todo el programa de cartitas, soserías y de telegrafía pavisosa en teatros y paseos. Carrillo era pobre; pero tenía en perspectiva la herencia de su tía materna Angelita Caballero, marquesa de Cícero, que era muy vieja y estaba ciega y medio baldada. Esta condición de presunto heredero de un título y de un capital le hizo interesante á los ojos de mis tíos. Casó con Eloisa cuando esta había cumplido veinte y cuatro años. Cuando le conocí, estaba el infeliz atenido á un triste sueldo en el ministerio de Estado; pero la esperanza de la herencia le daba alientos para conllevar su vida oscura.

2M 42

Tenía buena figura, fisonomía agradable, maneras distinguidísimas; pero una naturaleza sumamente endeble y una salud quebrantada que se alteraba al menor exceso. Respecto á su valer intelectual y moral debo decir que jamas traté con persona que mas confusiones despertara en mí, pues si por por [sic] sus acciones y por su lenguage me parecía á veces estar en la propia línea de lo vulgar, otras me sorprendía con palabras y rasgos superiores. ¿Era por ventura que Carrillo había leido bastante y apropiádose el sentir y el pensar de las eminencias del saber, aparentando un dicernimiento [sic] que era pura función de la memoria? No lo sé, ni lo he sabido nunca. En este hombre ha habido siempre para mí algo de misterioso, algo de incongruente. Muchas veces ví

2M 43: missing

2M 44/PM 51

marquesa de Cícero, siendo de esperar que todo cambiase cuando hubiese algo que conservar. Hablando en plata, yo pensé lo mismo.

Vamos ahora con mi prima Camila, la mas joven de las tres. Desde que la ví me fué muy antipática. Creo que ella lo conocía y me pagaba en la misma moneda. A veces parecía una chiquilla sin pizca de juicio, á veces una mala mujer. Serían tal vez inocentes sus travesuras, pero no lo parecían, y el parecer dicen en achaques de virtud no es menos importante que la virtud misma. Quizás no faltaba á todas las virtudes posibles; pero el decoro no lo conoció jamas aquella escandalosa, mal educada. No debo ocultar que á veces me hacía reir, no solo porque tenía gracia, sino por que todo lo que sentía lo expresaba con la sinceridad mas cruda. El disimulo, que es el pudor del espíritu, era para

2M 45/PM 52

ella desconocido, y en cuanto al otro pudor, venía á ser, si no enteramente letra muerta, poco menos. No podré pintar el asombro que me causó verla correr por los pasillos de su casa con el mas ligero vestido que es posible imaginar. Un día se llegó a mí, en paños no diré menores, sino mínimos y me estuvo hablando de su marido en los términos mas irrespetuosos. A lo mejor, despues de correr tras las criadas y hacer mil travesuras impropias de una mujer casada, se ponía á tocar el piano y á cantar canciones francesas y españolas, algunas tan picantes que, la verdad, yo hacía como que no las entendía. A lo mejor, cuando parecía sosegada, se oía un gran estrépito. Estaba en la cocina riñiendo con las criadas. Su mamá la reñía sin enfa-

2M 46/PM 53

darse, consintiéndole todo y aseguraba que aquello era pura inocencia y desconocimiento absoluto del mal. Otras veces dábale por ponerse triste y llorar sin motivo, y decir cosas muy duras á su marido, á sus padres mismos, á sus hermanas, á mí; quejándose de que no la querían, de que la despreciaban. Mi tía Pilar se alarmaba al verla así y mandaba preparar abundante ración de tila. Eran los nervios, los pícaros nervios. Para aplacarlos se refrescaba la tila y el agua de azahar con los mimos y las promesas de regalitos.

Era comun en ella hacer desaires á respetables amigos de la casa. Era por esto muy temible, y sus padres pasaron sonrojos grandes por causa

2M 47: missing

2M 48/55 *

en boca de una señora. Y no pódia soportar aquel caracter, que era la [irregularidad] negación de todo lo que constituye el encanto de la mujer. La discreción, la dulzura, el tacto social, el reposo del ánimo, el culto de las formas eranle desconocidos. Considerábala como la mayor calamidad de una familia, y al hombre que tuviese que cargar semejante cruz, teníale por el mas infeliz de los seres nacidos.

Cuando yo fuí á Madrid hacía tres meses que se había casado con un joven militar que carecía en absoluto de todo mérito, y ademas era pobre. En tal muger, las acciones debían ser tan absurdas como los modos, y sus amores, su casamiento fué un desvarío de cerebro

2M 49

enfermo. No puedo explicarlo de otro modo. Gonzalo Seudoquis pertenecía á una familia que tenía relaciones de antigua amistad y aun de parentesco con la familia de mi tía. Era una familia militar si es permitido llamar así á la que ha contado en su seno desde la generación anterior multitud de individuos [distinguidos en el servicio de las armas] perte-

---

* Galdós considered incorporating this page into PM (and others that follow with a similar style of numbering); having given the page its new PM number (here, '55') he rejected it and re-wrote the page.

necientes á la Caballería. Entre ellos los ha habido muy dignos, otros no tanto. Cuando traté á Gonzalito preguntábame yo lleno de asombro: "Pero esta condenada que encontró en tal hombre para quererle?" Porque era feo, vulgar, de cortos alcances y de malas costumbres. ¡Misterios del cariño humano, que á menudo va por caminos tan contrarios á los de la razon! Contáronme que los padres se habían opuesto al casamien-

2M 50: missing

2M 51

ponía á darle besos y hacerle caricias *publicamente*; otras le decía mil perrerías, le tiraba del pelo y aun le pegaba, gritando: "¡quiero separarme de este bruto. Que se lo lleven! ... No quiero verle mas!

El oficialete también era una alhaja. Quejábase con insolente amargura de estar muy atrasado en su carrera. "Pero V. — le preguntaba yo, — ¿que ha hecho? En qué acciones de guerra se ha encontrado? Cuales son sus servicios? Al oir esto, mirome de tal modo que creí que iba á sacar el sable para pegar á todos los que estábamos presentes. Pero lo que hizo fué soltar una retahila de injurias groseras contra el ministro de la guerra, el capitan general, y toda la plana mayor del ejército. Francamente me daba

2M 52

asco. María Juana que estaba presente, díjome aparte con mal contenida indignación: Siento no ser hombre ... para darle dos bofetadas.

No reinaba siempre la paz en la familia

No pocas veces, al subir al principal, asistí sorprendido y contra mi voluntad á escenas muy patéticas. Un día ví á Eloisa llorando cual si le ocurriera una gran desgracia, y á su mamá tratando de calmarla con la aplicación simultánea de diferentes antiespasmódicos. Estaba en meses mayores y podía temerse un siniestro muy terrible. No pude conseguir de la madre y la hija que me enterasen del motivo de semejante duelo; ¡tan afanadas estaban las dos! pero Camila, que estaba en el comedor jugando con el gato, pusome al corriente de los sucesos. La no-

2M 53: missing

2M 54: missing

2M 55/PM 71 *

do á aquella con mil cariñosas preferencias; de donde se deducía que mi tío no era un modelo de papás como hasta entonces habíamos venido cre-

---

* Re-numbered '56' by Galdós, before becoming '71'.

yendo. Siempre que las hermanas disputaban sobre cualquier asunto, por nimio que fuera, como por ejemplo, la elección de un color para vestido, cual teatro era mas bonito, si había llovido este año mas que el pasado, el padre apoyaba ciegamente el partido de María Juana. "Un padre debe querer á sus hijos por igual, — decía Camila entre lágrimas y suspiros." Mas tarde vine á saber que todo aquel alboroto fué por unas pastillas para la tos. Otras veces la grave causa era "si tú me quitaste el periódico cuando yo lo estaba leyendo" o bien "que yo no fuí quien dejó la

2M 57/PM 72

puerta abierta sino tú" ó cosa por el estilo.

Debo decir, en honor de la verdad, que pasaban también semanas enteras sin que la paz se turbase, viviendo todos, padres, hijos, yernos en aparente armonía. Siempre habría sido lo mismo si mis tíos hubieran establecido en la casa, desde que la prole creciera, una estrecha disciplina. Mas no lo hicieron así. Era mi tía Pilar una excelente señora pero de tan flojo caracter que sus hijos, y aun los criados, y hasta el gato, hacían de ella lo que querían. Mi tío no se ocupó nunca de sus hijos mas que para llevarles dulces y llevarles al teatro algun domingo por la tarde. Todo el día estaba en la calle, y los domingos solía ir de caza á un coto que con otros amigos tenía arrendado. Creía cumplir sus deberes paternales trabajando

2M 58: missing

2M 59/PM 74

darle. Las funciones de su organismo incipiente, estrenando la vida y ensayándose en los procederes del egoismo humano, preocupaban hondamente á toda la familia. A los instintivos arranques de aquel cachorro de hombre se les daba la importancia de verdaderas acciones humanas. No hay para que hablar de la fama que tenía. Había corrido la voz de que era robusto, hermosote y muy mala persona, es decir, que ya tenía sus malicias, y se valía de ingeniosas tretas para hacer su gusto. Todos los pequeñuelos gozan de esta opinión, desde que respiran; todos son guapos, robustos y muy pillos. Sin embargo todos son lo mismo, feos, flácidos, colorados, mas torpes que los niños de los animales y siempre mucho menos graciosos. Del de Eloisa se contaban maravillas. Era un granuja. A los dos meses, ya sabía las horas á que le daba el pecho el ama, y quería establecer

2M 60/PM 75

horas extraordinarias. A los cuatro meses mostraba su desagrado á algunas personas, y pataleteaba cuando quería que le paseasen. Tenía la poca vergüenza de reirse de todo, y cuando le ponían un reloj en la oreja se quedaba tan atento como una persona grande. A los cinco meses de nacido era una preciosidad. Se parecía á su madre. Salía á los Buenos en todo, en la figura y en el caracter. El ama relataba mil incidentes y malicias que indicaban el talento que iba á sacar. Algunas noches daba conciertos, á que felizmente no asistía yo. Para impedirle que durmiera de día, le paseaban por la casa, le bajaban á la mía y procuraban entretenerle haciéndole fijar la vista en objetos de colores vivos. Cuando se cansaba, restregábase el hocico con el puño cerrado que parecía una rosa sin abrir, y á veces me obsequiaba con una sonata

2M 61/PM 76

de las mejores suyas. Alguna vez le cogía yo en mis brazos y le paseaba, llamándole la atención hacia la lámpara colgante, objeto al cual repetidas veces, consagraba una observación profunda. No sé en que consistía que en mis brazos se tranquilizaba casi siempre. Sin duda sentía hacia mí un respeto y consideración que no le inspiraba el ama. Mirábame con respetuosa fijeza, mascando tranquilamente un aro de goma, y arrojando sobre mi pecho las babas que no podía recoger su babero.

Todos le querían mucho, y yo también, correspondiendo á la confianza y consideración que le merecía. Facilmente me asimilaba yo los sentimientos de la familia, porque mi caracter fué siempre refractario á la soledad. No me gustaba vivir en lo interior de aquella república, pero

2M 62/PM 77

sí en sus agradables cercanías. Poco á poco fuí acostumbrandome al calor lejano de aquel hogar. Así lo quería yo: bastante cerca para matar el frío, bastante lejos para que no me sofocara. Mis tíos, mis primas, y el retoño aquel baboso me interesaban ya y eran necesarios á mi existencia.

Pero he de confesar que Eloisa era de todos ellos, la que se llevaba la mejor parte de mis afectos. Solía ella consultarme sobre cosas de su exclusivo interés; y yo, que todo aquel invierno lo emple en instalarme y en decorar mi casa, pues era muy tardo y dificultoso en elegir los muebles, le pedía todos los días el concurso de su buen juicio y de su gusto supremo para aquel fin. Entre parentesis diré que

2M 64/PM 78 *

yo decoraba mi casa con lujo, adquiriendo todo lo bonito y elegante que encontraba en las tiendas y haciendo traer directamente algunos objetos de París y Londres. Soltero, rico y sin obligaciones, bien podía darme el gusto de engalanar suntuosamente mi vivienda y ser, conforme á mi posición social, amparo de las artes y la industria. Desconfiando de mí mismo en materias de gusto artístico, me sometía al parecer y á la elección de Eloisa, y nada se hacía en las paredes de mi casa, sin pasar por el tamiz

* Re-numbered '63' by Galdós, then '78'.

de su juiciosa crítica. Comprendí que gozaba extraordinariamente en ello, y como había tela de donde cortar, yo adquiría, adquiría cada vez mejores y mas escogidas cosas.

Mi afecto hacia ella era de una pureza intachable; tan así que gozaba oyendola elogiar á su marido. Díjome un día: "El pobre Pepe vale bastante más de lo que

2M 65/79 *

creen papá y la gente... Tiene inteligencia, algun día lo ha de mostrar de un modo brillante. Hoy por hoy la pobreza le tiene acoquinado."

Yo me manifesté conforme con esta opinión, si bien en mi fuero interior la creía nacido del cariño conyugal de Eloisa. Fueran ó no ciertos los méritos de su marido, Eloisa no era dichosa. Otro día me dijo con acento bastante triste que estaba hastiada de vivir en casa de sus padres, que ademas de la idea de serles gravosa la mortificaba el no tener independencia; que deseaba ardientemente tener su casa, casa propia, casa suya para vivir con su marido y con su hijo... El sueldo de Pepe era poca cosa para realizar este ideal, tan honrado y tan legítimo, pues la paga del ministerio y las rentas de un censo que disfrutaba en Galicia apenas bastaban

2M 66: missing

2M 67

tanto por las riquezas. La Providencia se encargaría de mirar por la honrada pareja. Angelita Caballero no podía ya vivir mucho. Yo había oido decir que su bronquitis se había hecho cronica, sí, enteramente crónica y tosía de una manera alarmante. Paciencia, pues, paciencia...

Al dar estos prudentes consejos, notando con alegría que Eloisa los acogía y aceptaba de todo corazon, no podía yo menos de pensar en lo facil que me sería realizar el noble deseo de mi prima, pues con lo que yo gastaba en superfluidades sin sustancia habría bastado para que ella tuviese aquellas *cuatro paredes suyas* por que suspiraba. Pero esto resultaba tan irregular, contravenía de tal modo las leyes sociales, que

2M 68: missing

2M 69/PM 84²°

de esas que podríamos llamar decorativas, porque son, antes que otra cosa, adorno de la persona, valor dan á la persona gala y adorno.** Cuando le

---

* Re-numbered as '64', then '79', then rejected.
** With three types of correction here (crayon pencil, heavy black ink and lighter black ink) the sense of the transcription is not immediately clear, but is probably as follows: 'porque, antes que valor, dan a la persona gala y adorno'.

conocí en Andalucía, estaba Raymundo en todo su esplendor y en el apogeo de su deslumbradora originalidad. En Madrid ya le encontré algo decaido. Parecióme á los artistas que, abusando de sus facultades, se amaneran. A veces, lo que antes hacía en él tanta gracia, principiaba á ser enfadoso. Sus escentricidades, sus paradojas, sus rasgos de ingenio eran para un rato nada mas, pues, si duraban mucho tiempo se hacían pesadas y molestas. Comenzaba á tener manías, y a padecer lamentables descuidos en su conducta social y privada. No era ya el hombre entretenidísimo ameno y simpático de otros tiempos; mejor dicho,

2M 70/PM 85

tenía temporadas, días muy buenos, horas felicísimas á las que seguían períodos en que se hacía de todo punto insoportable.

En España son comunes los tipos como este primo mío. He conocido muchos que se le parecen, aunque en pocos he visto combinarse tan marcadamente como en él lo brillante con lo insustancial. Había tenido Raimundo una educación muy incompleta, había leido poco, muy poco, y no obstante, hablaba de todas las cosas, desde las mas frívolas á las mas serias, con un aplomo, con una facundia con un sentido que pasmaban. Los que por primera vez le oían y no le conocían, se quedaban turulatos. Ultimamente observé en él cierta decadencia en aquella facultad preciosa de hablar

2M 71/PM 86

agradablemente de todo sin entenderlo. Ya su pasmoso ingenio improvisador vacilaba y tenía desmayos tristes. Ya se hacía oscuro, y extravagantísimo, empleando bufonadas y originalidades de gusto muy dudoso. Pero aun tenía momentos, y por lo que hace á mí, siempre le oía con gusto.

A este don de hablar bien de todo, reunía mi primo otros muchos. Hablaba francés é italiano con rara perfección. El ingles no lo hablaba, pero lo traducía, y de aleman se le alcanzaba algo. Aprendía las lenguas con familiaridad suma, sin esfuerzo, no se sabe como. Su memoria felicísima alcanzaba á la musica. Repetía todas las óperas del repertorio moderno, con recitados, coros y orquesta, y trozos difíciles de musica sinfonica y de cámara.

2M 72/PM 87

Cantaba lo mismito que Tamberlick y declamaba como Rossi, imitando también á los autores cómicos mas en boga. En esto de remedar voces y de asimilarse todos los acentos humanos superaba con mucho á su hermana Camila, que también tenía dotes de actriz y habría lucido en las tablas si se dedicara á ello.

Mi primo no era un gran pintor porque no se había puesto á ello; pero buena prueba era de su aptitud lo que hacía con el lapiz ó la pluma cuando por entretenimiento se ponía a trazar cualquier figura. Hacía caricaturas deliciosas, frescas, fáciles, y á veces le ví trazar en serio, observando el natural, contornos de una verdad y elegancia que me pasmaban. "¿Por qué no te has dedicado á la

2M 73/PM 88

pintura?" le decía yo á veces; y él alzaba los hombros, como diciendo: "Si me hubiera dedicado á todo aquello para que tengo aptitud, no me habrían bastado la vida ni el tiempo.

Porque también hacia versos, y tan buenos como los de otro cualquiera. Los componía serios y epigramáticos, burlescos y trájicos, segun le daba. En la prosa también hacía primores. La escribía de todas las castas posibles, academica y periodística, atildada y pedestre, declamatoria y picaresca. Cuando estaba de humor literario, cogía la pluma y decía: "voy á imitar á Victor Hugo." Pues escribía un trozo que parecía arrancado de *Los Miserables*. Otras veces imitaba á los clásicos de un modo que no había mas que pedir, y como

2M 74: missing

2M 75/PM 90

bución. Si hubiera editores, yo haría libros; pero como no los hay, me los guardo para mejor ocasión.

De todo lo que hablabamos sobre el particular, colegía yo que hubiéramos [sic] tenido un editor detras de cada esquina, Raymundo no habría compuesto libro alguno. Es mas, yo llegué á comprender que mi primo, dotado de aptitudes tan raras y maravillosas no habría sido jamas poeta eminente, ni pintor de nota, ni músico, ni orador ni cómico, ni crítico, aunque á alguna de estas ramas del saber se dedicase exclusivamente, porque carecía de fondo propio, de fuerza íntima, de esa impulsión moral que es tan indispensable para

2M 76/PM 91

la producción artística como para las obras de la voluntad, porque era, en suma, [un juglar del pensamiento] no el pensador, sino el saltimbanquis del pensamiento.

Elogiado desde la niñez por su feliz talento, mirado como gloria de la familia, defraudó las esperanzas de su padre, que no pudo hacer carrera de él. A [nueve] siete carreras se aplicó. Empezaba con mucho brío; pero en el primer año se plantaba. Había sido alumno de Estado Mayor, de Minas, de Montes, de Medicina, de Ayudantes de Obras Publicas, y de no sé que mas. Oirle hablar de sus carreras y de sus estudios era como hojear una enciclopedia. Por fin, hízose abogado á fuerza de recomendaciones. "Corrí camino

2M 77/92

— decía, al traves de la Universidad, por una alfombra de tarjetas.

En los días de esta mi narración, Raimundo debía de tener unos treinta y tres años (era el segundo hijo de mi tío); y cualquiera le habría echado cuarenta y cinco. Su naturaleza gastada parecía haber contravenido las leyes del tiempo, consumiéndose con demasiada prisa. Vivía, hipotecando el porvenir, y comiéndose hoy el pan de mañana. Prodigo de su sangre, de las fuerzas todas de su espíritu y su cuerpo, las derrochaba á manos llenas cual si la juventud fuera un estado que le estorbase y deseara llegar cuanto antes á la vejez. Cuando le ví en Madrid, me asustó la extraordinaria

2M 78/PM 93

flaqueza de su rostro. Comprendí que en aquella lampara había ya poco aceite, por haber sido encendida muy pronto y atizada constantemente; pero no le dije nada, porque sabía que se había vuelto aprensivo. Su cara hermosa era como la de un Cristo muy viejo, muy despintado, muy averiado de la carcoma y profanado por las moscas. Tenía la voz cavernosa, la mirada mortecina, los movimientos perezosos. [aunque siempre airosos] Un día que estabamos solos en mi cuarto, le ví acomodarse en una butaca, estirar las piernas sobre otra, buscar postura, hacer muecas de dolor y hastío como el que padece un gran quebranto de cuerpo, cerrar luego los ojos y respirar fatigosamente. "¿Que es eso? — le pregunté. — Estás malo?

2M 79/PM 94

Su respuesta fue levantarse de un salto. Empezó á dar paseos por la habitación con las manos á la espalda y la barba sobre el pecho.

"La inacción es lo que me mata, — decía sin detenerse. — Me estoy atrofiando, me estoy enmoheciendo... El ejercicio podrá quizás salvarme.

Luego se paró ante mí, miróme con aquellos ojazos que parecían muertos, díjome entre carraspeos:

"Tengo un principio de enfermedad grave. Sabes lo que es? Reblandecimiento de la médula.

—Has consultado algún médico?

—No; no es preciso. He estudiado esa enfermedad y conozco bien su diátesis y su proceso, sus síntomas y su tratamiento.

Dióme una lección de fisiología en la cual

2M 80/PM 95

habló de la *pía mater,* del *canal raquídeo,* de la *sustancia gris,* con otros terminachos que no recuerdo. Debía ser aquel su vehemente discurso un tejido de disparates; pero tenía todo el aparato de una disertación científica, y para los legos em medicina, como yo, era un asombro. Sentóse luego, y tras aquella sabia explanación científica, dió en afirmar vulgaridades de curandero. Después le oí pronunciar en voz baja, y con precipitación maniática, sílabas oscuras.

"¿Sabes, — me dijo de súbito, contestando á mis preguntas, — cual es uno de los principales síntomas del reblandecimiento? La *afaxia,* ó sea perdida de la palabra. Empieza por indecisión, por torpeza en la emisión de

2M 81/PM 96

algunas sílabas. Las que primero se resisten á ser pronunciadas facilmente y de un golpe son las que se forman de *r* líquida despues de *t,* es decir las sílabas *tra, tre, tri, tro, tru...*

Observaba yo que Raimundo, haciendo visajes como los tartamudos, se expresaba con dificultad. Tenía su rostro palidez cadavérica. De súbito se marchó sin decirme adios, pronunciando entre dientes una retahila ininteligible. Acostumbrado ya á sus extravagancias, no me ocupé mas de él. Al día siguiente entró en mi cuarto con apariencias de estar muy gozoso. Se frotaba las manos y su semblante tenía mucha animación.

"Hoy estoy muy bien, muy bien...al pelo. Mira, para probar el estado de los músculos de mi lengua y cerciorarme de que funcionan bien he compues-

2M 82/PM 97

to un trozo gimnástico-lingüistico. Recitándolo, puedo sintomatizar la *afasia* y también prevenirla. Si lo digo con dificultad es que estoy malo; si lo digo bien... Escucha.

Y con la seriedad mas cómica del mundo, y con la rapidez de dicción mas admirable, cual si estuviera imitando el chisporroteo de una rueda de fuegos artificiales, me lanzó de un tiron, de un resuello este incalificable trozo literario: *"Sobre el triple trapecio de Trípoli trabajaban trigonométricamente trastrocados tres tristes triúnviros trogloditas, tropezando atribulados contra trípodes, triclinios y otros trastos, triturados por el tremendo Tetrarca trapense.*

Y lo volvió á decir una vez y otra, hasta que cansado de reirme y de oir aquel traqueteo

2M 83/PM 98

insufrible, le rogué por Dios que se callara.

Mis amigos

Raimundo se apegó á mi persona con tenacidad cordial. Era mi primer amigo, y me acompañaba y entretenía. Había en él algo del parásito, dicho sea sin menoscabar su dignidad, y un poquillo del bufón que divierte á los poderosos. Me hacía pasar ratos agradables, charlando de cosas diferentes siempre que no le acometía la murria del reblandecimiento, y hacía la crítica de la obra que habíamos visto estrenar la noche antes, remedaba á los oradores del Congreso, me contaba anecdotas políticas y sociales de los que jamas, por su índole personal, trascienden á la prensa. Todo

2M 84/PM 99

iba bien mientras no le entraba la murria del reblandecimiento, pues entonces no se le podía aguantar. Así desde que empezaba con el *triple trapecio de Trípoli* ya estaba yo tomando mis medidas para echarle de mi cuarto.

No sólo era mi amigo sino mi huesped, pues desde el parto de Eloisa, se bajó á dormir á mi casa. "Arriba no se cabe, — me dijo un día —. Me han ido acorralando poco á poco, y por fin me han metido en un *triclinio* en que estoy *trigonométricamente trastrocado*. Si quieres, puesto que tienes casa de sobra, me vengo á vivir contigo, y así estaré mas divertido y tú mas acompañado. Tomose para sí una holgada habitación interior que yo no necesitaba,

2M 85/PM 101

y en las ultimas horas de la noche, como en las primeras de la mañana, le tenía siempre junto á mí como mi sombra, acompañándome casi siempre, estorbandome algunas.

De los amigos de fuera, los mas fieles y constantes y los que mas quería yo eran Severiano Rodríguez y Jacinto Villalonga, el primero andaluz neto, el segundo casado con una parienta mía, ambos excelentes muchachos, de buena posición, muy cariñosos conmigo. A Severiano Rodríguez le trataba yo desde la niñez, á Villalonga le conocí en Madrid. El primero era diputado ministerial y el segundo de oposición, lo cual no impedía que viviesen en armonía perfecta y que en la confianza de los coloquios privados se riesen de las batallas del Congreso y de los antagonismos políticos.

2M 86/PM 102

Representantes ambos de una misma provincia, habían celebrado un acorde muy ingenioso. Cuando uno estaba en la oposición, el otro estaba en el poder, y alternando de este modo, se ayudaban el uno al otro y mancomunaban su influencia en el distrito. Su antagonismo político era solo aparente, una verdadera comedia para esclavizar y tener por suya la provincia, que, si se ha de decir verdad, no salía mal librada de esta tutela, pues para conseguir carreteras, repartir bien los destinos y hacer que no se examinara la gestión municipal no había otros mas listos que ellos. Ellos aseguraban que la provincia era feliz bajo su doble reinado. Por supuesto al pobrecito que cogían en medio, ya podía enco-

2M 87/PM 103

mendarse á Dios... A mí metieron mas adelante en aquel fregado, y sin saber como hicieronme también diputado por otro distrito de aquella provincia. Para esto no tuve que ocuparme de nada, ni decir una palabra á mis electores. Mis amigos lo arreglaron todo en Gobernación y yo, con decir *sí* ó *no* en el Congreso, segun lo que ellos me indicaban, cumplía. Pero no quiero anticipar los sucesos, como dicen los novelistas. Esto de la diputación fué al año siguiente.

Manolito Peña, diputado también, muy decidor y ambiciosillo, también fué uno de mis íntimos. Por la amistad que tenía con mi tío y por haberle tra-

2M 88/PM 104

tado con motivo de un pequeño negocio, vino también á ser mi amigo el marqués de Fucar, viejo que tenía el prurito de remozarse y reverdecerse mas de lo que consentían sus años y su respetabilidad. Raro era el día que no almorzaban conmigo Severiano Rodríguez y mi primo Raimundo. Los domingos almorzaban todos los que he citado y también Pepe Carrillo, el marido de Eloisa. Luego solíamos ir todos á los Toros, donde yo tenía palco y Fucar también. De otros amigos hablaré más adelante.

El trato frecuente con Carrillo no era parte aun á darme idea exacta de su caracter. Continuaba en mi espíritu una lamentable indecisión respecto á tal persona, y unos días parecíame valer muy poco intelectual y moralmente, otros creía encontrar en

2M 89: missing

2M 90/PM 105

gos ratos en el café, iba todas las mañanas á ver el relevo de la guardia en Palacio, y era socio del Círculo de la Juventud. Pocos hombres existen de una presencia mas noble que mi tío Serafín, de un aspecto mas venerable y al mismo tiempo mas simpático. Conserva admirablemente la urbanidad esquisita y atildada de la generación anterior, y tiene cierto empeño en circular sus preceptos á los muchachos que caen bajo su férula. Es enemigo declarado de la grosería y de las malas formas. Es muy pulcro; pero un poco anticuado en el vestir. La moda no ha tenido influjo en él para hacerle abandonar un inmenso y pesado *carrik* que le cubre desde Noviembre á Mayo y una bufanda espesa que le da dos vueltas al cuello

2M 91/PM 106

sirviendo de base á la cabeza, siempre echada atras, cual si el habito de mirar al Cielo, para tomar alturas con el sextante, le hubiera deformado el pescuezo.

Las visitas de mi tío eran para mí muy gratas. Tenía unos modos tan simpáticos; respiraba todo él tanta nobleza y caballerosidad que habría deseado tenerle siempre en mi casa. Pero cuando empecé á advertir el pícaro defecto de aquel excelente hombre, [defecto que no tiene explicación fuera de la neuropatología] ya me daba tristeza verle entrar. Creo haber dicho ya que mi tío Serafín tenía la maldita maña de sustraer disimuladamente de las casas, los objetos que le gustaban y que cabían en los bolsillos de su *carrik*. Siempre ha sido un misterio para mí

2M 92/PM 107-108 [sic]

este vicio, que parece incompatible con la perfecta hidalguía que aquel caracter revelaba en todas las acciones mayores. Creo que él no se daba cuenta de lo que hacía, que sus hurtos eran un acto maquinal, instintivo, puramente animal [superior á toda y anterior á toda idea moral], irresponsable por ser independiente de toda idea moral. En la epoca en que le daba por visitarme, cada día echaba yo de menos bien un libro, bien un pequeño bronce, un cenicero ó cualquier otra fruslería. Por nada del mundo le hubiera dado á entender que conocía al ladron. Lo que hacía era vigilarle y estar muy atento á sus manos y á su *carrik*, cuando se ponía á examinar los cachivaches pues él, cuando se sentía observado, no hacía de las suyas. ¡Pobre

2M 93/108

D. Serafín Bueno! Que tales puerilidades hiciera un hombre que en su larga vida había dado pruebas del mas generoso desinterés, un hombre que había realizado actos de heroismo en la vida oficial, y en la privada otros no menos dignos de alabanza, un hombre que tenía ideas tan puras y hermosas sobre la justicia, sobre el derecho y que había sabido darlas á conocer con algo mas que con palabras! Inexplicables atontamientos del alma humana! Mi tío Serafín tenía ademas otro. Era un don Juan de criadas, y aquel pasear continuo, aquellas sus excursiones matinales eran el ojeo incesante, febril, casi siempre infructuoso de su senil afición.

2M 94: missing

2M 95

tía de Carrillo se había muerto al fin. "Pepe y Eloisa, — decía arrojando la frase como se arroja un cohete, — han recibido de manos de la muerte el dorado galardón de su paciencia.

Creí encontrar á la familia en Biarritz, pero habían apresurado su regreso á Madrid, por motivo de la herencia de Carrillo. Comprendí la impaciencia de Eloisa, y, la verdad, me alegraba de verla ya poseedora de un bienestar á que, por sus altas prendas, era tan acreedora. Sobre la herencia, corrían en la colonia de Biarritz voces que me parecieron absurdas.

Algunos la hacían subir á un caudal fabuloso. Contaban que Angelita Caballero había dejado á Carrillo siete dehesas, veinticuatro casas y enormes sumas en valores del Estado. Se decía que en un cuarto inmediato á la alcoba de aquella buena señora se habían encontrado enormes

2M 96: missing

2M 97

la riqueza templada, que brindaba á gozar los placeres del lujo; sazonándolos con los de la sobriedad, y combinando dos cosas tan opuestas y tan fusionables como son el goce y la continencia. El público, que suele entender todas las cosas al reves de como son, persistía en creer que la herencia de Carrillo era inmensa, y no había medio de desvanecer opinión tan erronea. Lo de los sacos de dinero, principalmente, ha sido por mucho tiempo artículo de fé.

Llegué a Madrid á principios de Octubre. Que gusto ver mi casa, mis muebles y gozar de mis comodidades y volver á mis rutinas despues de tres meses de vida errante, de tanto zarandeo en vagones, de promiscuidad de ali-

2M 98

mentos en hoteles y *restaurants,* de remojos, caminatas, sofocaciones...! Nada nuevo encontré en la familia, como no fuera la febril actividad de Eloisa por instalarse en la casa que fué de la marquesa de Cícero. Entre parentesis, el título no estaba comprendido en la herencia, y pasaba á otra señora de la familia, también anciana, despues de cuyo fallecimiento lo disfrutaría Carrillo. Eloisa no parecía dar gran importancia á esto pero por ciertas referencias, pude observar que á su marido le había molestado no ser ya marqués de Cícero. Pues decía que mi prima estaba entregada en alma y cuerpo á la faena deliciosa de poner su casa. Al fin le había deparado Dios aquellas cuatro paredes tan honradamente ansiadas. Radicaban en la calle del Olmo, que no es

2M 99/PM 116

alegre, ni vistosa, ni céntrica; pero ¿que importaba? Por allí cerca vivían familias de la mas empingorotada alcurnia, y el edificio era espacioso. En repararlo y acicalarlo ponía mi prima sus cinco sentidos con aquella habilidad organizadora, aquel altísimo ingenio suntuario y artístico que la distinguía. Diariamente consultaba conmigo sobre el color de una tapicería, sobre la forma de un juego de cortinas, sobre la elección de un cuadro de tal ó cual artista. ¡Ella, que era la misma musa del buen gusto, si me es permitido decirlo asi, consultaba conmigo, el mas lego de los hombres en estas materias y que no sabía sino lo que ella me había enseñado! Pero en fin, como dios me daba á en-

2M 100/PM 117

1.º de diciembre 84

tender, yo le aconsejaba, distinguiendome particularme [sic] en lo referente á precios y en fijarle prudentes límites á los gastos que hacía.

Pronto hube de suspender estas funciones de asesor, porque caí enfermo... No sé que fué aquello. Mi médico, que era Moreno Rubio, sostenía que había en mi mal algo de paludismo y que lo traía yo desde los Pirineos. Pero la fiebre fué poco intensa, si bien tal rebelde á la quinina, que hubo de pasar un mes antes de que el termómetro me marcara la temperatura normal. La convalescencia [sic] fue el cuento de nunca acabar. A los días de alivio sucedían otros de alarmante recaida; pero el médico estaba tranquilo, y decía que no daba importancia á la lentitud de mi

2M 101/PM 118

restablecimiento. Segun Raimundo, que en todo metía su cucharada, mi convalescencia lo mismo que mi enfermedad eran una manifestación del estado *adinámico*, caracter patológico del siglo XIX [sic] en las grandes poblaciones. Poca fuerza en la fiebre, poca fuerza reparatriz despues, debilidad siempre: era mi naturaleza enferma y convalesciente. Molestábame sobre todo, al recobrar la salud, mi estado nervioso, que no sé definir, pues no era sino como un terror inexplicable, un azoramiento fatigoso, cual si enormes peligros me amenazaran! ¡Qué esfuerzos hacían mi voluntad y mi razon para vencer esta tontería! "¿Pero á que tengo yo miedo, a que? vamos á ver?" — me decía tratando de corregirme y aun de avergonzarme como si hablara con un chiquillo. Nada conseguía con

2M 102/PM 119

este sermoneo de maestro de escuela. No era la razon, segun el médico, sino la nutrición la que debía curarme; no discurriendo sino digiriendo debía recobrar un estado normal; mas el estómago se había declarado en huelga y hacía el muy tunante! lo que le daba la gana. Casi tanto como aquel inexplicable temor me mortificaba otro fenómeno, que debía de ser también una tontería, pero tontería que me ponía frenético, llevándome al abatimiento, á la desesperación. Era un pertinaz ruido de oidos, que no me dejaba un momento y que resistía á toda medicación. Decíanme que era efecto de la quinina; mas yo no lo creía, pues de muy antiguo había obser-

2M 103/PM 120

vado en mí aquel zumbar del cerebro, unas veces á consecuencia de debilitación otras sin causa conocida. Era en mí un mal constitutivo que aparecía caprichosamente para mi martirio, y que yo juzgaba compensación de los infinitos beneficios que me había otorgado el Cielo. Debe de ser resultado de una predisposición catarral o nerviosa, agravada por la circunstancia moral del horror que me inspira. Desde que me siento atacado de este mal insoportable, me entra un desasosiego tal que no sé lo que me pasa. En aquella ocasión fué tal mi sufrimiento que necesitaba del auxilio de mi dignidad para no llorar. El zumbido no cesaba un instante haciendo tristísimas mis horas

2M 104/PM 121

todas del día y de la noche. En mi cerebro se anidaba un insecto que batía sus alas sin descansar un punto. Si algunos ratos parecía mas tranquilo, pronto volvía á su infame trabajo. A veces el rumor formidable venía hasta el punto de que me parecía estar junto al mar irritado. Otras veces era el estridente, insufrible ruido que hay en un muelle donde están descargando carriles, aquella vibración enorme de las grandes piezas de acero, la cual, en cierto modo, se asemeja al vertigo acustico que produce en nuestros oidos una racha de Nordeste frío, contínuo y penetrante. Creía librarme de aquel martirio, poniéndome un turbante á lo moro, y rodeandome de

2M 105/PM 122

almohadas; pero cuanto mas me tapaba mas oía. El insomnio era la consecuencia de semejante estado, y pasaba unas noches crueles, oyendo, oyendo sin cesar. Por fin, no eran zumbido de insectos ni ecos del profundo mar, sino voces humanas, á veces un extraño coro, del cual nada podía sacar en limpio, á veces un solo acento tan claro y expresivo que llegaba á producirme alucinación de la realidad.

Excuso decir que en las horas tristes de aquella larga convalescencia me acompañaban mis amigos y la familia de mi tío. Mi estado nervioso me había llevado á aquel grado de impertinencia en el cual recibimos de un modo parcial y caprichoso las atenciones de nuestros íntimos, quiero decir

2M 106/PM 123

que no todas las personas que iban á hacerme compañía me eran igualmente gratas. Sin saber por qué, algunas despertaban en mí vehementes antipatías que procuraba disimular. Su presencia irritaba mis males. Ni Camila, ni su hermana María [Luisa] Juana me hacían maldita gracia. Lo mismo digo de mi amigo Manolito Peña, cuya suficiencia y desparpajo me incocoraban. Pero la persona cuya presencia me molestaba mas era Carrillo, el marido de Eloisa. Y no es que él me fuese poco amable ó presuntuoso. Al contrario, se extremaba en ser delicado atentísimo y mostrando interés por mi salud, parecía recomendarse mas que ningun otro á mi benevolencia. Y sin

2M 107/PM 124

embargo yo no le podía sufrir. No era antipatía, era algo mas, era como un respeto enfadoso. Me cohibía, me azoraba. Lo mismo era verle entrar, que se agravaban considerablemente los fenómenos de mi dolencia. Aumentaba el miedo, aquel pavor inexplicable, y la bulla de mis oidos crecía de un modo desesperante.

Mi convalescencia

Raimundo y Severiano me entretenían mucho, este contándome realidades graciosas, aquel con los juegos malabares de su ingenio. Imitaba á Martos, á Castelar con tal perfección que no cabía mas. Despues nos contaba con deliciosa ingenuidad los grandes consuelos que obtenía de la fuerza de su imagi-

2M 108/PM 125

nación, y de la vida artificial que por este medio se labraba, contrarrestando [sic] así las miserias de la vida real. "Cada noche, — nos decía, — me acuesto pensando en una cosa con tanta energía y me caldeo el cerebro de tal modo que llego á figurarme que es verdad lo que pienso. Gracias que me duermo, que si no haría mil disparates. Anteanoche me acosté pensando que era Presidente del Consejo de ministros. A eso de la una ya había resuelto en el Congreso, con mi palabra, una cuestión grave. Los decretos me salían á docenas... Yo conferenciaba con el Nuncio, con el ministro de Francia, con el Gobernador, con mis compañeros de Gabinete,

2M 109/PM 126

iba á la firma con Su Magestad, mandaba sueltos á los periódicos y...me dormí cuando estaba hablando por teléfono con el ministro de la Guerra para ver de sofocar una sublevación militar. Anoche me dió por ser director de orquesta del teatro Real. Cuando me quitaba la ropa, para acostarme estaban los oboes comenzando detras de mí el preludio de los Hugonotes. A mi derecha los primeros violines, á mi izquierda los segundos, mas allá á un extremo el metal, á otro las arpas... En fin que dijeron el preludio admirablemente. Luego al arrebujarme en las sábanas tiré del botón, empezó a subir lento y magestuoso el telon.

2M 110/PM 127

Nevers y el coro aparecieron delante de mí...luego Raul, que por ser debutante venía muy turbado. Pusimos gran cuidado en la romanza... Mas tarde, cuando ya me dormía, ya no era yo el director, sino Marcello, que estaba cantando el *pif paf*... El director era Meyerbeer que había resucitado para oirme cantar"... Y por aquí seguía. Pobre Raimundo!

Mi tío me acompañaba poco por que sus ocupaciones se lo impedían pero siempre que entraba y salía, pasaba á decirme alguna palabra consoladora. Mi tía Pilar bajaba algunas veces á inspeccionar mi casa y criados, cuidando de que no me faltase nada. Pero como la pobre señora estaba algo obesa

2M 111/PM 128

y bastante torpe de las piernas, sus visitas fueron menos frecuentes en el período de mi convalescencia, y su hija Eloisa la sustituía en aquel [sic] cariñosa obligación que tan vivamente agradecía yo. Como aun no había mi prima arreglado su casa y continuaba viviendo en la de sus padres, érale facil vigilar la mía, mantener en ella el orden y la limpieza, y no perder de vista á mis criados. La casa de un enfermo exige solicitudes extremadas para que no se convierta en una leonera, y gracias á Eloisa, todo marchó en mi casa, mientras estuve enfermo, con el orden mas perfecto. Verdad que era mi prima una mujer, como creo

2M 112/PM 129

existan pocas, para disponer, arreglar todo lo concerniente á una casa en las circunstancias difíciles como en las ordinarias. Gracias á ella, la morada de sus padres era un modelo de pulcritud y método. Desde el salón á la cocina, todo revelaba la mano inteligente y activa de una mujer dotada de cuantas facultades exige el gobierno de una familia. Mi tía Pilar no servía para el caso, y María Juana, que también poseía aptitudes de esta clase, vivía con su marido. De modo que Eloisa era, si así puede decirse, el alma de la casa, la autoridad, el poder ejecutivo, lo mismo en lo

2M 113/PM 130

referente á la compra y á los ínfimos detalles de cocina y despensa que á las mas altas determinaciones de la etiqueta y del mueblaje. "El día en que yo falte de aquí, — me decía, — ya se conocerá mi ausencia." Y era verdad. Su padre lo consideraba así y temía el momento ya proximo en que su inteligente hija trocaría el domicilio paterno por el propio.

La compañía de mi prima era la mas agradable de todas para mí; digo mal, érame en altísimo grado consoladora. Por las noches,

2M 114/PM 131

cuando mis amigos estaban presentes, yo les decía: "me voy á dormir" para que se fueran y me dejaran solo con la familia, generalmente representada por Eloisa, su madre y el pequeñuelo con el ama. Eloisa me animaba con su genio franco y decidor y hablandome seriamente de cualquier asunto trivial me hacía mas feliz que Raimundo con sus chistes sin fin. A ratos tenía también sus confidencias conmigo, dejándome entrever que su marido no era tan [formal y] juicioso despues de rico como lo había sido antes. No obstante hablaba de él con gran respeto, y yo le hacía el duo ensalzando a Carrillo con una

2M 115/PM 132

vehemencia mas bien nacida de la razon que del sentimiento.

Gracias á la bondad de Eloisa y á su saber doméstico, mi rebelde estómago iba poco á poco entrando en caja. Valíase ella para esto, de esas mañas que solo puede usar quien posee secretos culinarios, y esa delicadeza de paladar para adivinar el caprichoso apetito de un enfermo. Del principal me enviaban cositas raras, sabrosas y al mismo tiempo sanas, de cuya invención no era capaz el talento rutinario aunque sólido de mi cocinera. Otras veces las frioleras se condimentaban en mi propia casa, entre risas y direcciones de cocina. Bastaba que Eloisa tomase parte en ellas y pusiese sus manos en la

2M 116/PM 133

obra para que á mí me pareciese bien, y me gustaba mas aun si era ella quien me lo servía.

Aún me parece estar en aquel mi gabinete bajo, con ventana al paseo, lo mismo que el salon. Yo no me apartaba del sillon colocado junto á los cristales, y cuando no tenía visitas, leía periódicos y novelas. Los ruidos de la calle, lejos de molestarme me distraían, apagando en cierto modo el bullicio interior de mis propios oidos. Me agradaba ver pasar cada cinco minutos el tranvía, siempre de derecha á izquierda, con las plataformas llenas de gente; me gustaba ver las hojas secas arrastradas por el viento y esparcidas por todo el paseo, barridas luego por los operarios de la villa y hacinadas en el hueco de los alcorques.

2M 117/PM 134

Me acompañaban los carros que á todas horas pasaban, y el grito de los carreteros, aquel incomprensible ¡ues...que! de extraño acento y significación desconocida. Me entretenían los simones, la gente que por las tardes invadía la acera de enfrente, pollería de ambos sexos, inquilinos varios de las sillas de hierro del contratista. Pasaba buenos ratos observando el público especial de los puestos de agua, ese público sobrio, compuesto de los bebedores mas inofensivos, y las tertulias que se forman en aquellos bancos colocados en forma de estrado, entre los *evonymus* del paseo. Observaba también las conjunciones de personas diversas en las distintas

2M 118/PM 135

horas del día, la aguadora y el barrendero de la villa, el manguero y la beata de San Pascual, el sargento y el ama de cría, la niñera y el mozo de tienda, y otros grupos de difícil clasificación. Las fiestas religiosas de San Pascual animaban por las tardes el paseo. Al mediodía, la comida de los albañiles que trabajaban en diferentes obras era un pintoresco cuadro. Yo envidiaba su apetito y habría dado quizás mi posición por poder comer con ellos, sentado al sol, aquel cocido de color canario y aquel racimo de tintillo aragonés.

Por las noches el bullicio era menor. Desde las cinco ya estaba yo esperando al que enciende los faroles, para verle dar luz á los mecheros,

2M 119/PM 136

corriendo de uno á otro. Poco á poco se iba estrellando el suelo, formando una constelación, cuyo hormigueo lejano se perdía en la soledad del Prado. Los ruidos eran menos variados que por el día. Cada cinco minutos una trepidación sorda anunciaba el tranvía, y toda la noche, un monologo de vapor, con resoplidos de válvula y vértigo de volante, acusaba la máquina de vapor instalada en el ministerio de la Guerra para la luz electrica. Los toques canónicos de las monjas de San Pascual rompían á ciertas horas este uniforme canto llano de la noche con notas metálicas, claras que agujeraban el oido como un estilete de acero. Un

2M 120/PM 137

pobre hombre que pregonaba café hasta muy tarde con perezosa y oscura voz me hacía pensar en la enormísima diversidad de los destinos humanos.

Cuando Eloisa y su madre bajaban á acompañarme, mi tía tenía la bendita costumbre de apoltronarse en un sillon y quedarse dormida, despues de protestar energicamente contra la suposición de que pudiera tener algo de sueño. Eloisa tomaba el bebé de manos del ama, (la cual se iba adentro á charlar con Andrea, mi cocinera) y poniéndomele delante le escitaba á repetir en mi presencia todas las gracias que sabía. Estas eran muchas. La mas mona era estornudar. Pero cuando le mandaba que hiciera el estornudito, no había me-

2M 121/138

dio de que obedeciera. Verdadero artista, no quería quitar al arte su condición primera, que es la espontaneidad. Por el mismo principio negábase á saludar con la mano, á hacer tortitas y panderitos. No hacía mas que reir como un tonto, besarme, llenarme de babas, abrazarse á mi cuello, y echar unas carcajadas locas, mostrándome su boca encendida, húmeda, gelatinosa y con rojas encías en las cuales empezaban á retoñar un huesecillo.

El *barbián* se dormía, y el ama se lo llevaba. A veces lo acostaban en mi cama, tapándole con un tapa-bocas, y con ser tan microscopico en la superficie de mi cama, parecía que llenaba la casa, pues todas las miradas se fijaban con

2M 122/PM 139

respeto y cariño en aquel bulto que se habría podido guardar.

Eloisa me hablaba de sus proyectos, de lo que pensaba hacer en su nueva casa, de las personas á quienes recibiría, de sus criados, de sus coches, de su servicio, montada con tanta inteligencia como orden. Yo admiraba tanto saber y buscaba nuevos aspectos al tema de nuestra conversación para ver como los trataba y hasta donde llegaban los recursos de su raro talento. Empezando por hablar de una sillería ó del presupuesto de criados, piensos para los caballos concluíamos por tratar de cosas hondas, como política, religión. Eloisa hablaba de estas cosas con sencillez, sin pretensiones

2M 123/PM 140

ni aun de buen sentido, pues el buen sentido, cuando se remonta mucho, tiene pedanterías que le hacen insufrible; expresaba lo que sentía, claro, sincero y con gracia. Y lo que ella sentía era trasunto fiel del sentimiento general; no chocaba por su originalidad ni por su vulgaridad. En suma, era lo que yo sentía y pensaba. Observé que sus ideas religiosas venían á ser poco mas ó menos como las mías, debiles, convencionales y completamente adaptadas al temperamento tolerante, y al congenio provisional, a la transacción en que todos vivimos para poder vivir.

2M 124/PM 141

Sobre otras cosas mostróme pensamientos mas originales, de los cuales hablaré mas adelante.

Una noche me pasó una cosa muy rara, digo mal, no fué cosa rara; antes bien la considero natural, atendidas las circunstancias. Es el caso que aquel maldito Raimundo me contaba todos los días un nuevo esfuerzo de su imaginación desenfrenada. La vida artificial y sonambulesca, si es permitido llamarla así, le ofrecía cada momento ratos de soñado solaz y aun satisfacciones del amor propio. "Mira, chico, anoche me acosté pensando que era alcalde de Madrid, no un alcaldillo de estos de tres al cuarto, sino un verdadero Baron Haussmann. Me quité de cuentos. Madrid necesita grandes reformas. Como disponía

2M 125/PM 142

de grandes sumas, traté de establecer la gran vía de Norte á Sur que está reclamando hace tiempo esta apelmazada villa. Ves lo que se ha hecho en la calle de Sevilla? Pues lo mismo mandé hacer en la del Príncipe, es decir: demolición completa de toda la acera de los pares. Despues rompimiento de la misma calle hasta la de Atocha,...hasta la de la Magdalena... Por el otro lado varié la dirección de la calle de Sevilla, y enfrente en la casa donde está el Veloz Club hago otro rompimiento hasta la Red de San

113

Luis. El desnivel es muy poca cosa... Siguen luego las demoliciones...
En fin, y

2M 126/PM 143

cuando me dormí ya estaba abierta la magnífica vía de treinta metros desde la calle del Ave María hasta el Hospicio...

Y cuando no venía con esta monserga de la urbanización, venía con
otra semejante. "Mira, chico, anoche me acosté pensando que era yo
[D. Juan Tenorio: el protagonista de] Sullivan. Venía del teatro de verlo
representar." ...O bien: "me acosté pensando que había descubierto la
dirección de los globos..." En mi estado de debilidad, nada tiene de extraño que estos artificios de la mente, este vivir imaginativo fuera conta-
gioso, es decir, que se me pegó la maña de pensar y figurarme cosas
y sucesos

2M 127 *

no reales, si bien nunca completamente absurdos. Mi imaginación no iba
ni con mucho tan lejos como la del pobre Raimundo. Ello viene á ser
como un vicio solitario, hijo de la debilidad cerebral, de la holganza y de
la costumbre. "Las cosas que yo pensaba, las acciones que forjaba en mi
mente, harto parecidas á argumentos de novela, eran muy sosas para refe-
ridas y carecían de aquel encanto pintoresco que tenían los trabajos cerebrales de mi primo, atleta del vacío.

Había estado hablando con Eloisa como una media hora. Despues creo
que me quedé un tanto desvanecido en el sillón. Escasa luz

2M 128

había en mi gabinete, no sé porqué. Creo que la llevaron á la alcoba, donde estaba el *barbián*. Medio dormido sentí yo la voz del ama, la de Andrea,
la de Eloisa, y á mi lado una respiración arrastrada y penosa me hacía
comprender que la tía Pilar estaba mas profundamente dormida que yo.
Así como quien sueña ví que acostaban al *barbián* en mi cama, que su
madre le agasajaba allí. Yo veía esto con vivísimo afecto, que me salía
del fondo del alma, cada cual estaba en su sitio, y todo me parecía normal
y corriente... Eloisa apareció poco despues por la puerta de la alcoba.
Vestida con una bata de color claro, parecía una figura angelical y

---

* Galdós wrote 2M 127-131, and by the time that he had reached 2M 131 he
decided to re-write the pages. (The change from 1st person to 3rd-person narrative
in 2M 131 means that the page was not destined for the printer.) The reasons for the
re-writing become clear when we compare these 2M pages with the later versions
(2M 127/PM 144-2M 132/PM 149): in the later drafts the graphic quality of the
writing is greatly enhanced, and this partly real, partly imagined scene has a much
more profound effect on the narrator. The re-writing is also an indication of the
importance that Galdós attached to this scene. The transcription of 2M 127/PM 144-
2M 132/PM 149 is given immediately following 2M 131.

2M 129

casera... Se acercaba a mí acompañada de un rumorcillo extraño, un dulce campanilleo. Era que traía una taza de té en la mano y con la cucharilla, al revolver el líquido para diluir el azucar, hacía aquella bonita musica. Avanzó hacia mí lentamente, pues el gabinete estaba medio á oscuras... Pues bien, en aquel momento, que no fué tan corto, no, en aquel momento estaba yo firmemente persuadido de que Eloisa era mi muger.

Este craso error no se desvaneció hasta que ella misma me llamó la atención sobre unos grandes desatinos que empecé á decir... Avergonzado, empecé á disculparme. Era que me

2M 130: missing

2M 131

—"Pues me has llamado *tu mujercita*... [Vaya que si te oye Pepe...] el angel de tu casa, y otras monadas.

—Quia, quiá, yo no he dicho eso... — repetí riendo también, pero seguro de haberlo dicho, porque la verdad, á pesar del ruido de mis oidos, yo me había oido perfectamente.

—Que sí lo has dicho. No tiene nada de particular. Pepe era lo mismo, cuando estuvo malo decía mil disparates. Un día me insultó...yo me reía, no hago caso.

El no dice nada.* Cree haber dicho palabras carinosas, y azorado pregunta, "Pero yo no he hablado?

No has dicho nada. No has hecho mas que dar un gran suspiro —

2M 127/PM 144

no reales, si bien nunca completamente absurdos. Mi imaginación no iba ni con mucho tan lejos como la del pobre Raimundo, en quien el imaginar era una afección cerebral, como los vicios solitarios, nacidos de la debilidad orgánica, fomentados por la holganza y convertidos por la costumbre en imperiosa necesidad. Las cosas que yo pensaba, las acciones y episodios que forjaba en mi mente, harto parecidas á argumentos de las novelas mas sosas, aburrirían al que esto lee, si tuviera yo la humorada de contarlas aquí. Carecían de aquel encanto pintoresco y de aquel viso de realidad que tenían los esfuerzos cerebrales de mi primo, atleta eminente, trabajando sin cesar en el *triple trapecio* del vacío.

Como una media hora estuve aquella noche hablando con Eloisa. Despues, creo que me quede

* See my remarks on this use of the 3rd person in the footnote to 2M 127.

2M 128/PM 145

desvanecido en el sillon. Escasa luz había en mi gabinete, no sé por qué. Pareceme que llevaron la lámpara á la alcoba, donde estaba el *barbián*. Medio dormido oí la voz del ama y la de Andrea. Eloisa hablaba también, siendo festivo el tono de las tres. Creí comprender que estaban mudando la ropa de mi cama, y alguna de ellas reprendía graciosamente al *barbián* por su falta de respeto al lugar en que reposaba. A mi lado, una respiración fatigada y penosa hacíame comprender que mi tía Pilar estaba mas profundamente dormida que yo.

Veía yo la alcoba iluminada, oía las voces de las tres mujeres, que se reían quedito como si me supusieran dormido; luego los rebullicios del *barbián,* que protestaba contra las malas intenciones que se le atribuían. Por últi-

2M 129/PM 146

mo, el ama le tapaba la boca, y se oían sus chupidos, y despues silencio profundo. Todo esto se presentaba á mi mente como la cosa mas natural del mundo, sin causarle ninguna extrañeza cual si fuera suceso comun y corriente, que había ocurrido el día anterior y que ocurriría también en el venidero. Del fondo de mi alma salía una aprobación afectuosa de lo que veía, la certidumbre de que lo que pasaba debía pasar y no podía ser de otra manera. Cada persona estaba en su sitio y yo también en el mío.

Pasó un ratito. Creo que me hundí un poco mas en el sueño. Pero resurgí otra vez viendo á Eloisa que entraba por la puerta de la alcoba. Vestía una bata de color claro. Acercábase acom-

2M 130/PM 147

pañada de un rumorcillo muy bonito, de un *tin tin* gracioso, que me hería en el corazón y me causaba embriaguez de gozo. Traía en la mano izquierda una taza de té y en la derecha una cucharilla con la cual agitaba el líquido caliente para disolver el azucar. Ved aquí el origen de tan linda música. Avanzó, pues, á lo largo de mi gabinete, que estaba, como he dicho, medio á oscuras... se acercó á mi persona, inclinándose para ver si dormía... Pues bien, en aquel momento, hallándome perfectamente despierto y en el pleno uso de mis facultades, creí firmemente que Eloisa era mi muger.

Y no fué tan corto aquel momento. El craso error tardó algun tiempo en desvanecerse,

2M 131/PM 148

y la desilusión me hizo lanzar una exclamación. Eloisa se reía de mi aturdimiento, y de mi torpeza para coger la taza y beber del contenido de ella. A mí me embargaba el temor de haber dicho alguna tontería en el momento aquel de la alucinación. Temía que el poder de la idea hubiera sido bastante grande para mover la lengua, y temía que esta, sin encomendarse á Dios ni al diablo, hubiera pronunciado dos ó tres palabras contrarias á todo sano discurso. Dudaba yo de mi propia discreción en aquel momento de irresponsabilidad, y me atormentaba la idea de haberme puesto en ridículo ó de haber

2M 132/PM 149

ofendido á mi prima en su dignidad, que yo creía quisquillosa. Y como la veía reirse de mí, le preguntaba azorado, al tomar de sus manos la taza:
"Pero he dicho algo, he dicho algo —?
¿Pero que tienes, que te pasa? Eres como mamá, que se enfada cuando suponemos que tiene sueño.
—No, no es eso. Hablame con franqueza. He dicho alguna majadería?... Es que, la verdad, temo haber dicho alguna majadería, hace un momento, cuando...
—No has hecho mas que dar un suspiro tan grande que... (¡Como se reía!) que creí caerme de espaldas. En cuanto á la majaderia, no dudo que la habrás pensado, pero ten por cierto que no la has dicho.

2M 132 *

2M 133: missing

2M 134/PM 151

ojos en blanco, y mil visages y donaires en su boca grande y sin vergüenza. En el piano que era mío (un media-cola de Pleyel en caja de palisandro y meple) Camila sabía adoptar la actitud elegante de una concertista inglesa, hasta el momento en que rompiendo la etiqueta y dejándose llevar de su natural bullicioso, empezaba á hacer los mayores desatinos y á mezclar lo clásico con lo flamenco. El pobre piano la obedecía gimiendo, estremecido de miedo en lo mas hondo de su caja; y ella mas loca cada instante, hería las teclas como una epiléptica, sacando del instrumento expresiones de ternura profunda ó

2M 135/PM 152

[carcajadas groseras] carcajadas picantes. Su marido la contemplaba embobado, y era como el director del concierto. No queria que ninguna habilidad de su mujer fuese desconocida, y sin dejarla descansar decía: "Ahora, Camila, tócanos el *Testamento,* el *Vorrei morir,* los *couplets* fran-

* Since Galdós had re-written 2M 127-131 as 127-132, the expansion of the 2M version by one page (132) obviated the need for a 2M 132.

ceses... Todos los presentes estaban admirados y entretenidísimos; pero yo, en cuyo obsequio se hacían tales gracias, me aburría soberanamente, sin poderlo manifestar. Bien conocía el mérito de Camila, y agradecía mucho su buena intención. Mas aplaudiéndola y congratulándola sin cesar, deseaba ardientemente que se callase y se fuera á su casa. Su música no me divertía nada, y Camila

2M 136/PM 153

con sus amables aptitudes me era sumamente antipática. Aquel descoco con que besaba en presencia nuestra al feo, al gaznápiro de su marido me atacaba los nervios. Cuando se ponía á jugar a la *besigue* con Seudoquis, haciendo pareja mi tía Pilar y Severiano, armaba unos líos, enredaba de tal modo el juego, y hacía tales trampas que ninguno de los cuatro se entendía. Era esto motivo de diversión para todos, menos para mí, pues tanta informalidad me enfadaba lo que no es decible. Casi prefería oirla tocar y cantar, aunque me aturdiera. Realmente, la principal molestia para mí era tener que aplaudir á la artista cada momento,

2M 137/PM 154

mientras deseaba que se fuera á su casa. Era que mi espíritu estaba en una situación muy particular, y la música lo sumergía en un mar de tristezas. Mas me alegraba el *tín tín* de Eloisa, la cucharilla de plata cantando en la taza de té, que cuantas maravillas hacía su hermana, con Beethoven abierto sobre el atril, ó cantando acompañada de la guitarra.

A última hora, cuando las mugeres se retiraban, entraba mi tío. Dábame un ratito de tertulia en mi alcoba, cuando ya me entregaba yo al brazo secular de mi ayuda de Cámara. Principiaba por decirme donde había comido, lo que se había hablado... Cánovas había

2M 138

dicho esto, lo otro ó lo de mas allá. Buena se iba á armar en las Cortes. Despues se ocupaba de algun negocio, y me aseguraba que el 4 por 100 amortizable llegaría pronto á 62 pero que de aquí no podía pasar. Retirábase á su casa dejándome con la grata impresión de que las ventas públicas estaban en alza, y mas tarde, mucho mas tarde sentía yo entrar á Raimundo y pasar á su cuarto sin colarse en el mío. Solo cuando veía luz entraba y me daba conversación. Cuando me sentía muy desvelado le llamaba, y si estaba en disposición de decir de un tirón lo del *triple trapecio,* me entretenía un rato, hasta

2M 139/PM 158²°

que con el traqueteo de su conversación me ganaba el sueño.

Otra enfermedad mía

Cuando me puse bien y pude salir á la calle, ya andaban los niños por Madrid tocando los tamborcitos de Navidad. Esta popular y alegre fiesta se acercaba. Pasé buenos ratos discurriendo los regalos que haría. Hice tantos que solo en pavos gasté un dineral. Yo quería que todos participasen de la alegría de mi restablecimiento, y no hallaba mejor manera que hacer emisarios de mi buena nueva á los respetables pavos, enviándolos á todas partes para que los sacrificaran y se los comieran en honor mío. María Juana nos

2M 140

dió una excelente cena en la noche del 24. Eramos unos treinta á la mesa, y no pasó nada digno de contarse, como no lo sea que Carrillo se puso malo y tuvieron que llevarle á su casa antes de que concluyera la velada. Padecía del corazon y le daban síncopes. Al día siguiente, cuando fuí á verle, ya estaba bien, y me dió un solo de política, sobre la feliz aproximación de la democracia á la monarquía, cosa que en verdad, como otras muchas de este jaez, me tenía sin cuidado. Carrillo, por el contrario, parecía vivir en cuerpo y alma para aquel fin glorioso, pues no se ocupaba de otra cosa, y estaba en relaciones estrechas con personages políticos, decidido á hacer con ellos toda la bulla posible. Comprendí que Carrillo tenía

2M 141/PM 168

ambición y [me alegré de ello. Hubiera deseado que aquel] lo sentí. Parece que la ambición implica facultades, y siempre que Carrillo me manifestaba tenerlas, bien por su conversación, bien por sus acciones, yo me entristecía. Habría deseado que aquel hombre careciese de todo mérito. Y sin embargo este anhelo mío era defraudado á cada instante, porque Carrillo me revelaba cada día, al mostrarme su ambición, mayores méritos. Cuando hablaba de asuntos políticos, cuando pintaba el estado de nuestra nación y los remedios que á voces pide nuestra incultura, hallábale yo tan elocuente, tan razonable tan talentudo que me llenaba de tristeza. ¿Valía ó no valía? Severiano sostenía que no. Yo, triste, me figuraba que sí. En mi mente

2M 142/PM 169

le daba valor, solo por el hecho de envidiarle, y decía yo: "Es imposible que el hombre que posee á Eloisa, haya llegado á la posesión de un bien tan grande sin merecerlo.

Porque yo...para que andar con rodeos? Válgame mi sinceridad... yo estaba enamorado de mi prima. Entróme aquella desazon del animo, aquella enfermedad terrible, no se como, por su belleza, por su mérito, por mi flaqueza de animo; ello es que me entró con ímpetu, embargandome de tal modo que no me dejaba vivir. Se apoderó de mis sentidos, de mi espíritu y de mis pensamientos con fuerza irresistible. No había razon ni voluntad contra mal tan grande. Lo hacían doblemente grave lo criminal del

2M 143 */PM 170

objeto y lo divino del origen. Diré las cosas claras: así es mejor. Aquella prima mía me gustaba tanto, tanto, que contra todo fuero social y religioso la consideraba como mía. El ser de otro era un desafuero, una equivocación de los hombres, nacida de un error del tiempo. Por que no vine yo á Madrid dos años antes? Por que no se podía deshacer lo hecho atropellada y neciamente? Con este modo de razonar engañaba y cohonestaba yo mi criminal inclinación, apoyándola en el fuero de la Naturaleza y dando de lado á las leyes humanas á las de la Iglesia é infringiendo uno de los mas importantes mandamientos.

Desde que el diente aquel invisible empezó á roerme las entrañas, el objeto principal de mis cavilaciones era el siguiente: "Valía Carrillo mas que yo? Valía yo mas

2M 144/PM 171

que él? Para mayor desgracia mía, mientras yo, llevado de un cierto instinto de reparación, le consideraba adornado de grandes perfecciones, y por ende superior á mí por los cuatro costados, los demas se inclinaban á la opinión contraria; por donde resultaba que enalteciendo mi bondad, estimulaban mi maldad. ¡Que espantosa confusión!

Y debo decirlo sin inmodestia. La opinión de la familia era unánime en favor mío. La misma Eloisa, hablando una noche conmigo, me había llenado el alma de fatuidad. Medio en serio, medio en broma, tratábamos del caracter de diversas personas; y el mío no se quedó en el tintero. Parecía que había un

2M 145/PM 172

empeño particular en acribillarme con chanzas inocentes. Por fin, en un tono de broma de esa broma que es la quinta esencia de la seriedad, Eloisa

---

* Galdós began an earlier draft of this page, but wrote only five lines:

2M 143

'objeto y lo divino de su origen. Diré las cosas claras: así es mejor. Mi prima me gustaba tanto, que por el hecho de gustarme tanto se me representaba como mía. El ser de otro era un abuso punible, una aberración de la Naturaleza.'

me dijo: "Pues mira, si tuviera una hermana soltera, la casaría contigo, segura de que sería mas feliz que lo somos nosotras tres.

Mi tía Pilar, sin faltar á la discreción, me había hecho comprender varias veces, hablando conmigo de asuntos de familia, que el casamiento de su hija con Carrillo había sido una precipitación, [una tontería] uno de esos desaciertos que no se explican. Mi tío había sido, como se recordará, algo mas esplícito, y echaba la culpa de esta precipitación á su muger. En resumen: la opinión mas favorable á Carrillo en aquella casa

2M 146/PM 173

era siempre la mía.

Lo que no estorbaba que yo estuviese prendado de mi prima con una vehemencia romántica con una ilusión de mozalvete y de principiante que decía mal con mis treinta y siete años. Yo pensaba lo que no se puede menos de pensar en tales casos, es decir, que ella y yo eramos el uno para el otro, que habíamos nacido para unirnos, por ser dos piezas inseparables de un solo instrumento, y que la disgregación fatal en que viviamos era uno de los mayores absurdos del Universo, un tropiezo en la marcha de la sociedad. Y al mismo tiempo que esto

2M 147/PM 174

pensaba, la idea de tener relaciones ilícitas con ella me causaba pena, porque de este modo habría descendido del trono de nubes en que mi imaginación la ponía. Si yo hubiera manifestado estos escrupulos á cualquiera de mis amigos, á Severiano Rodríguez, por ejemplo, se habría reido de mi quijotismo tan contrario á mi edad, á mi época y al medio ambiente en que vivimos. Mi ilusión era vivir con ella en vida regular, legal, religiosa. De otra manera tanto ella como yo valdríamos menos de lo que valíamos. Por esto se verá que yo tenía buenas ideas, ó, lo que es lo mismo, que yo era moral en principio. Serlo de hecho es lo difícil; que teóricamente todos lo somos.

2M 148/PM 175

Este quijotismo, esta moral de principios había sido la principal particularidad de mi juventud, cuando la vida serena, regular y pacífica no me había presentado ocasiones de desplegar las energías de la voluntad. Yo era, pues, como un soldado que ha estado sirviendo mucho tiempo sin ver jamas un campo de batalla, y para quien el valor es como una fórmula consignada en la hoja de servicios, y una persuasión de la dignidad, no comprobada aun por los hechos. Por fin, cuando menos lo pensaba, el humo de la batalla me envolvía. Pronto se vería quién era yo, y cual era el valor de mi valor, ó, dejando á un lado el tropo, cual era la significación real de mis convicciones.

Para mejor inteligencia de estas páginas,

2M 149/PM 176

dictadas por la sinceridad, quiero referir algunos antecedentes de mi persona. Alguno de los que esto leen los habrá echado de menos, y no quiero que se diga que no me manifiesto tal cual soy en todas mis partes y tiempos.

Kitty

Nací en Cadiz. Mi madre era inglesa, católica, perteneciente á una de esas familias anglo-malagueñas, que están conocidas en el comercio de vinos, de pasas, y en la importación de hilados y de hierros. El apellido de mi madre había sido una de las primeras firmas de Gibraltar, plaza inglesa, con tierra y luz españolas, donde se hermanan y confunden, aunque parezca imposible, el ceceo andaluz y los

2M 150/PM 177

matices de la pronunciación inglesa. Pasé mi niñez en un colegio de Gibraltar dirigido por el obispo católico. Despues me llevaron á un colegio cerca de Londres, en Chatam [sic], cerca de donde había nacido y vivía Dickens. Cuando vine á España, á los quince años, tuve que aprender el castellano, que había olvidado completamente. Mas tarde volví á Inglaterra con mi madre y viví con la familia de esta en un sitio muy ameno que llaman Forest Hill, á poca distancia de Sydenham y del Palacio de Cristal. La familia de mi madre era muy rigorista. A dondequiera que volvía la vista, lo mismo dentro de la familia que en nuestras relaciones, no hallaba mas que ejemplos de intachable moralidad,

2M 151/PM 178

la corrección mas pura en todas las acciones, la regularidad, la urbanidad casi erigidas en religión. El que no conozca la vida inglesa apenas entenderá esto. Murió mi madre en Londres cuando yo tenía veinte y cinco años, y entonces me vine á Jerez donde estaba establecido mi padre.

Yo era, pues, un hombre intachable en cuanto á principios. Los ejemplos que había visto en Inglaterra, aquella rigidez sajona que se traduce en los escrúpulos de la conversación y en los repulgos de un idioma que tiene por sí solo mas formulas de buena educación que todos los demas idiomas juntos, aquel puritanismo aquella sencillez, aquella libertad basada en el respeto mutuo, hicieron de mí uno de los

2M 152/PM 179

jóvenes mas correctos y comedidos que era posible hallar. Tenía yo cierta timidez que en España era tomada por hipocresía.

Mi padre era un hombre excelente, todo sinceridad, indiscreto á veces, de genio vivísimo y bastante opuesto á lo que el llamaba la *santurro-*

nería inglesa. Se reía de las delicadezas de la conversación inglesa, y hacía alarde de soltar crudezas del idioma español en medio de una tertulia de gente británica. A veces sus palabras eran como un petardo, y las señoras salían despavoridas. Al poco tiempo de vivir con él, noté que sus costumbres distaban mucho de acomodarse á mis principios. Mi padre tenía una querida en su propia casa. Un año después, tenía tres, una

2M 153/PM 180

en la casa, otra en la ciudad, y la tercera en Cadiz a donde iba dos veces por semana. Debo decir que en vida de mi madre, había sido tan habil y cuidadoso mi padre en sus trapicheos, que jamas le dió el mas ligero disgusto.

Sin faltarle al respeto, emprendí una campaña contra aquellos desafueros. Si no logré todo lo que pretendía, algo conseguí, pues mi padre se decidió á rendir culto á las apariencias. La mujer que vivía en casa se trasladó a otra parte. Esto era un principio de reforma. Lo demas lo trajo la vejez del delincuente y su invalidez para la galantería. En tanto yo daba viages á Inglaterra, haciendo allí vida de soltero por espacio de tres ó cuatro meses. Solo

2M 154/PM 181

dos veces á la semana iba á Forest Hill, donde seguían viviendo las hermanas y sobrinas de mi madre, y el resto del tiempo lo pasaba bonitamente entre los amigos que tenía en la City y en el West. Me alojaba en Langham Hotel y pasaba los días y las noches dulcemente. Frecuentaba la sociedad ligera con preferencia á la regular y cuando volvía á mi patria, notaba en mí síntomas de decadencia física que me alarmaban. Puesto que tenía tan buenos principios, hacía propósito firme de practicarlos, estableciendo una familia, y volviendo la hoja á aquella soltería esteril infructuosa y malsana.

Cuando mi padre se retiró de los negocios,

2M 155/PM 182

dejando todo á mi cargo, mis viages á Inglaterra fueron menos frecuentes y muy breves. En quince días ó veinte, entraba por Dover y salía por Liverpool ó viceversa. Murió mi padre repentinamente cuando ya empezaba á curarse de sus funestas manías mujeriegas, y entonces, falto de todo calor en Jerez, sin familia, con pocos amigos, y viendo también que entraba en un período de gran decadencia el negocio de extracción de vinos, realicé, como he dicho al principio, y me establecí en Madrid.

Pero aun falta un dato, que por ser muy principal, he dejado para lo último. Yo tuve una novia. Acaeció esto en la época en que, por cansancio de mi padre, estaba yo al frente de la

2M 156/PM 183

casa. Era también de raza mestiza, como yo; española por el lado materno, inglesa católica por su padre, el cual había estado establecido en Tanger y á la sazón era dueño de los grandes depósitos de carbon de Gibraltar. Ademas recibía ordenes de casas de Málaga y trabajaba en la banca. Llamábase mi novia [Isabel] Catalina. Le decían [*Lizie*] *Kitty*. Habíase educado en Inglaterra, con lo cual dicho se está que su educación era perfecta, sus maneras distinguidísimas. Prendéme de ella rápida y calurosamente, un día en que, hallandome en Gibraltar, me convidó á comer su padre. [Dos años estuvimos en relaciones, la pedí, fuéme concedida] Su belleza no era extraordinaria; pero tenía una dulzura, una tristeza angelical que me enamoraban. La

2M 157/PM 184

pedí y me la concedieron. Mi padre y el suyo se congratulaban de nuestra unión... El maldito destino me perseguía. Aquel verano, cuando volvió con su padre de una breve excursion á Inglaterra, la encontré muy desmejorada. Mi pobre [Lizy] Kitty luchaba con un mal profundo que el regimen y la ciencia disimulaban sin curarlo. Octubre la vió decaer día por día. Yo iba todas las semanas a Gibraltar. Un lunes, cuando mas descuidado estaba porque el viernes anterior la había visto mejor, recibí un telegrama alarmante. Corrí á Cadiz, el vapor había salido; fleté uno, y cuando me dirigía al muelle para embarcarme, un amigo de la casa salióme al encuentro en Puerta de Mar y echandome

2M 158 */PM 185

su brazo por encima del hombro, me dijo con mucho cariño y tono lugubre que no fuera á Gibraltar. Comprendí que la pobre Kitty había muerto. Se me representó fría y marmórea, con su mirar triste apagado para siempre. Mi dolor fué inmenso. Tuve horribles tristezas, dolencias que me agoviaron, ruidos de oidos que me enloquecieron. El tiempo me fué curando, con la pausada sucesión de los días, con el rodar de las ocupaciones y de los negocios. Cuando vine á Madrid habían pasado cinco años de esta desgracia que truncó mis planes de matrimonio, dió á mi vida giros inesperados y á mi conciencia direcciones nuevas.

* Galdós wrote an early draft of this page:

2M 158

su brazo por encima del hombro me dijo con mucho cariño que no fuera a Gibraltar. Comprendí que la pobre Lizy había muerto. Se me representó fría y marmorea, con su mirar triste, apagado para siempre. Mi dolor fué inmenso. Tuve horribles tristezas, dolencias que me agoviaron, ruidos de oidos que me enloquecieron. El tiempo me fué curando, los negocios distrayéndome. Cuando vine á Madrid habían pasado cinco años de esta desgracia que truncó mis planes de matrimonio, dió á mi vida giros inesperados y tan hondos cambios impusieron a mi conciencia...

Eloisa no se parecía nada a Kitty. La pobre inglesa difunta era graciosa, modesta, [apocada] descolorida

2M 159/PM 186

de voz ténue, y ojos claros que revelaban ingenuidad y confianza; mi prima era arrogante, hermosa, de una coloración enérgica en la tez y el cabello, y sus ojos de fuego quemaban. No obstante esta radical diferencia, yo había dado en creer que el alma de aquella se había colado en el cuerpo de esta, y se asomaba á los ojos de esta para mirarme. ¡Extraña ilusión! Era esto quizás una nueva manifestación de las manías de nuestra raza tan bien monografiadas por mi tío. Era una extravagancia de mi espíritu, porque bien me sabía yo la verdad; y mis ideas respecto á la transmigración de las almas eran tan juiciosas como

2M 160/PM 187

las de cualquier contemporáneo. Pero no lo podía remediar. Echaba la vista sobre Eloisa, y veía en sus ojos el cariño apacible y confiado de Kitty. Era ella, era la misma, reencarnada, como las diosas á quien los antiguos suponían persiguiendo un [objeto amoroso] fin divino entre nosotros los mortales; y asomada á la expresión de aquel semblante y de aquellos ojos, me decía: "Aquí estoy otra vez; soy yo, soy tu Kitty. Pero ahora tampoco me tendrás. Antes te lo vedó la muerte, ahora la ley.

Las cuatro paredes de Eloisa

De tal modo se fijaron en mi mente los peligros de aquella inclinación que pensé en marcharme de Madrid. Es lo que se le ocurre á cualquiera

2M 161/PM 188

en casos como aquel. Pero una cosa tan lógica y razonable era tan difícil de ejecutar! ... ¿Cuando me iba? Mañana, la semana que entra, el mes próximo? En mi pensamiento estaba acordada la partida, con esa fuerza luminosa que tiene todo lo que se acuerda...en principio. Tal determinación era una admirable prueba de las energías de mi conciencia. Pero faltaba un detalle, el cuando, y este detalle era el que me burbujaba en el espíritu, no dejándose coger. Se me escapaba, se me deslizaba como un reptil de piel gelatinosa resbala entre los dedos.

La cosa no era tan baladí. Levantar casa, deshacer aquel hermoso domicilio que representaba tanto trabajo, tanto dinero y los entusias-

2M 162/PM 189

mos y puros goces de las compras pagadas! Y á donde demonios me iba? A Jerez? La situación social y agraria de este país me era muy antipática. Bueno estaría que me cogieran los de la *Mano negra* y me degollaran. ¿A Londres? Sólo el acordarme de las nieblas y de aquel sol como una oblea amarilla, me causaba tristeza y escalofríos... Nada, la necesidad de huir de Madrid era tan imperiosa, estaba tan claramente indicada por la moral, [por mi honor] por las conveniencias sociales, que poquito á poco, sin darme cuenta de ello, fuí tomando la heroica resolución de quedarme. Era una cobardía huir del peligro, se me presentaba ocasión de vencer ó morir. O yo tenía principios ó no los tenía.

2M 163/190

Una tarde, paseando por el Retiro con Eloisa, con Carrillo y una tía de este y Camila, conté á mi prima lo de Kitty. Ya se lo había contado antes; pero hice una nueva edición mas patética que las anteriores, añadiendo (Eloisa y yo íbamos delante á cuarenta pasos de los demas) que por motivos que no eran de aquel lugar y por cosas que me pasaban, había pensado marcharme de Madrid. A lo que Eloisa me contestó, riéndose de mí que lo de la marcha era una tontería romántica ó una hipocresía, y que ella no creía en mi sinceridad. Otra tarde en su casa hablábamos de tristezas mías y sin saber como, se me vinieron á la boca since-

2M 164/PM 191

ridades que la hicieron palidecer. Ella me dijo que alguien me tenía trastornado el seso, y yo, quitándome de cuentos, díjele que quien me trastornaba el seso era ella... Echose a reir, y tomandolo á broma, trajo al *barbián* y se puso á saltarle delante de mí y á decirle: "llámale tonto, llámale majadero." Con sus risas inocentes creo que me lo llamaba.

Aún seguía viviendo Eloisa en casa de sus padres; pues aunque continuaba arreglando la suya y casi estaba terminada la instalación, como había derribado tabiques y hecho obra de mampostería, temía la humedad. Varias veces fuimos á ver la obra y la casa. Algunas veces iba Carrillo con nosotros, otras Raimundo ó la tía

2M 165

Pilar. Ibamos en mi coche ó en el de Carrillo, pues ya Carrillo tenía un landó de cinco luces, y una yegua anglo-arabe para paseo.

La casa era la que había vivido [Pepita Carrillo] Angelita Caballero, grande, tristona, enclavada en un barrio mísero y antipático. Interiormente, todo revelaba el gusto soberano de su nueva dueña. Sorprendióme ver en su gabinete dos paises de uno de nuestros primeros artistas. En el salon ví un cuadro de Pradilla, otro de Palmaroli, y en el tocador dos acuarelas, una de Villegas, otra de Morelli. Pregunté á Eloisa lo que le había costado aquel escogido museo y díjome que muy poco, porque había adquirido los cuadros en la almoneda de una casa que se

2M 166 */193

deshizo el mes anterior. Tenía ademas tapices franceses, imitación de los antiguos de gobelinos, de altísimo precio, y ricos bronces y muebles de capricho.

Cada día que visitábamos la casa encontrábamos algo nuevo. Eloisa tenía un gusto particular en mostrármelo, y gozaba en mi sorpresa y en mis alabanzas tanto como con la posesion de aquellas preciosidades. Júbilo vanidoso animaba su semblante; sus ojos brillaban; entrábale como una desazón nerviosa y su charlar rápido, sus observaciones, las palabras atropelladas con que encomiaba todo señalándolo á mi admiración, decíanme bien claro el dominio que tales cosas tenían en su alma. Solos ella y yo, mientras su mamá ordenaba en el comedor los montones de manteles y servilletas aún sin estrenar,

2M 161 **/PM 195

recorríamos el salon grande, el pequeño, el de la Perla, el japonés, el tocador, la alcoba, el despacho de Pepe, el cuarto del *barbián,* y todas las piezas de la casa. Aquí [colgada de mi] colgándose de mi brazo, me detenía cuando no quería que fuera tan á prisa y me incitaba con cierto tono de queja á ver las cosas mas atentamente. Allí me empujaba atrayéndome hacia un cuadrito. En otra parte, me oprimía el cuello suavemente, para que me inclinara y pudiera mirar de cerca un cuadrito muy detallado. También á veces se expresaba humorísticamente. Estaba yo contemplando un hermoso mueble de ébano ó un tapiz, y ella, repentina y graciosamente, sacaba su pañuelo y me lo pasaba por la boca. "¿Que?"

2M 162/PM 196

— decía yo, sorprendido de este movimiento.

—Es que se te cae la baba, — respondía ella.

Al fin, cansados de andar, nos sentábamos uno junto á otro en un sofá. "Una casa bien puesta, — me decía, — es para mí la mayor delicia

---

* An early version of this page exists:

2M 166

deshizo el mes anterior. Tenía ademas tapices franceses, imitación moderna de gobelinos, de altísimo precio, y ricos bronces y muebles.

Cada día que íbamos allá veíamos algo nuevo. Eloisa me mostraba todo con satisfacción que se desbordaba de los ojos. Yo embobado... Pareados del brazo por la casa la tía Pilar en el comedor, hacía el recuento de la ropa blanca...

> "Estas cosas me tientan
> Regalo mío
> Soberana elegancia de Eloisa —

** The number of the preceding page, '166', could easily have been mistaken for '160'; hence Galdós continued '161' etc.

del mundo. Siempre tuve el mismo gusto. Cuando era chiquitina, mas que las muñecas me gustaban los juguetes de muñecas. Cuando los tenía, me entraba fiebre por las noches, pensando en como los había de colocar al día siguiente. Todavía no era yo polla, y me extasiaba delante de los escaparates de Baudevín y de Prevost. Cuando papá nos sacaba á paseo y pasabamos por allí, costábale trabajo arrancarme. Yo me pegaba al escaparate, y papá se tenía que

2M 163/PM 197

tirarme del brazo y llevarme á la fuerza... Gracias á Dios, hoy puedo proporcionarme algunas satisfacciones, que, cuando niña, me parecían realizables, porque sí...yo soñaba que sería muy rica y que tendría una casa como la que ves, mejor aun, mucho mejor... Pero no creas, en medio de estas satisfacciones soy razonable. Dios ha querido que pasase por un período de pobreza, y esto me ha valido de mucho; he aprendido á contener los deseos, y á estirar el dinero y á defenderlo, contra la imaginación que es la que se entusiasma. Oh! hay que tener mucho cuidado con los entusiasmos... Porque verás: las tentaciones me han dado muy malos ratos. ¡Que lástima

2M 164/PM 198

no tener muchos millones para comprar todo lo que me gusta. Se ha dado el caso de tener durante tres ó cuatro días el pensamiento ocupado por un par de jarrones japoneses ó un reloj de bronce, y sentir dentro de mí una verdadera batalla por si lo compraba ó no lo compraba... Gracias a Dios, he sabido contenerme, tener serenidad, y hacer muchos números y decir al fin: "no, no mas; bastante tengo ya..." Los números son el gran exorcismo para estas tentaciones; convéncete... Yo sumaba, restaba, y... *vade retro*... No creas, también he pasado malos ratos. Despues de comprar en casa de Bach un bronce, veía otro

2M 165/PM 199

en casa de Eguía que me gustaba más... ¡Que algarabía en mi cabeza! Lo compro también? Sí...no...sí otra vez...pues no. Nada, hijo, que he tenido que vencerme. Por las noches me acostaba pensando en la soberbia pieza. Que crees? He pasado noches crueles, delirando con un tapiz chino, con una *terracotta,* con una colección de mayólicas... Pero me decía yo: "Todo tiene que tener un límite. Me conformo con lo que poseo, que es bonito, variado, elegante, rico hasta cierto punto ¿no es verdad? no crees lo mismo?

Díjele que su casa era encantadora; que debía detenerse alli y no aspirar á mas, pues si se dejaba llevar del anhelo de compras,

2M 166/PM 200

podría comprometer su fortuna. En números tenía yo mucho más experiencia que ella, y la imaginación no me alteraba jamas el valor de las cifras. "Yo te dirigiré, — añadí — Prométeme no dar un paso en la aritmética casera sin consultar conmigo, y marcharas bien. Ella se entusiasmó con esto, dió palmadas, hizo mil monerías, y entre ellas dijo cosas sumamente sensatas y razonables, mezcladas con otras que revelaban ciertas extravagancias del espíritu.

"Porque veras, — me dijo juntando los dedos de entrambas manos como quien se pone en oración — yo sé contenerme, sé consolarme cuando por esas buhonerías de la aritmética me veo

2M 167/201

privada de hacer mi gusto. Sabes lo que me consuela? pues lo mismo que me tienta, la imaginación. Pues la dejo trabajar, la suelto, le doy cuerda, y ella se encarga de hacerme ver todo lo que poseo como muy superior á lo que realmente es. Tengo un cuadrito cualquiera, de mediano mérito. Pues sin saber como llego á persuadirme de que es del propio Rafael. Tengo un tapiz de imitación? Pues lo mismo como si fuera un ejemplar arrancado á las colecciones de Palacio. Un cacharrito?... Pues no creas, es del propio Palissy... Tal mueble?...me lo hizo Berruguete. Y así me voy engañando, así me voy entreteniendo, así voy adormeciendo...el vicio, chico, el vicio. ¿Para que

2M 168/PM 202

darle otro nombre?

Yo me reí; pero en mi interior estaba triste. Quince años de trabajo en un escritorio me habían dado la costumbre de apreciar facilmente las cantidades, y con esta experiencia y mi saber del precio de las cosas, pude hacer una cuenta mental. Los señores de Carrillo se habían gastado en poner casa la cuarta parte y quizás el tercio de lo que habían heredado. Tal desproporción debía traer sus consecuencias mas ó menos pronto. Amonesté segunda vez á Eloisa, quien se mostró conforme con cuanto le dije, y prometióme no gastar un real sin darme cuenta y medida en sus gastos, sometiéndolos á mi aprobación.

Carrillo fué á buscarnos en el lando. Antes de ir á casa, nos detuvimos en casa

2M 169: missing

2M 170/PM 204

Señalaba con la mano y el manguito á uno de los lugares mas bonitos de la tienda. Carrillo y la tía Pilar examinaban una vajilla de Minton.

129

Yo miré.

"No mires, no mires. Esto trastorna. No es para nosotros. Este Eguía se ha figurado que aquí hay lores ingleses y trae cosas que no venderá nunca.

Era un espejo horizontal, de chaflanes, grande como de dos metros, con una mano de porcelana, imitando grupos y trenzado de flores, que eran una maravilla. Quedeme absorto contemplando obra tan bella. Las flores interpretadas decorativamente eran mas hermosas que si fueran imitación de la realidad. Había capullos que concluían en ángeles; ninfas que salían

2M 171/205

de los tallos, hojas que remataban en retorceduras de mariscos, crustaces y caracoles que salían de las piernas de las ninfas. En el color, los reflejos metálicos se combinaban con los esmaltes mas puros y brillantes. Hacían juego con esta soberbia pieza, dos candelabros que eran los monstruos mas arrogantes, mas hermosos que se podían ver, monstruos que eran como el producto de una flora extravagante y tenían uñas y guedejas de oro, enroscadas lenguas de plata. Un reloj...

"Vamos, vamonos, — dijo Eloisa, impaciente, sin dejarme acabar de ver aquello. — Es tarde.

Y agarrando el brazo de su marido se lo llevo hacia el coche, diciendo: "No mas compras. Que buscabas?

—Mirábamos las vajillas,... — Es para mí, —

2M 172: missing

2M 173/PM 206

dudando si incorporar aquel dinero á mi cuenta corriente del Banco, ó reservarmelo para caprichos y gastos imprevistos. Había optado por dejarlos en casa, pues la cuenta corriente me garantizaba todos mis gastos del semestre por escesivos que fuesen. Pocas veces he hecho una compra con mas gusto. Pensaba en la sorpresa que tendría Eloisa al recibir aquel presente. Mandé que se lo llevaran á su nueva casa, y esperé á que ella misma me diese cuenta de la impresión que el regalo le causaba.

Cuando la ví entrar en mi casa, yo temblaba de emoción. Venía con su hermana Camila, la cual, hablando del espejo, y elogiándolo

2M 174/PM 207

con reservas, se mostró celosa. Era ella tan prima mía como Eloisa, y tenía el mismo derecho á mis obsequios de pariente ricacho. Sí, yo era un ricacho sin conciencia, un botarate que no me acordaba de los pobres. Ella tenía su casa muy mal puesta, y á mí, al primer millonario, no se me había ocurrido mandar allá ni aun media docena de sillas de madera *curvada*. Esta filípica, dicha con el desparpajo de aquella mujer inconveniente, me llegó al alma. No tuve inconveniente en reconocer y lamentar aquella preterición disculpable, y prometí que los esposos Seudoquis tendrían pronto noticias mías.

2M 175/PM 208

A Eloisa, contra lo que esperaba, la encontré triste. Puso una cara patética y dió á sus ojos expresión de dulce reprimienda para decirme: "Que tonterías haces...! Un gasto tan enorme! Vaya que ahora se han trocado los papeles: yo soy la aritmética y tú el entusiasmo... De veras te lo digo, si repites esas calaveradas, no te volveré á dirigir la palabra.

Camila y yo nos reíamos. Eloisa no hacía mas sonreir [sic] con tristeza.

"Cuenta con la media docenita de sillas, — dije a Camila, que me dijo con descaro:

—Ha sido broma. No me hacen falta tus obsequios. Formal, formal, te lo digo formalmente. Si me mandas las sillas, te las devuelvo.

2M 176/PM 209

Y siguiendo la broma arriba, en casa de mi tío, le dije: "las quieres blancas ó negras? Elígelas á tu gusto y que me manden la cuenta.

Me tiró á la cara su manguito, diciéndome:

"Toma,...cochino.

La tía Pilar secreteando á mi oido, hízome una pintura lastimosa de la casa de su hija Camila. Tenían una salita regular, una alcoba decente; pero no tenían comedor. Ponían los platos encima de un velador, y como Seudoquis tenía la mala costumbre de empinar las sillas para sentarse, descargando todo el peso sobre las dos patas de atras, de la media docena que tenían, no quedaban útiles

2M 177/PM 210

mas que dos. Esta pintura hizo desbordar en mi corazon los sentimientos caritativos. Regale á Camila un comedor completo de nogal, con aparador, trinchero, doce sillas y mesa, todo bonito, de medio lujo, sólido y elegante.

Vino á darme las gracias una mañana. Detras de su mascara de risa y burla, comprendí que sentía una emoción viva. Le temblaban los labios. Hizo mil muecas, me dió las gracias, me pegó con un bastón mío, me llamó generoso, pillo, grande hombre y granuja, demostrando en todo su extravagante condición. Era la cabeza mas destornillada que se pudiera imaginar y el caracter mas salvage, una fierecilla intra-

2M 178/PM 211

table, indocil é incomprensible, criada dentro de la sociedad como para ofrecernos una muestra de las civilizaciones primitivas. Concluyó dicien-

JAMES WHISTON

do que su marido y ella habían acordado dar una comida en honor mío
y como inauguración del comedor... "Una gran comida, no te creas, verás
que cosa mas buena y mas *chic*... Rigurosa etiqueta, ya sabes. Habrá di-
plomáticos, algun ministro, el primo de Seudoquis, que es boticario, en fin
lo mas escogido. Frac y condecoraciones. Mi marido estará en mangas de
camisa; pero eso no importa. El amo de la casa... Te daremos nidos de
avestruz, fideos rellenos, pechugas de rinoceronte, jabalí en su tinta,

2M 179/212

Chateau-Valdepeñas y *Chateau Lozoya*...
No digas mas disparates, hija por dios, — le dijo su madre, que entró
á invitarme también.

La comida en casa de Camila [no sabía sumar]

Fuí con Raimundo y Eloisa. Carrillo no pudo acompañarnos porque
tenía un pasmo que le obligaba á permanecer en casa. La de Camila era
una curiosidad por el desórden que en ella reinaba. *Sicut domus homo,* se
podía decir allí con mas razon que en parte alguna. Todo en aquella casa
estaba fuera de su sitio, todo revelaba manos locas, entendimientos caprichosos. Para honrar mis muebles habían hecho de la sala comedor. En la alcoba
había una pajarera,

2M 180

y lo que había sido antes comedor estaba convertido en balneario, pues
Camila, que aun en invierno tenía siempre calor, se bañaba casi todos
los días. La sala se había llevado á un cuartucho mezquino, y en esto Camila contravenía la mala costumbre de arreglar y decorar para recibir visitas lo mejor de la casa, viviendo en aposentos oscuros y malsanos. Tal disposición debía de ser fortuita y no resultado del buen sentido de Camila,
porque la casa, verdaderamente, no tenía piés ni cabeza. Lo mas culmi-
nante de la sala era una voluminosa mesa de escribir, de las que llaman
de ministro, y el piano se había ido á la alcoba, creeríase que por su pié,
pues no se concebía que ningun ama

2M 181

de casa dispusiera las cosas tan mal. En los pasillos, Constantino había
tapizado la pared con enormes carteles de toros de las corridas de San
Sebastián y Zaragoza, y en el gabinete ocupaba lugar muy conspícuo un
trofeo de esgrima compuesto floretes, [sic] caretas y guantes y enfrente
una cabeza de toro perfectamente disecada y algo mas que no recuerdo.
Los muebles regalados por mí hacían papel brillantísimo en medio de tanto desórden y de tanto feo cachivache y cuando despues de recorrer la casa
se entraba en el comedor, parecía que se entraba en una ciudad europea
despues de haber recorrido pueblos marroquíes. Lo único que hablaba en

favor de Camila era la limpieza, eso sí; pero todo lo demas la condenaba. No

2M 182/PM 215

ví una lámina que no tuviera el cristal roto, ni silla que no cojeara, ni mueble que no tuviera la chapa de caoba saltada en diferentes partes. Muchos de estos siniestros lastimosos, así como la decapitación de una ninfa de porcelana, y las excoriaciones de la nariz que afeaban el retrato del abuelo de Constantino eran el triste resultado de la afición de este á la esgrima y de los asaltos que daba un día sí y otro no, yéndose á fondo, y acalorandose sin reparar que su contrario era un indefenso mueble ó un cuadro al oleo, que no había cometido crimen alguno.

"Habrás de ver esto, me dijo Eloisa al oido

2M 183/PM 216

— cuando mi hermanita se pone á tocar freneticamente el piano, en camisa, y el bruto de su marido á dar estocadas en todo lo que encuentra al paso." Yo no había visto nada de esto; pero lo comprendía por los efectos.

Camila nos había recibido muy al desgaire, con una batilla ligera, el pecho poco menos que descubierto, los piés arrastrando zapatillas. Nos acompañó un momento para enseñarnos la casa, diciéndonos: "Acabo de bañarme. No les esperaba a Vds tan pronto.

—Esta hermana mía, — dijo Raimundo tiritando, — siempre tiene calor. — Se baña en agua fría

2M 184/PM 217

en pleno invierno... En su casa no se conocen las chimeneas, y el fuego es una vana palabra... Quién me mandaría á venir aquí á helarme de frío... Que me voy.

Camila nos empujó á Raimundo y á mí fuera de la alcoba, donde á la sazon estábamos, y dijo á su marido:

"Entretenlos un rato, que me voy á arreglar. Constantino nos llevó al comedor, luego á los pasillos, donde se personaron dos perros, el uno grande de lanas, el otro pequeño y tan feo como su amo. Ambos hicieron diferentes habilidades, distinguiéndose el feo, que marchaba en dos piés con un bastón cogido al modo de fusil, y hacía también el cojito. De repente veíamos á Camila pasar, medio vestida, como una

2M 185/PM 218

exhalación. Iba á la cocina. Oíamos su voz en vivo altercado con la criada. Despues la veíamos regresar á su cuarto...llamaba á su marido con gritos que atronaban la casa. "Será para que le alcance algo... Está de mal talante. Esto de no tener mas que una criada es cargante. Si al menos estuviera yo en activo, me darían un asistente... Allá voy!

Camila volvía á correr hacia la cocina. Necesitaba estar en todo. Aun así, temía que aquella girafa de Juliana echase á perder la comida. Al poco rato, vuelta á correr hacia la alcoba. Ya estaba peinada; pero aun no se había puesto el vestido ni las botas. De pronto oimos la argentina voz de Camila que decía con cierto acento trájico... Constantino, traidor, ...que no po-

2M 186/PM 219

nes la mesa?"

Constantino, dándome una prueba de confianza me rogó que le ayudase en aquella faena doméstica. "Amigo Juan, así irá V. aprendiendo para cuando se case... Pero vamos, V. es rico, y no pasará estas humillaciones — ...y con una fiera...

Risueño y compadecido, le ayudé de buena gana. Antes había solicitado Constantino el auxilio de mi primo; pero este, agoviado por el frío, no se apartaba del balcon por donde entraban los rayos del sol. Entre Constantino y yo salimos del paso. En la loza, en la cristalería no había dos piezas iguales. Parecía un museo, en el cual ninguna muestra de la industria cerámica dejaba de tener representación. El mantel y

2M 187/PM 220

las servilletas, regalo de la tía Pilar, era lo único en que resplandecía el principio de unidad. No así los cubiertos, en cuyos mangos, advertí variedad infinita de formas.

No habíamos concluido, cuando entró Eloisa. Cuando sonó la campanilla, díjome el corazon que era ella. Raimundo abrió la puerta. Antes de que mi prima llegara al comedor, le oí estas gratas palabras. "Pepe no puede venir. Ha cogido un pasmo...

"Y yo voy á coger otro en esta maldita casa, donde no se encienden chimeneas, — dijo Raimundo cogiendo su capa y embozandose en ella.

—No viene Pepe, — repitió Eloisa mirándome á los ojos, y al reparar en mi ocupación echose á

2M 188/PM 221

reir. — "Eso, eso te conviene... Y esa loca que hace?

—Su Magestad está en sus habitaciones, — dijo Constantino, — con la Camarera mayor.

—Constantino, — gritó Camila asomándose á la puerta, — traidor, en donde me has puesto mi alfiler?

—Ah! perdona, hija, me lo puse en la corbata. Tómalo y no te enfades.

—Que siempre has de ser loca, — dijo Eloisa pasando al cuarto de su hermana para dejar el abrigo y el sombrero.

Al poco rato, vimos aparecer a Camila, vestida con un traje de raso negro, bastante escotado luciendo su garganta por el escote cuadrado. Su pecho alto y redondo, su cintura delgada, sus anchas caderas dábanle ai-

2M 189

roso porte.

"Muger...como te pones! — dijo Eloisa, aludiendo sin duda á la escasez de tela en la región torácica. — Pero estás loca? A que viene ese escote? Que cabeza tan destornillada... Y lo que es hoy no llorarás por polvos.

El defecto mayor de Camila en la figura era su tez escesivamente morena. Tenía á veces el mal gusto de querer disimular con polvos el aire gitanesco que daba mas gracia á su figura. Aquel día fué tanta la carga, que á todos nos pareció una estatua de yeso, y como teníamos confianza se lo dijimos, en coro. "Pero Camila...pareces una tahonera.

Sí? — replicó ella riendo con nosotros. — Ahora veréis. Desapareció y al poco rato

2M 190/223

la vimos aparecer en su color y tez naturales.

"Si me quieren negrucha, aquí estoy con toda mi poca vergüenza.

No espero á oir nuestros aplausos, porque corrió á la cocina. Desde allí gritaba por Constantino, y luego la oimos que nos decía: "vayanse sentando... Alla va la sopa.

Constantino salió y trajo el postre en un papel, que se engrasó por el camino desde la bollería á la casa.

Nos sobra el cubierto de Pepe, — dijo Camila con pena. Por que no avisas á tu hermano Augusto?... Pero en fin, déjalo. Así tocaremos á mas.

La comida fué digna de los anfitriones. Por la hora debía de ser almuerzo; por la calidad de los pla-

2M 191/PM 224

tos era comida. Por la manera de estar condimentados, y el desorden é incongruencia que reinaban en todo, no tenía calificación posible. Sirviéronnos un asado, el cual para ser tal debía haber estado media hora mas en el fuego. "Vds. dispensaran que esto esté un poco crudo, — nos decía Camila. En cambio el pescado se había tostado y estaba seco y amargo. Los riñones habían recibido tal cantidad de sal que no se podían comer. En cambio otro plato, que apenas probé, no tenía ni pizca... "Pero, hija, — decía Eloisa riendo, — tu cocinera es una halaja [sic].

"Dispensen por hoy... — replicaba Camila. Se hace lo que se puede. No me critiquen, porque no

2M 192/PM 225

les volveré á convidar.

—Descuida, que ya tendremos nosotros buen cuidado de no caer en la red otra vez, — le contestó su hermano.

Raimundo se había sentado á la mesa, embozado en su capa, quejándose de un frío mortal y renegando de los dueños de la casa, y jurando que no volvería á poner los piés en ella sin hacerse preceder de una carga de leña. Al empezar el tercer plato, se cayó en la cuenta de que no había vino en la mesa, de cuyo descubrimiento resultó un gran altercado entre Constantino y su mujer. "Tú tienes la culpa...tú,...que tú... Siempre eres lo mismo. Así salen las cosas cuando tú te encargas de ellas... Tonta!... Cabeza de chorlito!

2M 193/PM 226

"Ni fuego ni vino! — exclamaba Raimundo subiéndose el embozo y poniendo una cara que daba compasión. Parecía que iba á llorar.

"Que vaya inmediatamente Juliana.

—No, ve tú.

—Como no vaya yo... Hubiéraslo dicho antes.

—Ay que hombre.

—Que tempestad de muger!

—Lo mejor, — dijo Camila serenándose despues de meditar un rato, — es que Juliana vaya al cuarto de al lado á pedir dos botellas prestadas á los señores de Cucúrbitas. Son muy amables y no las negaran.

Por fin trajeron el vino, y con él templó sus espíritus y su cuerpo mi primo Raimundo,

2M 194/PM 227

que al fin dejó la capa.

Camila, á cuya derecha estaba yo, me obsequiaba, valga la verdad, todo lo que permitía lo estrafalario de la comida. Su amabilidad echaba un velo, digamoslo así, sobre los innúmeros defectos del servicio. Repetidas veces tuvo que levantarse para ayudar a la que servía que era una chiquilla muy torpe, hermana de la cocinera. Había venido aquel día con tal objeto, y mas habría valido que no hubiera venido, pues no hacía mas que disparates. En los breves intervalos de sosiego, Camila nos hablaba de lo feliz que era ¡cosa singular! feliz con aquel desorden, en compañía del mas inútil

2M 195/PM 228

de los hombres! Indudablemente Dios hace milagros todavía. Para ponderarnos su dicha, Camila no dejaba de hacer alusiones á un cierto estado en que ella creía encontrarse, y por cierto que sus alusiones traspasaban á veces los límites de la decencia. Ya nos decía que pronto tendría que ensanchar sus vestidos, ya que habia sentido pataditas... Luego rompía á reir con carcajadas locas, infantiles. Yo me confirmaba en mi opinión. No tenía seso ni tampoco [vergüenza] decoro.

Al fin de la comida, Raimundo bebía mas de la cuenta, lo que se conocía no solo en la rápida disminución del líquido de las botellas, sino en la creciente verbosidad de

2M 196/PM 229

mi primo. Constantino no quería ser menos, y se había desatado de lengua mas de lo regular. El uno contaba anecdotas, pronunciaba discursos, recitaba versos y manifestaba una torpeza invencible en la pronunciación de los sílabos *tra tro tru,* mientras el otro decía cosas saladas y amorosas á su muger, echándola requiebros en flamenco y en francés. Tal espectáculo empezaba a disgustarme.

El café que sirvió bien la cocinera, era tan malo que fué preciso mandarlo traer de fuera. Vino pues el café, frío, mal hecho, oliendo á cocimiento; pero nos lo tomamos porque no había otro. Raimundo y Constantino se pusieron á tirar al florete. La

2M 197/PM 230

casa parecía un manicomio. Eloisa, Camila y yo nos habíamos ido á la alcoba, donde Camila sentada junto á mí, hacía mil monerías, que llamaba nerviosidades. Se recostaba, cerraba los ojos, dejaba ver la mejor parte de su seno, luego se erguía, cantaba escalas y vocalizaciones difíciles, nos azotaba á Eloisa y á mí, y concluía por sacar á relucir aquel su estado que la hacía tan feliz.

«Ahora sí que va de veras, — decía á su hermana. — Y este bruto se ríe, y no lo quiere creer.

De pronto le entraba como una exaltación, como un delirio, y cruzando las manos gritaba. "Ay! que hijo tan rico voy á tener!... Mas mono que el tuyo, mas, mas. Me parece que lo

2M 198/PM 231

estoy viendo... No os riais... Que te sabes tú lo que esto [sic]* egoista. Si fueras padre, verías. Y dí, por que no te casas? Para que quieres esos millones? Para gastarlos con cualquier querindanga... Que hombres! Francamente, eres asqueroso. Eso, eso, da tu dinero á las tías. A eso, eso vas. No te rías.

De aquí volvía la conversación á las dulces esperanzas maternas. Hasta me parecía que lloraba de satisfacción. "Vaya, á que no me prometes ser padrino?

* Galdós wrote in the word 'es' at the PM stage, but the printer missed it, and the first edition (I, 130) continues the error.

—Sí que te lo prometo.

Y se rompía las manos en un aplauso.

"Y me le harás un regalo, como de millonario. Me dejas escoger lo que yo quiera en casa de *Capdevielle* [sic]?

—Sí, puedes empezar.

2M 199/PM 232

—Bien, bien... Currí, Currí.

El perro pequeño entró, obedeciendo á las voces de su ama. Puso las patas en la falda, luego en la cintura, luego en aquel seno hermosísimo. Ella le daba besos, le agasajaba, se dejaba lamer por él. "Ven acá, tesoro de tu madre, rico, alegría de la casa.

"Yo no puedo ver esto, — decía Eloísa, levantándose para retirarse. — Me voy.

No, no hermanita, no te vayas... Vete, Currí. Currí... La señora se enfada. Vete y no parezcas mas por aquí.

"No, no me beses, — decía Eloisa apartando su cara, — no me beses con esa boca con que has estado besuqueando al perro. — Tonta, loca, cuando

2M 200/PM 233

sentarás la cabeza... Juan está estupefacto de verte hacer tonterías.

—Juan no se enfada ¿verdad? — Y ahora que caigo en ello. Por que no me convidas esta noche al teatro.

—Otra mas fresca...

—Pues por que no? Despues que hemos echado la casa por la ventana por obsequiarle... El día de hoy nos arruina para todo el mes. Sí, díle que sí, Juan, esta noche...teatro.

—Te mandaré un palco para el que quieras. Elige tú.

—Constantino! — gritó Camila batiendo palmas. — Esta noche vamos al teatro. — Mira, Juan, el mismo Constantino irá por el palco. Dame

2M 201/PM 234

á mí el dinero.

Yo decía para mí: "No tiene ni vergüenza ni delicadeza tampoco. Es completa. Si me obligaran á vivir con un tipo así, al tercer día me enterraban.

Eloisa estaba disgustada y deseaba marcharse. Yo también. Busqué á Raimundo para salir con él; pero mi primo se había dormido profundamente sobre el sofá de gutapercha del comedor. Camila le cubrió con la capa para que no se enfriase.

"Ve pronto por el palco, — decía Camila á su marido, que es noche de moda, y si tardas no habrá localidades.

Constantino no se hizo de rogar.

"Iré luego á casa de mamá, — dijo Camila poniendo á su hermana el sombrero y abrigo. — Adios,

2M 202/PM 235

compadre Juan   *80, 81, 82, 83, 84* *
Le dí la mano y ella me dió un abrazo.

¡Chitón...! **

Cuando bajábamos, Eloisa me dijo: "Vas á venir conmigo? En el tono con que esto fué dicho, se conocía que Eloisa no deseaba que la acompañase. Yo tampoco tenía intención de hacerlo. Aquel recelo de no aparecer juntos en público al mismo tiempo nos acometía á entrambos, revelando no solo la conformidad sino también la poca rectitud de nuestros pensamientos. Ella entró en su coche y fué á la nueva casa, yo me bajé á pié á la Castellana para dar una vuelta. Volví á casa al anochecer, y á poco sentí llegar el coche de mi prima. Obedeciendo á un movimiento instintivo y á una curiosidad tonta, salí á mi puerta.

2M 203/PM 236

Tuve el pueril antojo de acechar por el ventanillo para verla subir sin que ella me viese. Siéndome facil hablar con ella á todas horas, ¿que significaba aquel acecho furtivo? Nada mas que el ansia del misterio, la necesidad de entretener á mi pasión con la sal del incidente. Aquel mirar por la rejilla de cobre era ya un paso, una picardihuela, algo teatral que se salía de los términos rutinarios de la vida formal para ponernos en la esfera de la travesura estudiantil... La ví subir. Noté que al pasar por mi puerta la miró como deseando que estuviese abierta ó que el azar le proporcionase un pretexto para entrar. El lacayo subía tras ella con un montón de paquetes de compras.

Nos vimos aquella noche en su casa. Hablé con todo el mundo menos con ella. Ambos

2M 204/PM 237

temíamos dar á conocer nuestra conciencia, no turbada aun mas que por pensamientos. Presagiábamos las consecuencias de estos pensamientos, mas no se nos ocurría estirparlos, sino simplemente evitar que nos salieran á la cara. Hablé largamente con Carrillo de todas las clases de constipaciones posibles, hice la historia del proceso patológico de las mías, de las de mi padre, y mi tía Pilar vino en buena hora á dar solidez á mi erudición con nuevos datos catarrales referentes á otras personas de la familia. Hablé

---

* These figures, written at the top right-hand corner of the MS, anticipate the final time-scale of the novel, from 1880 to 1884.
** At PM Galdós crossed out this original title for Chapter VIII, and wrote the following instruction to the printer beside it: 'este capítulo aunque no lleva título va aparte'.

también de Camila y conté la comida-almuerzo de aquel día. La madre aseguraba que despues de casada, aquel angel travieso había sentado la cabeza. "Dios poderoso, como Camila sería de soltera, cuando casada era tal como yo la veía.

2M 205/PM 238

Cuando me retiré, despedíme de todos, menos de Eloisa, que al verme de pié se marchó al cuarto de su hijo. Y me la llevaba conmigo á mi casa, *in mente,* quiero decir, me la llevaba robada, reducida á impalpable esencia, que facilmente podía ocultar en mi corazón, cuando no la subía al entrecejo para darle allí vida febril, haciéndola compañera de mis soledades. Noches de insomnio, madrugadas de inquieto sueño, días tristes aceleraban mi querencia poniéndome en estado de hacer tonterías de mozalvete si se hubiera presentado ocasión de ello. No las hice porque Dios no quiso. Pero yo estaba dispuesto á todo, hasta á ser romántico á pesar de que los tiempos son tan poco propicios

2M 206/PM 239

para llegar á semejante estado.

Una tarde nos encontramos casualmente en la calle. Cosa mas rara! ambos nos turbamos. Nos veíamos diariamente en la casa, sin experimentar turbación, y en la calle, solos, al darnos las manos, parecía que temblabamos de tal encuentro y que habríamos deseado evitarlo. Yo iba al Banco de España, ella á casa de una amiga. Nos separamos. Sin darnos cuenta de ello, por medio de una sencilla pregunta semejante á esas que se hacen por decir algo, y de una respuesta mas sencilla aun, nos dimos cita para aquella tarde en su nueva casa. Vinieron los sucesos impensada y tontamente, con ese canon fatal que equipara en el orden de la realidad, las cosas mas

2M 207/PM 240

simples é inocentes á las mas graves y de mas peligrosa trascendencia. Las cuatro serían cuando entré en la casa. No había nadie. Estaba la puerta abierta. Oí martilleo en las habitaciones interiores y al pasar junto á una puerta, oí la conversación de unas mujeres que, sentadas en el suelo, estaban cosiendo una alfombra.

Avancé. Bien sabía yo a donde iba. Tan seguro estaba de encontrarla como de la luz del día. Despues de atravesar dos salones, ví á Eloisa de espaldas. Estaba repasando una colección de estampas puesta en voluminosa carpeta. Llegueme á ella de puntillas; mas aun no estaba á dos pasos de su hermosa figura, cuando sin volverse, dijo esto: "Sí, ya te siento, no creas que me asustas...

2M 208/PM 241

[Salimos ya de noche] A la semana siguiente, instalóse Eloisa en su nueva casa. El día anterior á este suceso, estuvo en la mía, por la tarde, en ocasión que me encontraba solo. Hablamos atropellada y nerviosamente de las dificultades que se nos ofrecían; ella temía el escandalo, parecía muy cuidadosa de su reputación y aun dispuesta á sacrificar el amor que me tenía por el honor de la familia. Manifestaba también escrúpulos religiosos y de conciencia que yo acallé como pude con los argumentos socorridos que nunca faltan para casos tales. Ni en aquella conversación ni en otras de aquellos días, nombrábamos jamas a Carrillo. Unicamen[te] hizo ella alguna consideración tímida acerca de la

2M 209/PM 241 [sic]

equivocación lamentable de su casamiento. Fué mas que una ceguera de ella, una terquedad de su mamá y una tontería de su papa. No tenía ella toda la culpa de su falta. Si yo me hubiera venido á Madrid, y ya que no vine antes, cuando hubiera sido ocasión de casarnos, ¿por que vine despues, cuando ya el conocerme la había de hacer desgraciada? En resumidas cuentas, yo tenía toda la culpa... Pero ya no había remedio. La atracción que á entrambos nos había unido era mas fuerte que todas las demas cosas del alma. Imposible luchar contra ella... Pero el escandalo, la perdida de la reputación, el murmullo de la gente, su hijo...! Esto era lo peor! su pobre *barbián,* que

2M 210/PM 242

cuando creciera oiría decir que su mamá no había sido una mujer intachable!... Las delicias de amar por vez primera y única eran acibaradas por aquella zozobra punzante, por aquel miedo al *que diran,* por el presentimiento de catástrofes y desventuras que trae consigo la vida irregular...

Y otra cosa... Cómo, dónde y cuando nos veríamos?...porque pensar que podría transcurrir una semana sin vernos á solas, era pensar en la eternidad de la desdicha humana. Sobre esto hablabamos ella y yo largamente y con cierto ahogo, sin que yo pueda precisar ahora que conceptos salieron de su boca, cuales de la mía, cuales de entrambas á la vez y como

2M 211/PM 243

en un solo aliento. "Nos veríamos en su casa..." "No, no, en la mía,"... "No, no, en otra"... "Donde?"... "Pues nos daríamos cita en tal ó cual parte."... "Yo arreglaría una casita muy mona..." "Esto era lo mejor, lo más facil..."

La felicidad que me embargaba, y que era al mismo tiempo amor, triunfo, y satisfacción del amor propio era demasiado grande para que yo pudiera encerrarlo en el secreto de mi alma. No quería yo el escandalo; mis principios eran aun bastante sólidos para enseñarme lo que debemos al decoro; la publicidad me aterraba; pero con todo, mi felicidad me ahogaba, sin duda por la parte que la vanidad tenía en ella. Erame forzoso con-

2M 212/PM 244

tar á alguien mi secreto; yo buscaba sin duda, sin darme cuenta de ello, un aplauso á la secreta aventura. Con nadie podía yo tener una confianza delicada, como con Severiano Rodriguez, amigo mío muy querido de toda la vida. Conocía su discreción. El me guardaría el secreto como yo le guardaba los suyos. También estaba Severiano enredado con una señora casada, solo que esto era tan público en Madrid como la Bula. Contéle, pues, todo, y no se sorprendió. Se lo temía el muy pillo. Díjome con cierta calma siniestra que las cosas aunque XXXXXX * de nuestros primeros hipócritas (Severiano

2M 213/PM 245

adoptaba por temporadas ciertas muletillas con las cuales expresaba todo lo que tenía que decir) no lo conseguiría; que estas cosas salen siempre á luz y que los tiempos de publicidad que corremos hacen imposibles los misterios. Todo se sabe, todo sale á la superficie, lo cual es una ventaja de nuestra edad sobre las precedentes.

Razón tenía mi amigo. Dos meses despues, advertí que mi secreto había dejado de serlo para muchas personas, aunque las conveniencias seguían guardándose con la mayor puntualidad. El amor por una parte, con la dulzura de sus goces prohibidos, la vanidad triunfante por otra, embriagaban mi espíritu teniéndolo en tensión incesante. Yo no cabía en

2M 214/PM 246

mí de satisfacción. Me sentía ya capaz, no solo de locuras románticas, sino aun de violencias, si alguien osara disputarme aquel bien que consideraba enteramente ** mío. Eloisa esclavizaba mi alma con fuerza irresistible. Su vivo afecto hacia mí era pagado con creces por mí, con exaltada pasión, con estimación, con todo lo que el corazon humano puede dar de sí en

* The illegible words here are crossed out so heavily that it is difficult to estimate how many were originally written. The words that replaced them belong to the PM stage and hence are not included here.
** The first edition reads 'eternamente' (I, 140). Galdós could, of course, have changed the word at the galley proof stage, but it is more likely to be a printer's error, missed by Galdós in proof.

su variada florescencia afectiva. Y en este modo me recreaba en ella como si fuera algo, no solo perteneciente á mí, sino hechura mía. Por que sí, Eloisa era mas hermosa desde que me quería... valía mas, mucho mas que antes. Su elegancia superaba á cuanto

2M 215/PM 247

la adulación podía decir de ella. Desde que se instaló en su nueva casa, parecía que había subido al último grado de esa nobleza del vestir que no tiene nombre en castellano. Todas las seducciones se reunían en ella, y yo, ¡á tal extremo llegaba mi desvarío! la miraba como miraría el artista su obra maestra. No es esto, no, lo que quiero decir: mirábala como una planta que yo había regado con mi aliento, abrigado con mi calor, criándola para el goce mío y el recreo de la vista de los demas.

Francamente, en mi mente había algo anormal, un tornillo caido, como graficamente

2M 216/PM 248

decía mi tío al describir las variadas chifladuras de mi familia. Yo no estaba en mí en aquella epoca; yo andaba desquiciado, con movimientos irregulares y violentos, como una máquina á la cual se le ha roto una pieza importante. De tal modo estaba roto mi equilibrio que á cada momento lo daba yo á conocer. Hacía cosas ridículas, y manifestaba opiniones incongruentes y extrafalarias.

Con la familia me hallaba un poco cohibido. Temía que el tío se enfadase, que la tía Pilar me echase los tiempos por la situación poco decorosa en que yo había puesto á su hija. Pero ninguno se mostró entendido. O no lo sabían, ó lo disimulaban.

2M 217/PM 249

Raimundo y María Juana tampoco chistaban. Sólo Camila se permitió algunas reticencias, de que no hice caso. Toda la familia me trataba de la misma manera, con el mismo afecto y cortesía, y yo, agradecido á esta condescendencia natural ó estudiada, les correspondía redoblando con respecto á ellos mi afecto y mi generosidad. Era esta en mí como una corruptela para comprar su tolerancia, una subvención otorgada á su silencio. No cesaba, pues, de hacer regalitos á mi tía, algunos de consideración; daba cigarros y dinero á Raimundo compré un piano á Camila, [y aun le prometí convidarla a baños] pues el que tenía estaba ya afónico, y á todos les obsequiaba un día y otro con palcos ó butacas en los prin-

2M 218 */PM 250

cipales teatros.

Pero mis generosidades mas costosas eran para Eloisa, á quien constantemente daba sorpresas, añadiendo á sus colecciones, objetos diversos, bien un cuadrito de buena firma, bien un caprichoso mueble, antigüedad de merito ó alhaja de moda. Grande era mi gozo cuando observaba el suyo al recibir el bonito presente. A veces me reñía, incitándome á no gastar el dinero tan sin sustancia. Nunca me pedía nada; pero no pasaba semana sin que la viese preocupada con algun objeto suntuario que había visto en casa de Eguía ó de Bach. Tenía momentos de entusiasmo, suponiéndose poseedora de él, momentos de tristeza considerándose incapaz de poseerlo. Era preciso calmar

2M 219: missing

2M 220/PM 252

gratísimos pasé en la capital de Francia. Carrillo estaba muy delicado, y consultaba para su padecimiento á los doctores Jaccoud y Potain Laserre. Sometíase á penosos tratamientos y paseaba mucho, absteniéndose de salir de noche. Vivían en el hotel de la *rue Scribe*. Yo estaba, como siempre, en el Bristol. Facil nos era á Eloisa y á mí vernos y citarnos en la inmensa libertad parisiense y aun hacíamos excursiones cortas á las inmediaciones. En los tres días que Carrillo estuvo, sin mas compañía que la de su camarero, en los baños de Enghien, disfrutamos los pecadores de una libertad que hasta entonces no habíamos conocido. Eloisa iba á mi hotel. Estábamos como en

2M 221/PM 253

nuestra casa, libres, solos, haciendo lo que se nos antojaba, almorzando en la mesilla de mi gabinete, ella sin peinarse, á medio vestir, yo como un estudiante del barrio latino, ambos irreflexivos, indolentes, gozando de la vida como los seres mas libres y mas enamorados de la creación. En nuestros coloquios, amenizados por un reir constante, nos comparábamos con las dichosas parejas del barrio latino, el estudiante y la griseta, el pintor y su modelo, viviendo al día, con dos ó tres francos y una ración inmensa de amor y sin cuidados. Nosotros éramos mucho mas felices porque teníamos dinero y podríamos prolongar nuestra dicha todo el tiempo que quisiera-

* Galdós began an earlier draft of this page, but discarded it almost immediately:

2M 218

cipales teatros.
Pero en quien principalmente recaían mis beneficios era

2M 222/PM 254

mos... Para gozar mejor de la libertad parisiense, tomabamos el tren en San Lázaro y nos íbamos á Saint Germain, almorzábamos en la Terraza, paseabamos por el bosque, corríamos, nos echabamos en la yerba... ¡Que horas tan dulces! Como quien se contempla en un espejo, nos recreábamos en las muchas parejas que veíamos semejantes á nosotros. Componíanse de un extrangero ávido de libertad y de alguna *bulevardista,* por lo general de buen parecer y modales un tanto libres. En otras parejas se advertía una confianza, una intimidad que no son propias de las relaciones de un día. Eran amantes, como nosotros,

2M 223/PM 255

que hacían una escapatoria como nosotros, para burlar, con delirante satisfacción, la insoportable vigilancia de las leyes divinas y humanas. Veíamos hombres de semblante inquieto y fatigado, mugeres hermosas, algunas hermosísimas, vestidas con una elegancia que cautivaba á Eloisa. Esta se fijaba en la manera de vestir de aquella gente, y en la novedad de sus atavíos, que eran como anuncio vivo de los modistas, que ya por tal procedimiento hacían público reclamo de las novedades de la estación próxima.

Por la noche nos metíamos en los teatros y cafés cantantes mas depravados. Era preciso verlo todo, sin perjuicio de ir por la mañana á las

2M 224/PM 256

misas elegantes de la Magdalena y de la *Capilla Expiatoria...* El resto del tiempo lo empleabamos en las tiendas. Eloisa quería proveerse con tiempo de muchas cosas que en Madrid habían de costarle el doble. Compraba, pues, por economía. Los grandes almacenes y los establecimientos mas de moda recibían nuestra visita. También solía llevarme Eloisa á casa de los celebres anticuarios de la *Rue Royal,* y á los preciosos almacenes de artículos japoneses. Lo japonés abundaba poco en Madrid todavía, mientras que en París estaba al alcance de todas las fortunas. Como no apresurarse á llevar un surtido de telas, vasos, muebles, dos ó tres biombos, y hasta las ínfimas baratijas de papel y cartón que declaran el ma-

2M 225/PM 257

ravilloso gusto de aquella gente asiática? Al propio tiempo Eloisa no podía, ya que felizmente estaba en la capital de la moda, dejar de equiparse para el proximo invierno. Su amor propio le pedía no ser de las últimas en la introducción de las novedades, mejor dicho la incitaba á ser la primera. En casa de Worth se encontró á la de San Salomó; á dondequiera que iba tropezaba con la bulliciosa marquesa, y esto mismo estimulaba en mi prima los deseos de superarla. Cada cual se esforzaba en llevar á Madrid lo mejor, lo más bonito y nuevo... Pronto perdí la cuenta de las cajas que Eloisa expidió para Irun en los ultimos días de Setiembre.

2M 226: missing

2M 227

ta * y tenía en su poder, á mi disposición, ciento setenta y ocho mil francos. Díjele que lo retuviese un mes mas, que yo tomaría para mis gastos lo que necesitase, y el resto me lo daría en letras á la conclusión de la temporada. Tales sangrías dí á aquel pico, que cuando fuí á liquidar solo me quedaban tres mil francos, que Mitjans me dió en oro y billetes.

Este hecho me causó sobresalto. Era la primera vez en mi vida que me sorprendía en flagrante delito contra las leyes de la Aritmética. Hasta entonces mi mente no había sufrido una distracción tan profunda y sostenida. En las ocasiones de mayor ceguera, siempre percibí la clari-

2M 228: missing

2M 229/PM 261

razon, el número, no menos grande y fecundo que la idea, como energía anímica. Al verificarse en mí aquel despertamiento, halleme en terreno firme y dije resueltamente para mí: "No, niña mía, esto no puede seguir así.

Números

En Madrid traté de poner algun orden en mis asuntos. A fines de Octubre pasome el Banco el extracto de mi cuenta corriente y ví que apenas me quedaban unas dos mil pesetas. Había gastado ya toda mi renta del año, cuando en los precedentes, apenas había llegado á la mitad, y el resto era en aumento de mi capital. En aquellos días recibí de Jerez varias letras, y algun papel Londres [sic].

2M 230

Era el tercer plazo anual de mis arrendamientos y de mi participación en la casa á la cual traspasé mi negocio. Había contado yo con destinar este dinero á consolidación, empleando su producto en títulos, acciones del Banco; pero no pudo ser. Los envié á la cuenta corriente, decidido á gastar lo menos posible.

Aunque felizmente había abierto los ojos á la cantidad, reintegrándome en mi sér, que siempre fué positivista, mi desvarío por Eloisa no había mermado en lo mínimo. Amándola siempre lo mismo, pensé en llevar pro-

---

* The complete word was probably 'venta'.

cedimientos de regularidad á lo que moralmente era tan irregular. El orden me parecía digno de ser implantado aun en

2M 231

los dominios del vicio, y yo tenía especial satisfacción en intentarlo, y aun la seguridad de conseguirlo. Cavilaciones financieras entristecían mis noches y mis mañanas, pues el vivo interés que me inspiraba Eloisa hacíame ver nubes en el [por]venir de su casa. Con respecto á mia [sic], no eran muy vivos mis temores, pues era mi fortuna, grande, sólida y muy saneada y hallábame decidido á conservarla á todo trance. Mas con respecto á ella vivas inquietudes me asaltaban. Rapidamente, con aquella precisión de calculo que debía á mis hábitos de contabilidad, aprecié lo que había importado la instalación. Sin escribir un guarismo, calculé el gasto aproximado de aquella casa. Alimentación, servidumbre,

2M 232

coches, teatros, modista y sastre, viages de verano, menudencias é imprevistos, no cabían holgadamente dentro de la cifra de veinte mil duros anuales. Como yo podía extender sin confusión en mi mente las columnas de guarismos, sume los ingresos de la casa de Carrillo. Nada, las tres dehesas, la casa de la calle de Relatores, la de la Plazuela del Rey, las obligaciones de Banco y Tesoro y demas no podían rendir arriba de doce mil duros. "Se están comiendo el capital, — dije, con honda pena. — A este paso en cinco ó seis años se quedarán por puertas.

Lo peor de todo fué que en aquel Otoño Eloisa montó su casa con mas lujo, tomó dos criados mas, hizo reformas en la casa, y

2M 233/PM 266

anunció que iba á dar grandes comidas todos los jueves. Era preciso hablarle claramente, y arrancar aquella mordaza que el amor me ponía. Una tarde, solos en nuestro retiro, le hablé el lenguage sincero y leal de los números. La pícara, como esquivaba el tema, como se escapaba, culebrosa y resbaladiza cuando ya la creía tener bien cogida! Por fin se mostró conforme con mis ideas, y penetrada del buen sentido de las cosas. Sí, era preciso moderarse, porque el porvenir... Todo fué cálculos, economías y reducción de inutiles gastos aquella dichosa tarde. Otro día, volví á mi fiscalización con nuevo empeño. No pude obtener que me dijera en cifras exactas el producto de sus tres dehesas. Siempre embrollaba los

2M 234/PM 267

números y los exageraba, como pueden exagerarse los números, que es añadiéndoles ceros. Por fin, tras pesadas insinuaciones mías, me confesó que tenía algunas deudas. "Te las pago todas, — le dije con efusión, si me juras que no volverás á contraerlas y que serás juiciosa ý arreglada. Y el juramento se hacía, poniendo por testigo á Dios, y se celebraba el convenio con abrazos y ternuras, y las deudas se pagaban, y se volvían á contraer, como arbol que mas vigorosamente retoña cuanto mas se le poda.

"Ahora, no me echarás la culpa á mí, — me dijo. — Es Pepe el que gasta. Ayer he tenido que sacarle de un gran apuro. Sin que yo lo supiera ha tomado [seis] tres mil duros, hipotecando la

2M 235/268

casa de la calle de Relatores... No me mires así, con esos ojos de terror... Es él el que gasta. No me preguntes en que...no lo sé. Si no pongo cuidado, dejaría sin pan á mi hijo, y yo tengo que mirar por el porvenir. Pepe no sale del *Veloz*. El me jura que no juega; pero yo no lo sé. Dice que ha tenido que ayudar al costeamiento del periódico, ya sabes, ese papel, que es el órgano del partido. Y creo que mi marido es la única persona que lo lee y se entusiasma con sus gracias chocarreras. Ay que hombre! Ahora le da por salvar la sociedad y por decir que haya poca política y poca administración. Se ha gastado un dineral en socorros de emigrados. No es esto un dolor?

Sí era un dolor. Yo lo sentía vivísimo, viendo

2M 236

la que se venía encima...

[Déjenme hablar ahora un rato de aquel bueno de Carrillo] Otras veces, al reunirnos en lo que llamabamos lo reservado del Retiro, nuestras lucubraciones economicas tomaban un giro fantástico, y extravagante. Como el líquido puesto al fuego, hierve, yo animado al rescoldo del amor, deliraba, pero deliraba con todo aquel hervor de numeros, que había en mi cabeza. Las [libras] reales, los francos, las libras esterlinas que en quince años de escritorio habían rodado por la caja de mi cerebro, me hacían entonces virajes en la mente. Tener millones de millones...! Que mis reales se vuelvan libras! Que los ceros se agrupen en regaladas y preciosas filas!

2M 237 *

Entonces, mona, tendrías un lecho de plata, tendrías un palacio mejor que el de Fernan Nuñez y el de Anglada juntos y combinados; te compraría algun Rembrant, algun Velazquez que saliese á la venta, serías mas rica que la duquesa de Westminster, la cual es mas rica que la reina Victoria.

Y ella desvariando como yo, se daba á fantasear
pobreza

* Galdós re-wrote 2M 236 and 237 at the 2M stage. They bear the numbers '236' and '237', and later became PM 269 and PM 270. These latter pages are included here after the original 2M 237.

2M 236/PM 269

la que se venía encima.*

Otras veces, en las horas de criminal soledad, nuestras lucubraciones económicas tomaban un giro fantástico y extravagante. Como el líquido puesto al fuego, hierve y sube, yo, sometido á la alta temperatura del amor, deliraba. Pero no era mi delirio, como el de los poetas, visión de flores, nubecillas y formas helénicas. Mi delirio era un hervor de los números que tenía metidos en la cabeza. Las cifras de reales, francos y libras que habían pasado por mi mente en quince años volvían todas juntas agrupándose como en las columnas de los libros de partida doble, y separandose y revolviéndose como los guarismos en la cesta de los papeles rotos. Tener millones de millones!... Que mis reales se me volvieran libras esterlinas de la noche á la mañana!...

2M 237/PM 270

¡Que los ceros se agruparan junto á las unidades formando esas filas nutridas cuya vista ensancha el alma!... "Entonces, mona, tendrías un palacio mejor que el de Fernan Nuñez y el de Anglada reunidos, tendrías un lecho de plata, como el de la mujer de un *rajah,* tendrías un *yatch* [sic] para viajar por el Mediterráneo y un tren *Pullmann* para recorrer el continente. Te compraría el Rembrant, el Velazquez, el Veronés que salieran á la venta, al deshacerse la galería de algun príncipe alemán, y para tí trabajarían Meissonier, Pradilla, Alma Tadema, Domingo, Muncaksy y lo mas granadito de Europa. Aprovechando las buenas ocasiones, te compraría los despojos de las grandes casas, las armaduras que llevó el duque de Alba, la espada de un morazo

2M 238/PM 271

los tapices de los Reyes Católicos, con el *Tanto Monta* y los yugos y flechas, y las esas [sic] casullas de catedrales, que van á parar en forros de sillas, y esos libros de vitela cuyas hojas se convierten en abanicos; y cajas de oro y cristos de marfil como el que tiene Rostchild, y el jarron de Fortuny y la espada de Bernardo y la biblia de María Estuardo, y el vaso de plata de Napoleon. El arte mas sublime, la industria mas habil, y los elocuentes despojos de la historia serían para tí... Serías mas rica que la duquesa de Westminster, la cual lo es mas que [la] reina Victoria, emperatriz de las Indias.

Como en esta dirección, el desvarío no podía ir mas allá, Eloisa deliraba en sentido contrario. ¡Ser pobre! no tener nada... vivir juntos y solos, completa-

---

* See last words on 2M 235/PM 268.

2M 239/PM 272

mente exentos de necesidades sociales, en un país apartado, fertil, bonito, donde no hubiera frío ni calor, ni ciudades, ni civilización...! No tener mas que un albergue rústico, y que nuestra despensa estuviera colgada de los árboles!... No beber mas que agua clara...vestirse sencillamente, tan sencillamente que todo quedara reducido á un simple túnico ó pellizo talar... Nada de calzado, nada de sombrero, nada de esos horrores que llaman guantes, corbatas y alfileres... No gozar de mas espectáculo que el de la Naturaleza, no oir mas música que la de los pájaros, no ver mas espejos que la corriente de los claros ríos, no tener idea de lo que es un coche, ni una tarjeta de visita, ni una carta, ni una cuenta de modista. Desconocer la escritura y la lectura, y

2M 240/PM 273

en cuanto a la religión, celebrar la misa con una hoguera, un cántico, un haz de flores, delante de los espectáculos magestuosos de la Naturaleza...! Y en medio de esto, el amor, mucho amor, muchísimo amor, ella y yo siempre juntos, siempre solos, siempre jóvenes y nunca cansados de mirarnos y de querernos...!

Creo que mis carcajadas se oían desde la calle. El delirio de Eloisa que no era mas que el rechazo del mío, me produjo una hilaridad tal, que ella se apresuró á taparme la boca, alarmada de mis gritos.

"Calla,... Te oiran en la calle.

—Es que llegué á figurarme que estábamos solos, que no vivíamos en un país civilizado y dentro del tumulto

2M 241

de una ciudad, sino en ese país de abanico corriendo esa tierra bíblica ó mas bien paradisíaca. Lo que es tú, para Eva no tendrías precio.

No eran lo mas comun estas habladurías, y á veces, silenciosos y soñolientos, dejábamos deslizar el tiempo sin hablar una palabra, por no tener que decir, y estar agotado o poco menos el tema del amor. Alguna observación sobre asunto baladí, de economía doméstica ó del estado atmosférico, rompía de vez en cuando [el monótono silencio] la placidez de aquella larga pausa de saciedad y abandono, durante la cual oíamos, como el zumbido de un coro entre bastidores, el rumor de la calle y las voces de los transeuntes. El piso era bajo, y cuando no había estrépito de coches, se oían claramente

2M 242/PM 275²°

el dialogar de las personas que pasaban junto á las ventanas.

A propósito de Carrillo

Aquel hombre que me inspiraba una compasión profunda, aquel Carrillo, amigo vendido, pariente vilipendiado, valía mas que yo. Al menos así lo decretaba á todas horas mi pensamiento, atormentado por esta confusión moral. Era una idea fija esto de mi inferioridad, y ni con sofismas ni con razones la podía echar de mí. Quizas yo me equivocaba, quizás las sombras de mi conducta me permitían ver en aquel desgraciado una luz que no tenía, ó dicha luz era un fenómeno retiniano. Sí, yo era un ser inutil y negativo, una carga de la sociedad, mientras Carrillo parecíame una de las personas mas laboriosas, mas

2M 243/PM 276

útiles que se podían ver. A pesar de estar tan enfermo, siempre estaba ocupado. No entraba una vez en su despacho que no le hallara trabajando, afanadísimo, poniendo su alma toda y su poca salud al servicio de una idea ó de una institución. Dabase en cuerpo y alma á los diversos objetos benéficos, políticos, administrativos, y su vehemencia era tal que si la empleara en sus asuntos propios habría sido el hombre modelo, la mas perfecta encarnación del ciudadano y del jefe de familia.

Carrillo era presidente de una sociedad formada para amparar niños desvalidos, recogerlos de la vía pública, y emanciparlos de la mendicidad y de la miseria. Con tanto fuego había tomado

2M 244/PM 277

Carrillo su cargo, y tan desinteresado ardor ponía en desempeñarlo, que á él se le debian los progresos y eficaces triunfos alcanzados por la *Sociedad*. Mas de quinientas criaturas le debían pan y abrigo. Inocentes niñas se habían salvado de la prostitución; chiquillos graciosos habían sido curados de las precocidades del crimen al dar el primer paso en la senda que conduce al presidio. La *Sociedad* hacía ya mucho, y siempre su ilustre presidente aspiraba á mas. Todos los esfuerzos eran pocos en pro de los niños desvalidos. No bastaba recogerlos en la vía pública; era preciso ir á buscarlos en los tugurios de la mendicidad emparéntada con el crimen, y arrancarlos al poder de crueles padres que los martirizan

2M 245/PM 278

ó de infames madres postizas que los explotan. Carrillo había impreso á esta caritativa obra un impulso colosal. Bajo su dirección se habían hecho maravillas, y aun se harían mas. Largas horas pasaba en su despacho con el secretario, revisando notas, coordinando informes, extendiendo y firmando recibos de suscrición de socios, poniendo cartas al Cardenal, al Patriarca, á la infanta Isabel, al Presidente del consejo, á los Presidentes del Ayuntamiento y de la Diputación para allegar la cooperación de todo lo valioso y util. Ningun recurso se desperdiciaba, ninguna ocasión se perdía. A este trabajo titánico, había que añadir el de organizar fiestas y funciones y [sic] teatrales para aumentar los recursos

2M 246/PM 279

de la *Sociedad.* ¡Que laberinto! y que entrar y salir de empresarios y concertistas y comicos! En esta contradanza entraban también los poetas, á los cuales se les pedía que leyeran versos; y los oradores á los cuales se pedía el tributo de sus discursos.

Mientras Carrillo empleaba en servicio de la humanidad toda su actividad, yo ¿que hacía? Corromper la familia, poner escuela de escándalo y dar mal ejemplo. Aun podía yo llevar mucho mas lejos la comparación siempre en perjuicio mío. Yo era diputado cunero, y no me cuidaba ni en poco ni en poco [sic] ni en mucho de cumplir los deberes de mi cargo. Jamas hablaba en las Cortes, asistía poco á las sesiones, no formaba parte de ninguna comisión de importancia, no servía mas que para sumarme con la

2M 247/PM 280

mayoría en las ocasiones de apuro. Tenía una noción geografica muy incompleta acerca de mi distrito, y no hacía maldito caso de mis electores. Estos gruñían, escribíanme cartas llenas de quejas, pero yo las arrojaba á la cesta de los papeles rotos diciendo: "á mí me ha hecho diputado el ministro de la Gobernación, no ustedes. Vayan ustedes muy enhoramala." La verdad, el Congreso me parecía una comedia, y no tenía ganas de mezclarme en ella. En cambio, Carrillo, que era senador, tomaba muy á pechos su cargo, se debía al país, miraba á la patria con ojos paternales, considerandola como uno de aquellos infelices niños que la *Sociedad* recogía en las calles. Asistía puntualmente á las sesiones, y figuraba en muchas comisiones. Con frecuencia, se levantaba de su

2M 248/PM 281

asiento, y sin voz, sin aliento, ahogándose, pronunciaba pequeños discursos en pro de los intereses generales. La enseñanza, la extinción de la langosta, el establecimiento de gimnasios en los colegios, los bancos agrícolas, la supresión de la Lotería y de los toros, las cajas de previsión, la conducción de presos por ferrocarril, [suprimiendo los tránsitos por la Guardia civil] los talleres de los presidios, y otras muchas reformas le tenían por órgano valiente aunque asmático en los rojos bancos del Senado. El *Diario de las Sesiones* estaba por aquella epoca salpicado de breves oraciones en que se abogaba con entusiasmo por todas aquellas menudencias del progreso, que realizadas habrían equivalido á un paso grande hacia la cultura.

2M 249/282

Era verdaderamente infatigable, pues ademas de esto había fundado con otros señores un periódico nuevo, órgano del partido que se acababa de formar. Como el tal partido era tiernecito y lo acababan de arrancar del tronco, necesitaba mas cuidados para alimentarse, arraigar y crecer. Y crecía, trayendo bajo sus debiles ramas á muchos cesantes, á muchos descontentos y á muchos que no están bien si no entre pequeños. Carrillo sostenía el periódico con su dinero y aun escribía algunas cositas, defendiendo siempre la buena fe en política, el respeto de la opinión, la sencillez administrativa, la moralidad, las economías. Sus antiguas aficiones democráticas se habían enfriado mucho, mas

2M 250

siempre le quedaba el fondo de ella. También Carrillo se desvivía por cooperar en las grandes manifestaciones beneficas que tenían lugar en días de catastrofes grandes. Desde el momento que aparecían *víctimas,* el era de los primeros que se apresuraban á organizar cuestaciones, á solicitar auxilios, á recoger firmas, ó dinero, o palas, ó trapos.

Y en presencia de un hombre tan util, y que tan eficazmente empleaba su tiempo y su caudal ¿que hacía yo? Vivir alegremente, gozar de la vida, divertirme, gastar mi dinero sin socorrer á nadie, y otras cosas peores. Yo era un egoista, Carrillo tenía la manía del *otroismo,* y consagraba todas sus energías al bien de los demas. Precisamente en la

2M 251: missing

2M 252/285

me con lo que yo creía su superioridad, y remontándose á mis ojos, se detenía con gran gozo mío, bastante antes de llegar á la X * de la perfección.

Era Carrillo hombre de poca salud. Desde que le conocí sus males se repetían y se complicaban, presentando cada año nuevos y temibles aspectos, ofreciendo ancho campo á los ensayos de la medicina. Para los médicos era ya, mas que un enfermo, un tratado patológico lleno de confusiones, en el cual los síntomas de hoy eran desmentidos por los de mañana. Los tratamientos variaban en cada temporada. Ya suponiéndole

* Heavily deleted word, replaced interlinearly by 'cúspide', whether at 2M or PM it is impossible to say.

desordenes en la nutrición, se combatían en él los principios de una diabetes; ya, observando síntomas cardiacos, se atacaba el mal en el campo de
la circulación. Y el mal seguía bur-

2M 253

lándose de la ciencia, cual si jugara al escondite. Por algun tiempo, se
creyó que todo era nervioso, que no había lesión. Luego, viendo que el
edificio del diagnóstico neuropático se venía á tierra, se le sostuvo con la
indicación de un daño considerable en el vértice del pulmon izquierdo.
Cualesquiera que fuesen las causas, Carrillo se desmejoraba de día en
día. Su rostro se ponía de color terroso, sus fuerzas disminuían; la voz era
cavernosa, las manos le temblaban. Solo tenía vigor el espíritu, siempre
dispuesto agil y flexible en las varias ocupaciones á que se entregaba con
ansia febril. Creeríase que el mismo afan y el entusiasmo de que se poseía,
le prestaban vida artificial, sosteniendo y enderezando su caduco cuerpo. [sic]

2M 254

como si le embalsamaran en vida. En otro tiempo Carrillo habría sido un
místico, dando á su espíritu siempre despierto y activo la dirección de los
estudios teológicos y de los ensueños. Esto no podía ser, y se entregó á la
devoción filantrópica en aquella forma oficiosa y bullanguera que le indicaban la senaduría, su posición y los amigos de que se rodeaba. ¡Pobre señor! Hablando con toda verdad, diré que no deseaba su muerte. No sé
lo que habría sido, si su vida me ofreciera estorbos grandes. Pero si no
deseaba su muerte, contaba con ella, la consideraba inevitable dentro de
un plazo mas ó menos largo. Cuando Eloisa ó yo en nuestras conversaciones íntimas, hacíamos referencia

2M 255

á los incurables males de Pepe, pasábamos como [por encima] de sobre
ascuas, sobre tema tan delicado. Ninguno de los dos hablaba de su muerte, aunque ambos la teníamos por indudable. Y le compadecíamos vivamente; nos condolíamos con toda sinceridad de su padecer, y si hubiera
estado en nuestra mano darle salud y robustez quizas se la habríamos
dado. Pero la idea de la disolución del matrimonio por muerte del marido,
estaba fija en la mente de uno y otro, aunque ninguno la declarase. Tal
idea salía á relucir impensadamente cuando hablábamos de alguna otra
cosa, de todo punto extraña á la dolencia de Carrillo. Mas de una vez
se le escapó á Eloisa alguna frase en la cual, refiriéndose á época venidera,
iba envuelta la persuasión de ser para entonces mi mujer.

2M 256

También á mí se me escaparon alguna vez frases semejantes. Hablando un día de reformas en la casa, Eloisa se dejó decir. "Porque, mira, yo te podría hacer, andando el tiempo, un despacho en el piso bajo, comunicandolo por medio de una escalera como la que hay en casa de Fernan Nunez entre la *serre* y las habitaciones del duque.

[Y yo, sin saber como, me dejé decir:

"Verás lo que se puede hacer en la dehesa de Jarandilla. Es una finca que con un gasto de seis ó siete mil duros, podría ser de incalculable riqueza. Yo lo haré hija...tengo mi plan.]

Los jueves de mi prima

Los jueves daba Eloisa gran comida á la cual asistían diez y ocho ó veinte personas; pocas señoras; generalmente dos ó tres nada mas, á veces ninguna. No gustaba

2M 257

Eloisa de que á sus gracias hiciera [sic] sombra las gracias de otra mujer, infundado temor, pues era difícil que sus encantos tuvieran competencia. La etiqueta que en los jueves de Eloisa reinaba, era puramente convencional, etiqueta que sólo servía para quitar á la confianza sus tendencias groseras. Tengo tan presentes los detalles todos de aquellas gratas reuniones, que podría describirlas con minucioso realismo si quisiera. Pero no cansaré á mis lectores refiriéndoles lo que no les importaría mucho. Todo revive en mi memoria, todo parece fresco y palpitante, como impresiones de ayer. Paréceme que respiro aquella atmosfera y que siento bajo mi pié la blandura de la alfombra clara del comedor, cuan-

2M 258: missing

2M 259: missing

2M 260

galanterías... "Era un demonio angelical, Mefistófeles redimido y entrando en el reino de la luz...la Purísima concepción disfrazada de Mefistófeles, y otras boberías. ¡Cuanto disparate. Todos los concurrentes á la casa, admiraban y aun diré que adoraban á Eloisa... Todos habrían dado algo por merecer de ella favores. Eran fervientes devotos. Mas tan seguro estaba de su fidelidad, que nunca tuve celos. A todos les trataba con dulzura, compadeciendo á los enamorados, parando los piés á los atrevidos, mostrando cierta dignidad y señorío que me encantaban. A mi lado había un sillon el marques de Fucar [sic]. Este sillón se respetaba, y estaba sin ocupar hasta que el venía. Demostraba Fucar á ante [sic] ella una especie de veneración caballeresca,

2M 261

mezclada con no sé que cosa paternal. Hablabale á veces como se hablaría á una hija. Fucar gustaba de oirse cuando hablaba, y quería que todos se callasen.

Era un hombre guapo, es decir que había sido guapo. Aun presumía de hermosura, de buena figura y de atractivos. Tenía calva hermosa y un bigote pintado. Conmigo tenía grandes deferencias, y á veces bromas. Cuando hablabamos en un corrillo aparte, decíame: "á mis años te voy a desbancar. Ten cuidado con los viejos.

Otros de los indispensables era [sic] el general *

2M 256/PM 289

Los jueves de mi prima

Una vez por semana Eloisa daba gran comida á la que asistían diez y ocho ó veinte personas, pocas señoras, generalmente dos ó tres nada mas, á veces ninguna. No gustaba Eloisa de que á sus gracias hicieran sombra las gracias de otra mujer, inocente apresión [sic] de hermosa, pues era difícil que sus encantos tuvieran rival. La etiqueta que en los *jueves de Eloisa* reinaba era un eclecticismo, una transacción entre la ceremonia importada y esta franqueza nacional que tanto nos envanece no sé si con fundamento. Eran mas distinguidas las maneras que las palabras. El ingenio brillaba en los dichos; mas á veces, con ser grande abundante, no bastaba á encubrir la grosería de la intención. Allí se podían observar, con respecto á lenguage,

2M 257/290

los esfuerzos de un idioma que, careciendo de propiedades para la conversación escogida, se atormenta por buscarlas, exprime las fórmulas de la cortesía francesa, y no adelantando mucho por este lado, se refugia en los elementos castizos de la confianza castellana, quitándole, en lo posible, su natural rudeza. Esta admirable lengua nuestra es la expresión de una raza de poetas, oradores y pícaros. Sólo estas tres manifestaciones cardinales del genio nacional la han hablado con propiedad y elegancia. La serie de ideas traidas por la cultura moderna no ha encontrado facil expresión en aquel instrumento de tres cuerdas, y nuestro tiempo, trabajando con ahinco aspira á añadirle la cuarta, la de la con-

---

* Galdós evidently stopped at this point in his 2M draft (2M 261 is left with space for 3 or 4 more lines) and went back to begin Chapter XI again, i.e. 2M 256/ PM 289. These pages (256-261) are now given here.

2M 258/PM 291

versación fina.

Hice esta observación en casa de mi prima, oyendo hablar de tan distintas maneras, pues unos arrastraban las frases de construcción francesa, impotentes para darles vida dentro de los vocablos castellanos, otros, despreocupados, lanzaban á boca llena las picantes frases castizas, que por arte incomprensible, nacen en el populacho y se aristocratizan mañana. Ciertas bocas las pulen, las redondean, las endulzan, las confitan, digamoslo así, y ya parecen menos rudas sin haber perdido su gracia. De este lento trabajo, se va formando en nuestra lengua la cuarta cuerda, que hoy suena un poco ronca, pero que sonará bien cuando el tiempo y el uso la templea.

2M 259/PM 292

Tengo tan presentes los detalles todos de aquellas reuniones que bien podría describirlas con minucioso realismo si quisiera. Pero no aburriré á mis lectores con lo que no les importa, y seré breve, escogiendo, entre todo lo que revive en mi mente, lo mas adecuado á la inteligencia de los casos que refiero. De las comidas, retengo todo con pasmosa frescura. Pareceme que respiro aquella atmósfera tibia en la cual nadaban las miradas de la mujer querida, y sus movimientos y el timbre de su voz incomparable, como la indescifrable sensación rosada de un sueño feliz. Pareceme estar viendo la casa y las personas, y la alfombra y las luces en el rato aquel de impaciencia y expectación, en que

2M 260 [2nd draft]: missing

2M 261/PM 294

su coloquio con el marques de Fucar ó la marquesa de San Salomó, atisba quien entra... "Ya esta ahí el general"... "Ya no falta mas que Velazquez. Estos artistas no conocen la puntualidad."

Por fin Carrillo, como un director de orquesta que manda alzar el telon, da ordenes por el timbre electrico. Al poco rato aparece por la puerta del comedor, poniéndose apresuradamente los guantes de hilo, el maestresala Mr Petit, aquel ingenioso francés que despues de haber andado por las fondas de los establecimientos balnearios y de haber lucido su estampa en el mostrador de algun comedero de ferrocarril, se pasa el

2M 262/PM 295

invierno sirviendo en calidad de temporero en las grandes comidas de las casas ricas de Madrid, y pronunciando el sacramental *madame est servie*, comienza el desfile. Eloisa se agarra al brazo del marques de Fucar y rompe plaza...

Pareceme estar oyendo el bulle de ochenta patas de sillas rasguñando ligeramente la alfombra gris perla, y ver á los criados ponerse apresuradamente los guantes, mientras desfilamos y ocupamos nuestros asientos. Aquel vapor primero de la comida, que se acerca, como un monstruo que viene á apoderarse de nuestro organismo, aquel vaho de la sopa ¡que felices anuncios trae de la sesión gastronomica! Presentes tengo los incidentes

2M 263/PM 296

de la conversación que empieza grave, se anima, se fracciona, es cada instante mas viva, menos discreta y aseñorada; y siento el aroma de la fragancia de las flores que adornan la mesa, olor de vegetal marchito que se ajase por momentos entre el vapor de la comida y bajo aquella lluvia de luz que desciende de los mecheros de gas; oigo el chillar de las botas de los criados que nos sirven, y me mareo de aquel escamoteo de platos delante de mí, de la riela de copas, de lo que hablamos, de las bromas, ya cultas é inocentes, ya galanas en la forma y groseras en el fondo. Las caras aquellas, las diez y ocho ó veinte cabezas ¿como se pueden olvidar? Figurome que las veo todavía en su inquietud de buen tono, con ojos que nos miran y se vuelven

2M 264

y llevan la idea de una persona á otra, el hilo de la conversación quebrándose y uniéndose á cada paso, y el cabeceo acentuando los dichos, los ojos polvoreando sobre ellos chispas que los hacen revivir, las sonrisas disimulando las contracciones de la gula, y el arte de las maneras haciendo de la función mas animal del organismo humano una ceremonia solemne y espiritual, el banquete, que viene á ser como una misa profana.

Aquel jueves (uno de tantos jueves, se entiende) Eloisa sorprendiónos Eloisa [sic] con la originalidad de su traje. Esto de la originalidad era su fuerte su pasión y en ella fundaba con arte maravilloso su extremada elegancia. Aquel jueves

2M 265: missing

2M 266

Nunca ví mas bonita máscara de la inocencia ocultando y engalanando las propiedades mas contrarias á aquella virtud. Eloisa deslumbraba; no se la podía mirar sin plegar ligeramente los ojos. Su hermosura, sometida á la prueba de un crisol ardiente, triunfaba de la coloración chillona del rojo, y aparecía sublimada y purificada. Era como un licor esquisito que se sube en seguida á la cabeza. Cuantos la miraban mucho parecían embriagados. Por que una de las cosas de que Eloisa sacaba mas partido era lo bajo del escote. Su garganta y su seno no debían estar ocultos, porque el Universo habría perdido mucho privado de la vista de aquel busto incomparable. Sin rival, pura carne de Paros, ó marmol

2M 267: missing

2M 268

mer,* el influjo que sobre el espíritu van ejerciendo, á la larga, las mentiras de la cortesía, todas estas cosas y aun la material obsesión de la seda y el oro y el arte suntuario que espiritualiza en falso las cosas, embotan el sentido moral del individuo y le inutilizan para apreciar clara y derechamente el valor de las acciones humanas. En tal ambiente, hasta los mas sanos concluyen por acomodarse al principio de que las buenas formas redimen las malas acciones. No había, pues, entre los amigos de la casa, uno que no codiciara para sí lo que me pertenecía de hecho. No había uno

2M 269/PM 302

tal vez, que no soñara con el ideal delicioso de hacer traición al amigo y suplantarle. Robar lo robado nunca se considera delito. Eloisa y yo no teníamos derecho á quejarnos de este asalto general de intenciones extrañas y traidoras que nos amenazaba constantemente. La falsedad de mi terreno me tenía en ascuas. Inquieto y receloso, vigilaba con cien ojos, tomaba acta de las mas leves cosas suponiendolas indicios de que alguien ganaba un palmo de terreno que yo perdía.

Pero en realidad, no tenía motivos de queja. Eloisa, entre aquella turba de devotos, de entusiastas y apasionados, guardábame una fidelidad que habría sido la mas her-

2M 270/PM 303

mosa de las virtudes, si por sí la tal fidelidad no viniera á ser una traición. Hasta parecía que ellos se conformaban con esto y que en cierto modo apreciaban como la honra de la casa, una virtud que sobre todos irradiaba su luz y a todos les hacía mejores de lo que realmente eran. Eloisa les trataba con arte admirable, siempre dulce y cariñosa, con reservas delicadas que olían á virtud, imitándola, como los artículos de perfumería imitan la fragancia de las flores. Para todos tenía una palabra bonita; era jovial con el jovial, seria con el grave; compadecía al enamorado, paraba los piés al atrevido, mostrando constantemente cierta dignidad y señorío que me encantaban.

---

* The complete word was almost certainly 'comer'.

2M 271 */PM 303²°

Otro jueves

Ningun día de gran comida dejó Eloisa de sorprendernos con alguna novedad, añadida á las riquezas de su bien puesta casa. Aquella noche, al entrar en el segundo salon ví dos personas extrañas, cuya figura y traje, al primer golpe de vista, eran completamente anómalos en tal sitio. Eran dos pinturas, la una de Domingo, la otra de Sala. Eloisa las había adquirido aquella semana, y no me había dicho nada para darme la gran sorpresa en la noche del jueves. Las había colocado á los dos lados de la puerta que comunicaba el salon con el gabinete, y á cada una le había puesto un reflector con vivísima luz, que, iluminando de lleno las figuras, las hacía parecer

2M 272/PM 304

verdaderas personas. Ambas eran de tamaño natural y de mas de medio cuerpo. La de Domingo era un viejo, un pobre, un cesante, vestido de tela gris, arrugado el rostro, plegados los ojos. Creeríase que la luz del reflector ofendía su cansada vista, y que nos miraba con displicente miopía, ofendido de nuestro asombro. Porque no ví jamás pintura moderna en que el Arte suplantara á la Naturaleza con mas gallardía. El toque era allí perfecto símil de la epidermis áspera, y se veía que sin esfuerzo alguno el pincel, convertido en poder fisiológico, había hecho la carne, los cañones de la mal rapada barba, el pelo inerte, y por fin la luz

2M 273/PM 305

y la intención de la mirada. Aquel mismo toque habilísimo era luego la lana y el algodon del vestido, la seda mugrienta del fondo. Es un milagro — decía Eloisa, gozando en nuestra admiración.

La figura de Sala era una chula. Mirándola, todos nos reíamos, y á todos se nos avispaban los ojos. Los de ella parece que bebían de un sorbo la luz del reflector y nos la devolvían en una [mirada llena de desvergüenza. Su piel morena acusaba la sangre bulliciosa y una salud exuberante y sanguínea] ojeada dulce, llena, patética. Su tez pura, su entrecejo severo parecía indicar que era una gran señora disfrazada. Tal traje, el pañuelo por la cabeza, el mantón de Manila eran antojo de un momento para *encaprichar* la hermosu-

* There is the beginning of an earlier draft of this page, consisting of only three lines of text:

2M 271

Otro jueves

A cada lado de la chimenea del segundo salon, había tres sillones. Eloisa ocupaba uno. El inmediato era respetado

2M 274/PM 306

ra noble revistiéndola de la [sic] gracias populares. No era una ficción, era la vida misma. Sin duda iba á dirigirnos la palabra. Nos reíamos con su risa. Nos sentíamos mirados por ella. ¡Que una tela pintada viva así!

La dama vestida de chula y el viejo pobre fueron el éxito de aquel jueves, como el vestido rojo lo había sido en el precedente. Ambas pinturas parecían seres que vivían entre nosotros y que ocupaban silenciosos aquellos sitios. A pesar de lo extraño de sus trajes, creeríase que estaban allí con mas derecho que los demas y que los verdaderamente extraños eramos nosotros, los de frac.

Pero dejemos las cosas que parecían personas y vamos á las personas que parecían cosas. Uno de los

2M 275/PM 307

principales devotos de Eloisa era el marqués de Fucar. A los dos lados de la chimenea del segundo salon había tres sillones, uno de los cuales ocupaba Eloisa. El inmediato se le reservaba al marques, y respetando este derecho consuetudinario, cualquiera que lo ocupase se lo cedía en cuanto él entraba. Era Fúcar bastante viejo; pero se defendía bien de los años y los disimulaba con todo el arte posible. Había tenido muy buena figura y aun presumía, cuidándose, de tenerla, con la añadidura de un pié pequeño. Se teñía el bigote; pero como los tiempos no consienten la ridiculez de la peluca, lucía una calva magestuosa que parecía un espejo convexo. Demostraba Fucar á mi prima

2M 276/PM 308

una como devoción caballeresca. A veces la edad caduca pesaba en su ánimo lo bastante para convertir aquella devoción en una especie de cariño paternal, traduciéndose en consejos galantes, antes que en galanterías. Muy á menudo, y cuando parecían mas interesados en una conversación cortesana, se ocupaban de negocios. Eloisa, que empezaba á preocuparse de los fabulosos aumentos que el hombre de ingenio financiero da á su capital en poco tiempo, arrastraba la conversación de Fucar hasta aquel terreno. "Diga V. marqués. Venderé las acciones del Banco de España para comprar ese amortizable que ha creado Camacho?" Esta y otras clausulas sorprendí mas de un vez al acercarme al grupo.

2M 277/PM 309

Fucar se reía, y despues de bromear un poco, le aconsejaba lo que creía mas útil.

"Diga V. marqués, quiere V. hacerme *dobles* por cinco ó seis millones nominales? Voy con V. á la baja ó á la alza, como quiera. Este tonto (dirigiéndose á mí) no quiere ir á la Bolsa. No tienes iniciativa, no tienes ambición. Podrías duplicar tu capital en poco tiempo si quisieras.

El marques se reía, y mirándome,

"Aprenda V. niño, — me decía — Esto se llama tener genio.

—Marques, me voy á tomar la libertad de hacerme su socio. Quiere V. que le dé diez mil duros para que me los ponga en las contratas de tabacos. Que rédito me dará?

—María Santísima! que muger! — decía Fúcar

2M 278/PM 310

con alarma festiva — Eloisa, me compromete V...

—O si no, me los pone V. en un prestamo del Tesoro.

—Si el Tesoro no pide ya prestado. Eso cuando tengamos otra guerra civil.

—Pues en las contratas de tabacos. A ver? que rédito...?

—Creerá V. que las contratas... — decía el marqués fluctuando entre las bromas y las veras.

—Sí, las contratas dan muchos millones.

—Que le parece á V.? — me decía sin poder contener la risa. Me va á descubrir. Me saca los colores á la cara. Aprenda V., niño, aprenda. Contratista de tabacos!... Bien, bien, al año le devuelvo a V. los diez mil duros duplicados... Pero me ha de prometer V. que con ese dinero fundará un *Hospital para*

2M 279/311

fumadores deshauciados...

La risa de Fucar llenaba el salon. Aun los que no podían oir lo que trataba, aplaudían su gracia. Fucar era allí muy popular, y él, complaciéndose en esta popularidad, gustaba de oirse al hablar, y se enfadaba cuando le contradecían. Conmigo tenía deferencias cariñosas. Muchas veces, en un corrillo de los que allí se formaban, me acorralaba contra la pared para decirme: —Niño, es preciso que se dedique V. á los negocios para tener contenta á la señora. Las damas de estos tiempos necesitan mucho dinero. Si V. no se lo da, ellas lo buscan como pueden.

Ah! si yo no estuviera mandado recoger... Creame V, niño, es que me intereso por V. y no quiero jugarle una mala pasada.

2M 280/PM 312

Otro de los asiduos era el general [Taconera Morena] Morla, hombre de [una amenidad] muy ameno, verdadera enciclopedia histórico-anecdótica de Madrid desde el año 34 hasta nuestros días. Tenía la memoria mas prodigiosa que cabe en lo humano, recordaba la guerra civil, toda la historia política y parlamentaria, y toda la chismografía del siglo. Había sido ayudante del general Dn. Luis de Córdoba, luego amigo íntimo de Narvaez, y por fin inseparable amigo de Dn. José Salamanca, cuyas incomparables dotes elogiaba á cada instante. Los motivos íntimos de todos los cambios políticos en el anterior reinado los sabía al dedillo, y las paredes de Palacio eran para él de una transparencia increíble. De las infinitas trapisondas privadas que amenizan la vida de Madrid, [solo el Diablo Cojuelo] ninguna se le había escapado. No se necesitaba esforzarse para satisfacer todas las dudas, pues el archivo de su memoria,

2M 281 */PM 313

admirablemente catalogado, le suministraba el dato, la noticia que se le pedían. Cuando nos contaba algun lío, hacía mención de la calle, el número de la casa, el piso, nombraba las personas todas de la familia, y si no le cortaban el hilo, refería los enredos del padre ó la madre en la generación anterior. Este narrador amenísimo era quizás el mas grande maestro del arte de la conversación que he visto en España. Cuando se muera no quedará nada de él, pues jamás ha escrito cosa alguna. Le decimos que escriba sus memorias, que serían el mas sabroso y quizas el mas instructivo libro de la epoca presente; pero él se excusa de hacerlo con su pereza y con su poca habilidad de escritor. En efecto, los grandes conversacionistas, rara vez aciertan á interesar cuando escriben. El mismo general se lamentaba de ello, y dice que los escritores de oficio ignoran lo que pasa en el mundo, y los que lo saben

2M 282/PM 314

desconocen el arte de transmitirlo á la posteridad.

Eloisa atendía y agasajaba mucho al anciano general. Era uno de los primeros favoritos de la casa. El jueves que faltaba era un jueves frío y desgraciado. A menudo se formaba en torno á él, en la sala de juego, corrillo de hombres solos que era un verdadero festín de la mas sabrosa comidilla. Salía uno de allí con la cabeza mareada, como cuando se ha bebido mucho y bueno; y se adquiría de la humanidad una idea semejante á la que se tiene de la salud despues de haber hojeado un Diccionario de medicina.

La chismografía del general Morla era puramente histórica. Rara vez despellejaba á las personas que estaban aun en activo. Otro amigo de la casa, á quien no nombro, tenía la especialidad de

---

* There is an early draft of this page, consisting of 5 lines, as follows:

2M 281

admirablemente catalogado, le suministraba el dato, la noticia que esperaban sus oyentes. "En el número tal de tal calle, piso principal, — solía decir, — vivió el marques de Cual. La marquesa estaba liada con fulano, el quien diez años despues casó con la Paquita.

2M 283/PM 315

de [sic] cebarse en los vivos, y aun en los próximos y presentes. Severiano Rodríguez le llamaba el *Saca-mantecas,* porque se comía las reputaciones crudas. Era persona de intachables formas. En la conversación general, bromeando con Eloisa ó sus amigas, parecía un angel de frac. Su galantería discreta encantaba á las damas. Tenía fama de haber merecido favores de muchas, y aun presumía, aun echaba su anzuelo, avido de pescar algo; pero tenía dos desventajas casi insuperables: su edad que frisaba en la vejez y vejez inválida, y su falta de dinero. Era uno de los hombres mas entrampados de la creación. En el corrillo, no perdonaba nada. Mas de una vez hizo disección horrorosa de la pobre marquesa de San Salomó, que no distaba

2M 284/PM 316

veinte pasos del lugar de la hecatombe. De Eloisa y de mí ¿que no diría? Severiano me contaba horrores, dichos por el *Saca-mantecas* á poca distancia de nosotros. Tales cosas, por la exagerada malicia y la mentira que entrañaban no ofendían como cualquier verdad secreteada con palabras ambiguas. "Que yo estaba ya tronado, que Fucar era el que pagaba, que Manolito Peña estaba en camino de ser mi sucesor en el destino de amante de corazon..." Tales majaderías sólo merecían desprecio. Lo mas gracioso era que el Saca-mantecas había hecho el amor a Eloisa. La había acosado, durante una temporadilla, con declaraciones de afecto en las cuales lo rebuscado de las cláusulas no ocultaba lo repugnante del desvarío senil. Ultimamente, el despecho le había vuelto un tanto fosco. Se hacía el

2M 285/317

interesante, presentándose con cara de hastío. Saludaba ceremoniosamente á Eloisa al entrar; mas no le dirigía la palabra en toda la noche. Jugaba al juego del desden el muy mamarracho. Bien lo conocía ella, y bien se reía de él.

Y para dar lugar á tales anomalías para vivir acechada, escarnecida, solicitada y vigilada se sacrificaba mi prima por entero á la ceremonia, y, y [sic] se gastaba su caudal en sostener una corte. Pagar tan caro la adulación, el parasitismo! Cosas eran estas que yo estaba viendo constantemente, y sin embargo no las comprendía.

2M 286/PM 318

He dado á conocer algunas de las principales figuras del salon de mi prima. Aún faltan bastantes. Entre estas, no merece preterición una que, como sombra iba de aquí para allí, atendiendo á todos, diciendo á cada cual una palabra agradable, jovial con este, con aquel grave, tocando las diferentes cuerdas de la conversación segun el diferente son á que respondían los comensales. Era un hombre enfermo, debil, era Carrillo, el amo de la casa, tan atento á sus deberes y tan esclavo de las reglas de la etiqueta que se le veía luchando angustiosamente con su debilidad para estar en todo y cumplir correctamente hasta la hora del desfile. Y tan rápida era su decadencia que cada jueves parecía estar peor que el jueves precedente. Daba lástima verle. Apenas tenía voz y quería obsequiar á Fucar con una frase de negocios, á otro con una frase política, á este con una indi-

2M 287/PM 319

cación literaria, á aquel con un tema de *sport*. Sus propias aficiones no se le quedaban en el tintero, y le veíamos sacar del pecho con trabajo girones de aliento para explicar los exitos de la *Sociedad de niños desvalidos,* y otras cosas igualmente famosas.

Cuando ya era tarde y se le veía ¡pobrecito! hacer los últimos esfuerzos por sostenerse en su terreno Eloisa se iba hacia él, cariñosa, le hacía mimos de mamá, incitándole á descansar. "Retírate, Pepe, no te canses. Estas haciéndote el valiente, y no puedes, hijo, no puedes. El calor te hace daño, la conversación te marea. Te conozco que tienes dolor de cabeza y que lo disimulas. Por que eres así? A mí no me engañas. Tú padeces y callas. Retírate; iré despues á hacerte compañía si estás desvelado.

Pepe no obedecía. Aun se enojaba un poco. No

2M 288/PM 320

quería que su mujer ni nadie dudasen de las fuerzas que no tenía. Era como los ciegos que se empeñan en ver y que se enfadan cuando alguien sospecha que ven poco. Era como los sordos que no confiesan nunca que oyen mal y que equivocan todas las palabras. Contra las advertencias de Eloisa, quería estar en su puesto hasta el fin, ser obsequioso con todos, complacer y hacer gratas las horas y oponerse energicamente á que alguno se aburriera. Siempre estaba dispuesto á hacer la partida de *whist* ó tresillo ó á aguantar la rociada de ciencias sociales con que se desahogaba un sabio impertinente de quien todo el mundo huía como de la peste.

Una noche Fucar me tocó en ambos brazos, me acorraló, como de costumbre, contra la pared y me dijo:

2M 289

"Hola, *traviatito,* escucheme Vd. un momento. Sabe V. que el pobre Pepe está muy malo? Ese hombre no llega al verano... Pero voy á otra cosa. Temo mucho que el *crac* de esta casa sea mas pronto de lo que creíamos...lo he sabido hoy por una casualidad. Han tomado dinero, no se bien la cantidad, hipotecando la *Encomienda*. No podía ser de otra manera. A este paso, la *debacle* no tardará.

juerga [sic]

Sentí escalofríos al oir esto. Algo me sospechaba yo; pero Eloisa no me había dicho nada. Verdad que hacía tiempo que no hablabamos de

165

intereses, sorprendiéndome mucho su silencio en materia que se la sabía tratar con tanta gracia y discreción.

Otro jueves

Como cada jueves traía su novedad, aquel nos sorprendió Eloisa con un proyecto grande y her-

2M 290/PM 323

moso. Empezó por enseñarnos los planos de la gran reforma que iba á hacer en la casa para mejorarla y ensancharla. Era tan sencillo como ingenioso. Al patio le pondría una cubierta de cristales, haciendo de él un salón esplendido, algo como la famosa estufa de Fernan Nuñez. Lo llenaría de plantas soberbias, lo decoraría con tapices y ademas... para remate y coronamiento de tan bella obra había discurrido llamar en su auxilio á uno de nuestros artistas mas ingeniosos y originales. Sí, Arturo Mélida le pintaría la escocia, una escocia monumental, una obra no vista, lo mas elegante, lo mas artístico que se podría imaginar. Eloisa daba cuenta de ella como si la estuviera viendo. El día anterior había convidado á comer al celebre artista,

2M 291/PM 323²º

el cual le había explicado su idea. Sería una procesión de figuras helenicas representando todos los ideales del mundo antiguo y las gracias del mundo moderno, la filosofía y el telefono de Eddidson [sic], las matemáticas de Euclides y la Educación física de Spencer, el monolito egipcio y la Vacuna de Jenner, la Geografía de Herodoto y el Cosmos de Humbolt, el barco de Jason y el acorazado de Zamuda, los Alejandrinos y el Darwinismo, Euterpe y Wagner...

Eloisa daba cuenta de la obra, cual si la estuviese viendo.* Estaba febril. Le tomé el pulso, y...pueden creerme, tenía calentura. En toda la noche no habló de otra cosa, hubiera deseado hacer la reforma en un día y ver pintada por

2M 292/PM 324

arte mágico la escocia imaginada por el gran artista.

"Será una maravilla, — dijo Manolito Peña. — Veremos aquí la *Noche mil y dos.*

Este Manolito Peña iba con frecuencia. Al principio llevaba á su mujer; pero despues iba solo. Es listo, charlatán, y con su palabra facil se ha hecho un puesto en la política. El y Gustavo Tellería eran los dos oradores de la reunión, los dos que hablaban mas alto, cediéndose el turno de

---

* An unusual lapse by Galdós, repeating a phrase that he had just used in the previous paragraph. The repetition also appears in the first edition.

los parrafos estrepitosos y afectados. Gustavo, militante en el partido católico no estaba tan adelantado en su carrera política como Peña; pero ya,
cansado de perorar platonicamente, empezaba á mirar la consecuencia
como una virtud que no da de comer, y teniendo ya un pié me-

2M 293/PM 325

tido en el partido conservador, estaba resuelto á meter los dos cuando este
partido volviese al poder. Había reñido con la marquesa de San Salomó,
cada vez mas extravagante y mas encastillada en la integridad de sus ideas
católico-monarquicas. Pero se trataban como amigos. Manuel Peña [tenía
en política un escepticismo] tenías ideas políticas mas radicales que las
que profesaba en su propio partido, y no las ocultaba en su conversación,
lo que no impedía que la de San Salomó tuviese con él preferencias que
hacían poner el paño en el púlpito al *Saca-mantecas*.

Si los oradores de la reunión eran estos, y las figuras graves las que
antes describí, el gracioso era mi primo Raimundo. Este no faltaba ningun

2M 294/PM 328

jueves. Su hermana subvencionaba su puntualidad, atendiendo á veces á
sus gastos menudos. No todas las noches estaba de humor para divertir á
la gente, y si por acaso la aprensión del reblandecimiento dominaba en
su espíritu, no había medio de sacarle una palabra. Mas por lo general la
vanidad y el gusto de verse aplaudido podían en él mas que todo. Sus
teorías ingeniosas, y sus paradojas amenizaban las comidas. Sabía tratar los
mas espinosos asuntos delante de señoras, envolviendo la intención en retóricas muy finas. La atención sonriente de su escogido público le inspiraba, y aguzaba el ingenio para que las extravagancias salieran cada vez mas
sutiles y enrevesadas. En medio de aquel fárrago de ideas no imaginadas
por otro alguno, brillaba comunmente un rayo de perspicacia que pe-
netrando

2M 295/PM 328²°

en lo mas secreto del cuerpo social le esclarecía con luz muy parecida á
la de la verdad. Su inteligencia despedía una claridad fosforescente, que
desfiguraba los objetos; pero con ella se veía algo, a veces mucho. [Tam-
bién este charlador, como el general no dejaría nada escrito]

Dábale por las vindicaciones. Gustaba de ir contra la corriente general,
defendiendo lo que todo el mundo atacaba, redimiendo el sentido comun
cautivo de las filosofías y retóricas. Hacía panegírico de los Nerones, de los
Borgias y de las Mesalinas, levantaba á Felipe II y á Enrique VIII de Inglaterra. Una noche hizo la defensa de lo mas calumniado, de lo mas es-
carnecido y vilipendiado en los siglos que llevamos de civilización, el
dinero. ¡María Santísima! las pestes que se ha-

2M 296/PM 329

bían dicho del dinero desde los principios, desde el balbucir de la literatura y de la historia! Sólo con lo que los poetas han escrito en escarnio del mas precioso de los metales había para llenar una biblioteca. Es que los poetas tenían al dinero una ojeriza especial de raza. ¡Llamar vil al oro!... El orador pasó revista á las comedias en que se trata de deprimir á los que tienen dinero, ensalzando á los pobres. "Porque fijarse bien, — decía, — en la conciencia general se asocian las ideas de pobreza y honradez. Vamos á ver si yo hiciera una comedia en que probara, y lo probaría, que los que tienen dinero, sea por herencia sea por ganancia, estan en situación de ser mas honrados que el pobre, me la silbarían... Por eso no la quiero escribir..." Despues llevaba la cuestión á un terreno en que la manejaba á su antojo con la destreza de un juga-

2M 297/PM 330

dor malabar. Atención: La causa de nuestro decaimiento nacional era el falso idealismo y el desprecio de las cosas terrenas. El misticismo nos mató en la fuente de la vida, que es el estómago. Desde que el comer se consideró función despreciable, la mala alimentación trajo la degeneración de la raza; el estómago es el cimiento del cerebro. Sobre una base liviana no puede elevarse una columna sólida. Desde el siglo XIII viene haciéndose entre nosotros una propaganda contra el comer. La caballería andante, el misticismo despues han sido la religión del ayuno, el desprecio de los intereses materiales. Ya teneis aquí un principio de muerte; ya teneis carcomida una de las principales bases del poder de una nación, la propiedad. No dicen *la propiedad es*

2M 298/PM 331

un robo como los socialistas modernos; pero les falta poco para decir que es pecado. La caballería funda la gloria en no tener camisa, y el misticismo dice al hombre: "la mayor riqueza es ser pobre". Desnudate y yo te vestiré de luz". En fin, estupideces! Todos los desprecios acumulados sobre la propiedad, sobre el buen comer y la cómoda satisfacción de las necesidades de la vida, vienen á reunirse sobre la infeliz moneda. A esta se la mira como el origen de todos los males. Los que durante una vida de trabajo se han hecho ricos, concluyen por arrepentirse, y dedican su dinero á fundaciones pías. El orgullo está en ser pobre, en ser mendigo. Jamas se ofrecen como ejemplo ni el ingenio ni el trabajo, sino la po-

2M 299/PM 332

breza, el desaseo y la rusticidad. No hay un santo en los altares que no haya ido allí por haber cambiado el oro por las chinches.

—Por Dios, Raimundo que figuras tan naturalistas.
(Risas, escándalo, movimiento de asco en el escogido auditorio.)
"Si es la verdad. No hallo otra manera de decirlo. Durante siglos los sobresalientes de una raza noble han estado educándola en la suciedad, en la pobreza, el ayuno. Y claro, como ha de haber agricultura, como ha de haber industria en un país así? En una palabra, comparemos la raza que ha tenido por maestros á Santo Domingo de Guzmán y á Santa Teresa con la que ha tenido á los dos Bacones, Rogerio y el Verulamo... Sí señoras, los

2M 300: missing

2M 301: missing

2M 302/PM 335

emos * comer como los demas, y en fin,...como esto no exige largo aprendizaje, logramos vencer las dificultades. Nos nace la dentadura, se nos arregla el estómago; pero resulta que no tenemos qué comer, porque no trabajamos. Este hábito es algo mas difícil de adquirir. Tanto nos dijeron «no te cuides de las cosas terrenas», que llegamos a creerlo, y la ociosidad dió á nuestras manos una torpeza que ya no podemos vencer. Claro, sin el estímulo del oro, ¿que aliciente tiene el trabajo? Hablen mal del dinero, elogien la mendicidad y veras lo que resulta. Una raza mal alimentada, no me canso de repetirlo, mal alimentada, que digiere mal los vegetales...y ahora voy á probar que la causa de todos nuestros males está en el cocido.
Nuevo movimiento de horror festivo en el

2M 303/PM 336

auditorio.
"Pero Raimundo, ¡que cosas saca V.
—Naturalismo.
—Sí, se ha hecho tan naturalista que á veces hay que mandarle que se calle.
Y otra noche, el infatigable charlador tomaba otro tema y lo desarrollaba y lo esclarecía con aquella llama de su cerebro tan parecida á una llama de alcohol, vagorosa, azulada, indecisa y juguetona, y concluía porque se levantara contra él una chillería, una protesta unánime, de risas y escandalo. "Naturalismo! Por Dios, que naturalista se ha vuelto!" Esta [sic] socorrido anatema sirve para todo.
Mi tío Rafael iba casi todos los jueves, siendo una de las figuras màs importantes del salon, decorativamente hablando. Intimaba mucho con Fucar á quien auxiliaba en un negocio, y se les veía

* The full word, hyphenated from the bottom of PM 334, is 'queremos'.

2M 304: missing

2M 305: missing

2M 306

reunía en torno suyo á eminencias de la riqueza y de la política. Entre estas, ninguno ejercía tanta atracción sobre el bueno de Medina, como el ministro de Fomento que solia ir un jueves sí y otro no. Medina se había erigido en reloj de repetición de su Excelencia, un andaluz de palabras *barbianas* y de elevados pensamientos, de mucho empuje en la iniciativa y de poca perseverancia en las acciones; le aplaudía, le mimaba, le adulaba, quería á toda costa ser su amigo, ser su satélite, enaltecer su personalidad y difundir su política; quería muchas cosas y especialmente ser contratista del suministro de piedra picada para las carreteras del Estado.

2M 307

La pobre Camila, no asistía á los jueves, porque no tenía vestidos, es decir, tenía uno, pero despues de ir tres jueves seguidos con él, negose á ir la cuarta [sic], porque no quería ser objeto de burla. El badulaque de su marido no parecía por allí. Estaba mas á sus anchas en la grosera atmosfera del café, hablando estupideces, en lenguage de carreteros, con otros apuntes como él. Por lo demas, Camila tenía otros motivos para ausentarse de la sociedad. Aquella presunción indecorosa del día del almuerzo había resultado cierta. En la epoca á que me voy refiriendo, estaba ya en meses mayores y esperaba ser pronto mamá. Sus mimos eran tales que no se la podía aguantar. No obstante me inspiraba lástima, pues un día que la

2M 308/PM 351$^{2°}$

comprendí, sorprendiendo en ella lágrimas de ahogada pena, que carecía de medios para hacer su equipo. Imaginé un medio ingenioso y delicado para socorrer á aquella falta, y me salí con la mía. Lo que Camila esperaba no vendría al mundo en el desamparo y la desnudez.

No puedo ocultar mas que los tales jueves me iban cargando. Aquel sacrificio contínuo de la intimidad domestica, de los afectos íntimos, de la comodidad en aras de una farsa ceremoniosa, no se conformaba con mis ideas. Me gustaba el trato de mis amigos, la buena mesa en compañía de los escogidos de mi corazón, la sociabilidad compuesta de un poco de confianza amable y de un poco también de etiqueta, ó

2M 309/PM 352

sea la familiaridad combinada con las buenas formas, ó estilo inglés; pero aquel culto frío de la vanidad, aquel costoso incienso que se quemaba semanalmente en el altar del mundo, me lastimaban y aburrían ya. Todo era un poco de humo, la estéril satisfacción de que se hablase de la casa y del trato de ella. En fin, á las diez ó doce semanas, ya tenía yo los jueves atravesados en la garganta sin poderlos pasar.

Eloisa también se me manifestó algo cansada, pero el respeto al maldito *qué dirán* la obligaba á no suspender repentinamente las grandes comidas. La idea de que se susurrase *que estaba tronada* la ponía en ascuas, quitándole el sueño.

2M 310 */PM 353

20 dic

Y si mi vanidad se sentía halagada por esta fidelidad suya, que en tal género de vida tenía un mérito mayor, de esta misma satisfacción se derivaba mi zozobra por el temor de sorprenderla infiel algun día. La idea de que Eloisa me suplantara á lo mejor con alguno de aquellos tipos que nos rodeaban, incensándola como á un ídolo, me enardecía la sangre, me agriaba el caracter, me ponía de un humor de mil diablos, alterando mi sér y quitándome el dominio de mí mismo y mis nativas dotes de buen sentido. Pensando esto yo descubría en mí no sé que instintos de violencia y la aptitud de hacer cosas que no sabía si calificar de locuras ó de tonterías. Ningun indicio tenía de

2M 311/PM 354

que Eloisa pudiera aficionarse á otro hombre, y no obstante la vida aquella de galantería y de adulación era para mí una vida de alarma. Desgraciadamente, no podía apoyarme en el terreno de ningun derecho, no podía llamar en mi auxilio á la moral, y mis celos, impersonalizados todavía, debían luchar solos é inermes, cuando el caso llegara. Ninguno de los amigos de la casa, me inspiraba temores, en particular; inspirábanmelos todos. La colectividad era mi aprensión, y la mosca que me zumbaba en los oidos, aquel coro de aduladores era mi pesadilla. Obedeciendo á esa instintiva necesidad de atormentarnos que sentimos cuando el sistema nervioso se

* There exist two earlier drafts of this page:

First draft of 2M 310

Y si mi vanidad se sentía halagada por la fidelidad suya entre tantos hombres, tambien había inquietudes de mi parte. La idea de que [sic] me pone furioso,...la quiero mas, la idolatro —
no me pide dinero. —

Second draft of 2M 310

Y si mi orgullo se sentía halagado por la fidelidad suya, que en tal género de vida tenía un mérito mayor, de esta misma satisfacción se derivaba mi zozobra por el temor de sorprenderla infiel algun día.

2M 312/PM 355

sale de sus casillas, me entretenía en personalizar mi inquietud, suponiendo lo que podría pasar, imaginando lo verosímil, y convirtiendo los fantasmas en personas. La juventud fogosa de Manolito Peña, la opulenta vejez de Fúcar, la insignificancia de otros me eran igualmente sospechosas. Habría deseado perderlos á todos de vista, y que Eloisa, por amor á mí, se asimilase las antipatías que su corte me inspiraba y acabase por despedirla.

Francamente, de ella no podía tener queja. Nunca fué mas amante que en aquella epoca en que á mí se me despertó el santo horror á los dichosos jueves. Su cariño se encendía, se hacía

2M 313/PM 356

mas apasionado y hasta quisquilloso y suspicaz. También ella tenía celos. Nunca me he reido mas que un día que se me enojó porque… Vaya una simpleza! …"porque yo visitaba muy á menudo á su hermana Camila." Poco trabajo me costaba desvanecer sus inquietudes mimosas. Nos desagraviábamos facil y agradablemente firmando paces que debían de ser eternas por lo apasionadas. ¡Qué mujer, que vértigo, que abismo de ilusión, dorado y sin fondo! Nuestras entrevistas nos parecían siempre pocas y expresabamos el afan de no separarnos nunca, de contemplarnos á todas horas, pues cada fracción del tiempo que pasaba, marcando una pausa en nuestros goces, nos parecía algo que se nos había robado. La publicidad escandalosa

2M 314/PM 357

de nuestras relaciones, la ausencia de todo peligro, nos habían quitado la máscara. Ya no nos recatábamos, ya se nos importaba un bledo la opinión de la gente, que, por otra parte, no era severa con nosotros, pues nadie nos miraba mal, nadie extrañaba nuestra conducta, ni jamas oimos palabra ó reticencia que nos acusase. Se nos veía juntos en público, dabamos paseos matinales; yo iba á su casa á todas horas y entraba y salía y andaba por todas las partes de ella como si fuera el dueño.

En aquel período de embriaguez mi salud se resintió algo. Zumbáronme los oidos, como siempre que mis nervios se desequilibraban, y esta mortificación me en-

2M 315/PM 358

tristecía lo que no es decible. Eloisa, siempre apasionada, trataba de alegrarme con su sonrisa franca y cariñosa. Su jovialidad, que tenía por órgano la boca mas fresca, mas primaveral que es posible imaginar, declaraba la juventud y lozanía de su temperamento que estaba en su plenitud poderosa, sin asomos de decadencia como el mío. Se burlaba de mis males nerviosos y hacía propósitos de curarmelos; pero lo que hacían sus medicinas era ponerme peor.

Escuso decir que en esta temporada que no sé si fué dicha ó tormento ó ambas cosas combinadas, la aptitud de los números se escondió en mí. La fuerza nerviosa tenía acorralada en un rincón del

2M 316/PM 359

cerebro aquella preciosa cualidad. De tiempo en tiempo había como una tentativa de emancipación de la tal aptitud; pero el ruido de oidos la acallaba, en medio del acuesto cerebral. Cierto que yo hice mas de una vez apreciaciones mentales acerca de lo que debía costar el estrepitoso boato de Eloisa y la gala de sus celebrados jueves. Cierto que Fucar me hizo ver que en la casa de Carrillo se gastaba mucho mas del triple de la renta del capital. Varias noches al retirarme á casa iba pensando en esto; pero la enervación me impedía pensarlo con claridad y energía, y la sedación venía luego á adormecerlo todo, números y alarmas. Había ademas otra circuns-

2M 317/PM 360

tancia digna de tenerse en cuenta para explicar mi pereza aritmética. Transcurría el tiempo y Eloisa no me pedía nunca dinero. No parecía tener apuros. Su jovialidad no era empañada nunca por la nubecilla de una dificultad monetaria. Fuera de los regalitos, que me importaban bastante, yo no tenía que dar tijeretazos en el talonario de mi cuenta corriente.

Ni ella me hablaba de intereses, ni yo á ella tampoco. Había quizas en ambos el temor de despertar una dificultad que dormía. Lo único que me permití fué hablar mal de los jueves, criticarlos bajo el doble aspecto moral y económico y pedir que desapareciesen de la serie del tiempo.

"Pienso como tú, — me dijo la muy

2M 318/PM 361

mona, — pero yo digo lo que el gobierno. Es preciso estudiar la reforma, porque si se hace de sopetón podría ser inconveniente.

—Cuando los gobiernos no quieren hacer una reforma, — le respondí, — dicen que la están estudiando. Cuando la reforma no consiste en establecer sino en suprimir, el mejor estudio es obrar con valentía... Tú temes que te saquen alguna tira de epidermis. Mira, de todos modos, con jueves ó sin ellos, te la han de sacar. Con que así, no te esclavices.

Y esto lo decíamos media hora antes de la señalada para la comida. Aquel jueves Carrillo estaba bastante mal y no se presentaría. Le ví en su cuarto y jamas olvidaré la profundísima lástima que me inspiró. Aún

2M 319/PM 362

hacía el pobrecito violentos esfuerzos por vestirse, aun mandó á su ayuda de cámara que le trajese el frac; pero no pudo ni meter el brazo derecho en la manga. Se desplomaba. En su lamentable estado, deploraba, mas que nada, el no poder hacer los honores de la casa aquella noche, como todas, y encargaba á su muger que atendiese á los invitados y no hiciese caso de él. Eloisa estaba aturdísima. De buena gana habría despedido a los invitados. Mas no; era preciso hacer un esfuerzo supremo, presidir la mesa, estar en todo, y recibir luego cien ó doscientas personas. ¡Tormento mayor!

No tardaron en entrar Fúcar, el Saca Mantecas, Peña, el ministro de *Mecklemburgo,* despues el ministro de Fomento, el pintor Cascal.

2M 320/PM 363

Todos se creían en el deber de poner una cara muy afligida al enterarse de la indisposición del amo de la casa. Eloisa estaba realmente triste. Su situación en el terreno aflictivo era bastante delicada, pues si aparecía muy atribulada podrían dudar de su sinceridad, y si por el contrario se presentaba serena, las críticas serían mas acerbas. Comprendí, al oirla hablar de Carrillo con los convidados, que hacía esfuerzos por buscar el justo medio sin poderlo lograr. A veces iba muy lejos en el camino del dolor, y, conociéndolo, la reacción en sentido de la serenidad era demasiado fuerte. Era una lucha horrible con las conveniencias sociales; y si las palabras de los comensales eran perfectamente correctas, sus miradas, al menos á mí me lo

2M 321/PM 364

parecía, revelaban una ironía despiadada. Y Eloisa estaba triste en realidad. Solo que á veces se le antojaba que debía estar mas triste, y á veces que debía estarlo menos, resultando de aquí que nunca acertaba con el tono exacto de la nota que quería afinar.

La de San Salomó llegó á última hora. Era la única señora que teníamos aquella noche. La comida empezó silenciosa, y por una de esas fatalidades de la conversación, que no es posible vencer, solo se habló de enfermedades, de médicos, de aguas minerales. De rato en rato, un criado traía noticias del señor para tranquilizar á la señora. Estaba mejor, se le iba pasando el ataque. Con esto se tranquilizaba Eloisa, y todos

2M 322/365

afectábamos que se nos transmitía por arte mágico su contento. Carrillo estaba en su habitación acompañado del médico, y de su ayuda de Cámara. Solo el general que era de la familia había entrado á verle, y en la mesa (me tocó al lado) díjome que le parecía muy mal. "Este hombre se va. Cuando menos lo piense Eloisa, se queda viuda. Tal vez esta misma noche...

Aun no habíamos concluido cuando se sintió en el interior de la casa un ruido extraño. Algo grave ocurría. Todos nos quedamos fríos. Los cuchillos pendían sobre los platos con el pedazo de asado. Eloisa se levantó bruscamente y corrió hacia la puerta antes de que el ayuda de Cámara, que venía á la carrera, pudiese entrar. Oi-

2M 323

mos un cuchicheo ansioso. Eloisa corría el ayuda de cámara también.

El silencio de la mesa se rompió al fin.

"Cuando digo yo... murmuró el general. — Oye tú, (al criado) sírveme Jerez.

Volvió á sonar el metal de los cuchillos y tenedores sobre la porcelana. Una pequeña oleada de animación corriendo de una punta á otra de la mesa agitó la fila de cabezas. Cada cual comunicó á sus vecinos sus observaciones, unos en voz baja, otros en alta voz. En aquella mesa rara vez se hablaba sin doble sentido. Debajo de la conversación verbal, estaba la intencional, y su interpretación era el encanto de los comensales. Las circunstancias no pudieron hacer que aquella conversación nuestra fuese lúgubre, aunque se hablaba de enfermedades y

2M 324: missing

2M 325

aburriría entre angeles y entidades de perfección; que preferiría el infierno, donde seguramente habría mucho buen querer y mucho en que entretenerse.

"Yo, — dijo otro, — firme en aquello de que vale mas lo malo conocido que lo bueno por conocer, no quiero morirme.

El ministro de Fomento, que ocupaba el lugar de Carrillo, por indicación de este, habló de sus achaques con tanta sandunga como si hablara de sus conquistas. Sus males eran consecuencia de la vida alegre que se había dado, abusando de su naturaleza potente y robusta. Porque eso sí, él no se había privado de nada, habría llegado hasta que la naturaleza se habría rebelado con torturas y perturbaciones graves. Pero los años no pasaban en balde, y al fin había venido la abstinencia forzosa, como viene la pobreza

2M 326

para el rico que ha dilapidado su fortuna. A la sazon el médico lo tenía sujeto, bloqueado. No le dejaba vivir. "Pero de que se priva V.? V. come, y bien; V. bebe, — le preguntaba la marquesa. Todos nos reíamos viendo su apuro para contestar.

Señora, cree V. que *

* The sentence is unfinished, and nearly half the page is then left blank by Galdós.

Cuando marchaban todos hacia el salon, me separé para ir á informarme del estado de Carrillo. Yo estaba sin sosiego. El ayuda de Camara, á quien

2M 327

me encontré en el pasillo me dijo que habían metido al señor en un baño y que se había quedado muy bien. Volví al salon. La marquesa debió conocer en mi cara que yo traía noticias frescas.

"Que hay? — me preguntó.

Díjele lo que sabía, y ella, hablando casi en mi oido, me dijo estas palabras.

"La pobre Eloisa, que noche para ella. Dígale V. que no se apure, que se esté por allá. Yo entretendré á la gente como pueda.

—Precisamente me acaba de dar ese recado para Vd. V. se anticipa á sus deseos.

—Y está mejor? es cierto, — me preguntó con miradas que eran una apelación á mi confianza.

—Diré a V...yo creo que esto es una remisión

2M 328/PM 370

pasajera. El pobre Pepe está muy malo. Hace tiempo que lo vengo diciendo...

—Yo también... Cuidado que pasaran Vds. malos ratos. Eloisa no es para cuidar enfermos. V. tampoco... Y la verdad, no hay cosa mas triste que estar viendo padecer á una persona sin poderla aliviar. Vale mas, mucho mas, que acabe de una vez...

—Sin duda alguna, — le contesté por contestar algo.

—Dígame V., — añadió acercándose mas á mí y acentuado mas el tono de confianza. — Carrillo ha dejado intacta la fortuna que heredó de la marquesa de Cícero...

—Señora, habla V. como si ya... — respondí espantado.

—Que tonta!... Quiero decir *dejará*... Es verdad que todavía no ha muerto ¡pobrecillo!

2M 329

—Creo que sí, — respondí mintiendo, porque decirle la verdad era como mandar un comunicado a la prensa. — Sí, su capital permanece intacto.

—Sí,? — me dijo con malicia. Ó V. se ha caido de un nido ó se está burlando de mí.

—No, no, es la verdad. Carrillo es un hombre muy prudente.

—Lo que es eso sí, se pasa de prudente. Pero vamos al caso. Si lo que V. me ha dicho es cierto, seguramente ha hecho V. muchos números.

—Algunos he hecho.

—Con franqueza... Cuando pase el luto, seguiran los grandes jueves? Esta pregunta me heló la sangre en las venas.

2M 330

Pero pronto me hice á la situación y á las circunstancias, y contesté decidido, como la cosa mas natural del mundo.

"¡Quiá! Creo que estamos celebrando el último jueves.

—Me parece que es V. hombre enérgico... Pero el hombre propone y la mujer dispone.

Pronto Fucar ocupó un sillon frente a la marquesa. Seis personas formaban su corte, y fuí á los corrillos de hombres. La marquesa recibía á las personas que entraban, excusando á Eloisa y haciendo presentes las circunstancias aflictivas en que estaba la casa. Su voz tomaba un tono patético que habría hecho llorar á una piedra. Cada persona

2M 331

que llegaba decía la correspondiente frasecilla de lástima y desconsuelo. La de San Salomó suspiraba y daba las gracias en nombre de su amiga.

El salon de las mesas de juego, presentaba el aspecto de un casino. Algunos hablaban del suceso con entera libertad, y otros jugaban ó reían sin acordarse para nada del enfermo. Severiano, que entró de los ultimos me dijo aparte:

"En el Casino corrió la voz de que Carrillo se había muerto de repente en la mesa, cayendo sobre tí, que estabas á su lado, y apabullándote un hombre.

Eloisa se presentó al poco rato en el salon. Su cara revelaba profunda tristeza. Dió excusas por su au-

2M 332

sencia, dijo que el enfermo estaba mejor. Un coro de pesames por la enfermedad de felicitaciones por la mejoría demostró cuanto la querían sus amigos. Ella oía el coro con tristeza, sin querer ponerse muy afligida ni tampoco muy alegre. Aprovechó una ocasión propicia para decirme muy quedo: "quiere verte...no dejes de ir.

Aquella visita me disgustaba, pero no había remedio. Fuí á la alcoba de Pepe, y cuando me alejaba, por los pasillos, del tumulto de los salones, un cierto pavor supersticioso se amparaba de mi espíritu. Un fuerte olor de láudano me dio el quién vive al levantar la cortina para entrar en la alcoba. Allí estaban el médico, el ayuda de camara. En el fondo ví la cama, y

2M 333/PM 376²°

el rostro amarillo de Pepe entre mantas y almohadas. En mitad de la pieza, el baño despedía aun vapor tibio, y en un angulo estaba la luz, que alumbraba con debil claridad la pieza. El medico, con el sombrero puesto ya, se estaba envolviendo el cuello en un tapa-bocas, pronunciando las palabras de despedida. "Ya no hago falta por esta noche. Mañana veremos. No hay cuidado." Y llegándose á Pepe le dirigió frases de cariño. "Mucha quietud, que eso no es nada. Dentro de unos días, volverá V. á sus ocupaciones habituales." Fuí con él hasta la puerta, y entre las *dentreras,* al despedirle, me dijo, con un mohín de su expresivo semblante, que si por el momento no había peligro, la enfermedad iba á

2M 334/PM 377²°

pasos de gigante.

Fuíme entonces derecho á la cama. Carrillo mirándome atentamente, sacó su mano derecha, que era toda huesos, y estrechó la mía. Aquel contacto difundió un frío glacial por mi cuerpo.

"Que tal te encuentras? — le dije inclinándome para verle mejor.

—He pasado un rato muy malo, — replicó sacando dificilmente las palabras del pecho. — pero despues del baño me encuentro tan bien, que me parece que estoy en la gloria. Eloisa se ha asustado mucho. Mas padecía yo por ella que por mí. ¿Quién ha venido?

Dile cuenta de todas las personas que había en la casa.

"Que no parezca que estoy enfermo. Que se divier-

2M 335/PM 378

tan como si no hubiera ningun motivo de tristeza. Y verdaderamente no estoy tan mal. Todo ha sido un cólico nefrítico, el paso de las arenillas que se forman en los riñones á la vegiga. Dolores espantosos, pero en fin nada mas… Todavia…

Me miró de un modo particular y haciendo un esfuerzo por emitir con toda claridad la voz, dijo:

"Todavía te has de morir tú primero que yo… Lo veo, lo conozco, no sé por qué… Me dijo Eloisa que estabas muy malo, que habías tenido vómitos de sangre.

—Sí?…eso dijo?

Creí prudente no negarlo. Eloisa tenía la costumbre, cuando le veía muy mal, de hablarle de imaginarias enfermedades de otros por vía de consuelo. Era como los niños.

—Y que todos los días tenías fiebre.

2M 336/PM 379

—Es verdad, — afirmé. — No estoy bueno ni mucho menos.

—Cuídate… Cuídate. Sentiría mucho que en lo mejor de la edad… Y Eloisa lo sentirá también.

—Sí, sí, estoy decidido á cuidarme.

—Yo estaré en pié la semana que entra, — dijo animándose, — y volveré á mis ocupaciones habituales. Tengo un gran proyecto. Pienso construir un edificio para albergue de niños pobres, un gran pensamiento, un magnífico plan. Habrá hospital, clínica, consulta, talleres, escuelas, gimnasio. Se necesitan seis millones de reales. Cuento con tu cooperación, si no te perdemos antes. Eloisa se encargará de organizar funciones en los principales teatros. Yo solicitaré

2M 337/PM 380

el auxilio del gobierno y de la familia Real. Tu harás lo que puedas entre tus amigos...

No sé hasta donde habría llegado este coloquio que me molestaba tanto, si felizmente no entrara Eloisa.

"Eh...basta de conversación, — dijo poniendo su mano derecha en mi hombro y la izquierda sobre la frente ardorosa de Carrillo. — Lo primero que ha ordenado el médico es el reposo, y...punto en boca.

—Sí, hija, ya me callo, ya no diré una palabra mas. Estábamos hablando de mi Hospital de San Rafael. Llevará el nombre de mi hijo.

—Mas vale que te duermas ahora, hijo. No pienses, no te acalores. Ya haremos ese Hospital y dos si es necesario... Vaya, Juan, vete, que si estás aqui, no se podrá evitar la conversación.

2M 338/PM 381

En la habitación que precedía á la alcoba, volví á ver á Eloisa, que me dijo:

"Que malos augurios ha hecho Moreno Rubio! Pobre Pepe! ... La convalescencia de este ataque será cruel. ¡Que días me esperan! Vendrás mañana á acompañarme?

—¡Que pregunta!

—Y no has visto al pequeño. Pasa, — me dijo cariñosamente empujandome hacia una puerta. — El pobrecito se despertó con los gritos de Pepe; pero debe haberse dormido... Pasa... Veremos si Pepe descansa.

El pequeño dormía. El aya me preguntó por el señor, y le dije lo que me pareció. De buena gana me habría quedado allí un buen rato, sin hacer otra cosa que contemplar el envidia-

2M 339/PM 382

ble sueño de aquel angel. Pero al poco rato de permanecer allí, entró Eloisa, yo estaba absorto, dejando volar mi pensamiento á las alturas de contemplaciones muy espirituales, cuando sentí su mano posarse sobre mi hombro.

"Ve al salon, — me dijo con un susurro. — Extrañaran que no estés allí. — El pobre Pepe está aletargado. Creo que pasará bien el resto de la noche.

Salimos juntos, y [en la puerta] el pasillo nos separamos. Echome una mirada de tristeza y me dijo con serenidad dulce:

"Ya sé que ha habido mucho secreteo con Pilar. No puedo descuidarme un momento.
—Pero eres tan tonta que...?
Celos tan importunos me causaban hastío.

2M 338 */PM 383

"Ni afirmo ni niego nada. No hago mas que hacer constar un hecho, — me dijo, apretándome ligeramente el brazo con sus dedos.
En el salon tuve que sostener conversaciones que me aburrían, contestar á preguntas que me incomodaban y resistir una lluvia de frases de doble sentido. Poco á poco se fueron desocupando los salones. La de San Salomó salió de los últimos, llevandose al general, que vivía cerca de su casa.
"V. se queda aquí,? me dijo... — Velará V. Es su deber.
A última hora fuí á enterarme del estado del enfermo. Eloisa me salió al encuentro en el pasillo. Se había quitado su vestido de sociedad, y puéstose su bata de raso blanco. Estaba ideal. Poniéndose el dedo á la boca, dióme á entender que Carrillo dormía, y en palabras muy quedas

2M 339/384

me dijo: "Está tranquilo. Mas por lo que pueda suceder, me quedaré en el sofá de su cuarto.
Dije que yo velaría tambien; pero ella se opuso alegando que me fatigaría.
"No es preciso, Cefemio se queda en vela, y yo no me acuesto. Vete á tu casita.
Empujóme suavemente, despues de decirme:
Vendrás mañana? Mira que no me faltes. Ven á almorzar aquí. Te espero? No me harás rabiar? Esta soledad es horrible. Esta noche, si duermo voy á soñar mil disparates. Mas quisiera no dormir.
Y me empujó suavemente. Me puso el pañuelo en la garganta, me alzó el cuello del gaban. "Abrigate por Dios... Por Dios y la virgen, no te constipes...voy a soñar que es verdad lo que dijo Carrillo, que arrojas

2M 340

sangre y que tienes fiebre todos los días.
Cariñosa y amante me despidió, y yo salí pensativo.

Carrillo mejoró en los días sucesivos. Aquella vida desplomada se sostenía con un esfuerzo prestado por el espíritu, para engañarse á sí misma y á los demas. Salió de aquella crisis como por tregua de la muerte. No he visto un vivo que mas se pareciese á un muerto. La epidermis era como

---

* Galdós may have mistaken the figure '339' for '337' and then continued '338'.

transparente y amarillosa cera. Su barba negra parecía hecha con un pedazo de terciopelo negro adaptado á la cara. Los varios asuntos que tenían en ejercicio su voluntad le bailaban en los ojos y le temblaban en los labios. Admiraba yo aquel tesón, aquella esclavitud del deber que en el heroismo rayaba, y la indiferen-

2M 341

cia con que, pasada la crisis, miraba Carrillo la gravedad de su dolencia. No tenía aprension ni afan de medicinarse, no veía con interés la entrada del médico. Parecía hombre que por un trabajo interior se había desligado de la carne y sus miserias, y vivía solo en el espiritu. La fragilidad del vaso, sus grietas y quebraduras, por donde á escape se colaba la vida, no le importaban nada.

A los ocho días, él, sin salir de su alcoba atendía á sus asuntos con la puntualidad de costumbre, y Eloisa estaba tranquila por lo tocante á la enfermedad de su marido, si bien en otro tratado parecía haberla perdido por completo. Una mañana me la encontré en su gabinete muy afanada, con un lapicero en la mano, haciendo números sobre un papel, y absorta en la contemplación del techo, en el cual había una escocia azul estrellada y otras invenciones del

2M 342 */PM 386$^{2°}$

arte decorativo.

"Estas contando las estrellas? — le pregunté, sospechando lo que en realidad contaba.

—No, es que estoy calculando... — replicó algo turbada — me vuelvo loca y esta pícara cuenta no sale. No te lo quería decir, por no disgustarte; pero me pasan cosas graves.

Yo me senté abrumado por el pensamiento de los desastres aritméticos que Eloisa me iba á revelar. Ella se sentó tan cerca de mí, que la mitad de su hermosa humanidad se apoyaba sobre la mitad de la mía.

"A ver ese papel? — dije tomandole la mano en que lo tenía.

Pero no entendí nada. Era un laberinto de sumas y restas, del cual no se podía sacar nada en

2M 343/PM 387

claro.

"Y quién entiende estos garabatos? — dije con desabrimiento.

El dulce peso gravitó mas sobre mí, y la preciosa boca empezó á chorrear notas terroríficas, mejor diré conceptos erizados de números. La oí aterrado. Ella se expresaba con timidez, tendiendo á aminorar las cifras,

---

* An earlier draft of this page was begun, containing only the first two lines of MS text, the same as 2M 342/PM 386$^{2°}$.

evitando sacar las consecuencias, indicando el remedio antes de mostrar la herida, y contestando de antemano á las exclamaciones severas con que yo la interrumpía. La estimulé á presentar la situación tal como era, en toda su desnudez terrorífica, porque el desfigurarla era impedir su solución. "Claridad, completa claridad es lo que quiero, — le dije — Muestrame hasta el fondo del cantaro vacío. Anima-

2M 344/PM 388

da con esto, fué mas esplícita y desarrollo á mis ojos el panorama completo de su situación financiera, el cual era para poner miedo en el ánimo mas esforzado. Los gastos enormes de los jueves, los de su guardaropa [sic], las compras frecuentes de cuadros, porcelanas, tapices y objetos de arte, y por otra parte los dispendios inagotables de Carrillo en sus obras humanitarias llevaban la casa velozmente á una completa ruina. El dinero que habían tomado sobre la hipoteca de la Encomienda se les había ido en pago de varias cuentas de Eguía y en abonar los brutales intereses de una cantidad que Eloisa había tomado antes á un tal Torquemada, que prestaba á las señoras ricas. Despues había necesitado tomar mas dinero, mas, mas,

2M 345/PM 389

las rentas, apenas cobradas, se diluían en el mar inmenso de aquel presupuesto de príncipes... No me lo había querido decir, porque la idea de serme gravosa la mortificaba. No me quería por mi dinero, me quería por amor, y no le gustaba recibir dinero de mis manos. Había pensado salir adelante, hacer economías, ir trampeando; pero la situación se había agravado repentinamente. Tenía que pagar algunas cuentas de consideración, luego la enfermedad de Pepe... Cerró la oración con lágrimas y se dejó caer mas sobre mí. Yo estaba sofocadísimo.

Poco despues le manifesté mi opinión de un modo bastante enérgico. A sus caricias á sus suplicas de que no la abandonase en tal situación, con-

2M 346/PM 390

testé con retahila de números despiadados. Erame forzoso ser cruel, para evitar mayores males. Yo la sacaría del pantano; pero estableciendo un nuevo plan y presupuesto rigurosísimos de modo que no se repitiera el conflicto. Aún había tiempo de salvar parte del capital de la casa y de asegurar el porvenir de Rafael. Lo primero era una reducción de gastos. A esto me contestó que por ella no había inconveniente. Estaba decidida á vertirse de hábito como una *cursi* si era preciso. ¿Pero como privar a Carrillo de lo que alegraba sus últimos días, de aquel inocente consuelo de su vida proxima á extinguirse? Como cercenarle los fondos para la *Sociedad de niños* y otras empresas humanitarias?

"No enredes las cosas, — le dije — Tus gastos son los

2M 347/PM 391

que hunden la casa, no los de Carrillo. Yo haré un presupuesto en que pueda subsistir el entretenimiento de tu marido... Despues, oye bien, se venderán todos los cuadros de buenas firmas, será facil encontrar compradores, aunque sea por menos dinero del que han costado.

Eloisa hizo signos afirmativos con la cabeza. Volviendo la vista, ví sobre la chimenea un rollo de papeles. Eran los planos de la gran reforma, para convertir el patio en salon, con techo de cristales, escocia de Mélida. Lo agarré con mano convulsa y lo hice veinte mil pedazos. "Mira que pronto se ha hecho la obra, — le dije, te he regalado cinco mil duros. Ella se echó á reir, y no hablamos mas del asunto,

2M 348/PM 392

porque entró Raimundo. Fuimos á almorzar, y en la mesa, Eloisa parecía mas tranquila. Casualmente Raimundo habló del completo hundimiento de la casa de Tellería, y contó cosas muy chuscas, de las cuales se rió mucho Eloisa, aunque á mí me hacían poca gracia. Segun dijo mi primo, en los últimos años, la familia se mantenía con lo que Gustavo sacaba de las queridas ricas, abominación! El marques de Casa Bojío Leopoldo, estaba tambén en las últimas, porque las fortunas cubanas habían bajado á cero. Leon Roch les había negado la pensión que pasaba á la marquesa. Ultimamente el marqués y la marquesa vivían separados y en la mayor miseria; cada cual dando sa-

2M 349/PM 393

blazos y explotando al pobre que cogían. Dn Agustín de Sudre había dado en la flor de ir á contarle al Rey mismo sus miserias, logrando algunas veces pingües limosnas. Pero la regia munificencia estaba cansada, y... "la semana pasada, — anadió Raimundo, — fué el pobre señor á Palacio con el cuento de siempre. El Rey sacó cinco duros y poniéndoselos en la mano, le volvió la espalda. De fijo que ahora se hará antidinástico.

Todo aquel día tuve un humor de mil diablos. En el teatro Real, oyendo no recuerdo que opera, ni por un momento dejé de pensar en las cuentas de Eloisa. Retiréme á casa antes de que terminara la función, y me acosté buscando en el sueño lenitivo al hondo pesar que me

2M 350/PM 394

abrumaba. Pero no podía dormir. Entróme fiebre, me zumbaban horriblemente los oidos, y me tostaba en mi lecho como en una parilla. La aptitud de los numeros, despertaba en mí con fiera energía, proporcionada al largo tiempo de eclipse que había sufrido. En mí renacía de subito el hijo de mi madre, el inglés, que llevaba en su cerebro, desde la concepción, el

germen de la cantidad, y lo había cultivado mas tarde en quince años de
escritorio. Y los numeros, ahogados temporalmente por la pasion, se
sublevaban, triunfaban y tomaban posesión de mí con un bullicio, con un
frenesí que me tenían como loco. Salté de la cama á la madrugada, me
vestí apresuradamente y corrí á un

2M 351/PM 395

mueble *secreter* que en mi alcoba tengo y en el cual suelo escribir cartas.
Cogí un papel, empecé a desgastar la fiebre que me devoraba, trazando
números y mas números… Sí, Eloisa, con haber dicho tanto, no me había
dicho toda la verdad. Hice el calculo aproximado de los gastos de la casa,
en el invierno último, comidas, coches, criados, extraordinarios. No resultaba que la casa hubiese consumido la mitad de su capital. Había consumido las tres cuartas partes ¡quizas todo! Y para remediar este edificio
que venía á tierra ¿que era preciso hacer?… Ah! numeros y mas números. La mañana me sorprendió en aquel trabajo calenturiento que parecía
la faena espantosa de las almas de

2M 352/PM 396

los negociantes que vienen á penar á sus escritorios, y se vuelven á sus
tumbas cuando suena el canto del gallo. Así me volví yo á mi cama.
   Continué por muchos días sintiendo en mí al inglés. Y no se concre-
taba este pícaro impulso, heredado de mi madre, á la esfera de la aritmética economico-doméstica, sino que penetraba impávida en el terreno moral y allí me hacía unos rebullicios para hacerme tomar la resolución de
un radical cambio de vida, de un rompimiento, [definitivo] que resolviera
de una vez para siempre todos los problemas del corazon y de la aritmética. Mas tan tímida era esta energía, que no pudo acallar el tumulto de
mi egoismo sensual.

2M 353/PM 397

Eloisa perteneciente á otro! otras manos amasando aquella pasta humana,
suave y amorosa! [para cocerla en el horno del amor y comerla luego be-
biéndose aquellas] otra boca comiéndose aquellas cerezas…! No, esto no
sería, aunque lo pidiese y lo gritase con su boca el exhausto bolsillo. Y para
apoyar esta tenaz energía, se encargaba mi perturbada razon con sofismas
tomados de aquel falso idealismo que Raimundo ponía en ridículo con
tanta gracia. La caballería, ó si se quiere la caballerosidad me vedaba aquel
rompimiento. No era delicado ni decente que yo abandonase, por una mí-
sera cuestión de ochavos, á la que me había dado á mí su vida y su honor.
El *todo por la dama* se metía en mi alma por la puerta

2M 354/PM 398

secreta de la sensualidad, y una vez dentro hacia un alboroto de mil demonios, echando unas retahilas calderonianas y volviéndome mas loco de lo que estaba. ¡Abandonarla cuando tal vez la causa de su ruina era agradarme, cuando su lujo no era quizas otra cosa que el prurito de hacerme mas envidiable á los demas, y de dorar y engalanar el trono en que me había puesto! No, *todo por la dama!* Ante el amor de ella, ante sus lágrimas, ante la ley que me tenía, superior y anterior á todas las contingencias ¿que significaba un *puñado de monedas?*

Verdad que el puñado, despues de emborronar mucho papel con números, resultaba ser una miseria así como veinte mil duros, poco mas

2M 355/399

ó menos. Era un trago demasiado fuerte para que pasase por el estrecho gaznate de la caballería; pero al fin pasó. Hice que me trajera á casa todos los datos del desastre, todos los papeles, apuntes y cuentas y al fin pude poner orden en aquel caos de emprestitos para pagar intereses, de intereses acumulados al capital, de cuentas pendientes y facturas no abonadas. Era indispensable, para cortar el mal de raíz, quitar de enmedio la plaga de los prestamistas, que en poco tiempo habría devorado todo, y con esto, el puñado engrosaría mas... A los pies de mi dama ponía yo un ramillete de ciento veinte y cinco mil pesetas.

Una vez tomada mi re-

2M 356/PM 401

solución, quedéme mas tranquilo. El pellizco dado á mi fortuna era considerable; pero aun me dejaba rico. Todo iría bien, si Eloisa entraba con pié resuelto por la senda de las economías. Eso sí, yo estaba decidido á hacerla entrar de grado ó por fuerza. Para esto me sentía con ánimos. Por encima de todo, del amor mismo y de la vanidad había de estar en lo sucesivo el órden.

Perplejo estuve muchos días sin saber qué vendería para salir del paso. Me desprendería del *Amortizable,* de las acciones del Banco de España ó de las Cubas? Mi tío me decía que no me desprendiera del Amortizable, cuya alza veía segura. Si continuaba en el ministerio nuestro amigo y paisano el Sr. Camacho, vería-

2M 357/PM 402

mos el *Amortizable* á 63. Las acciones del Banco despues del aumento del capital, andaban al rededor de 270. Yo las había comprado á 479. Aun contando con el aumento de capital, la venta me traía perdida. Por fin, despues de pensarlo mucho, resolví sacrificar parte de las acciones y todas las Cubas. Este papel, segun mi tío, iba en camino de valer muy poco, y con el pánico de la Bolsa de Barcelona, se había iniciado en él un descenso que sería mayor cada día. Vendí pues, con pérdida, pues no podía ser de otra manera. El agente de Bolsa que me servia, habíame propuesto meses antes la compra de una casa, idea que no me

2M 358/404

parecía mal, pues yo deseaba afincarme, colocando en sólido una parte de mi capital. Habiendo realizado papel por valor de ochenta mil duros, aparté veinte y cinco mil para lo consabido y compré la casa, que era nueva, sita en la calle de Zurbano. Me daría una renta de cuatro por ciento, menos que el papel seguramente, pero la venta de valores empezaba á inquietarme por la inseguridad de las cosas políticas, el mal estar de Cuba y el anunciado empréstito del Banco de España, el cual, tomando sobre sus hombros la inmensa carga de la colocación del *Amortizable,* había comprometido un poco su porvenir.

2M 359

Heme aquí propietario en Madrid, y con una merma considerable en las tres clases de renta que poseía, amortizable, Banco y Cubas. Envié á mi cuenta corriente el pico que me sobró después de hecha la escritura de la casa, apartado lo de Eloisa, y satisfecho otras obligaciones de aquellos enojosos dias. Cuentas Capdeville-

Estas fueron una de tantas chinchorrerías que le salen á uno en la vida social cuando menos lo piensa. Prometí á Camila, cuando hacía aquellas promesas de su embarazo que sería padrino del niño que tuviese, y ella me cogió por la palabra en los días aquellos á que me voy refiriendo. Se descolgó con un muchacho que todos llamaban robusto y bonito, y que á mí me

2M 360

pareció, cuando lo tuve en la pila bautismal para que lo hicieran cristiano, un dechado perfecto de la fealdad de los Miquis. No pude eximirme de ciertos gastos. Dí un buen almuerzo á los convidados al bautismo y á mi ahijado y á la mamá les envié varios regalos de consideración. Lo peor de todo era que en aquellos días no estaba yo de humor de padrinazgos, y mi desabrimiento era tal que la misma Camila y Constantino hubieron de notarlo, como despues supe. Pero en fin, aquello paso dejando en mí una sensación poco agradable del olor de incienso que había en la iglesia y de los lloros del bendito muchacho, que mientras lo tuve en mis brazos, no cesó

2M 361

de berrear un solo instante, como si protestara de la mala gana con que yo acudía á la hermosa ceremonia.

Adelante. El día en que ultimé el arreglo de la deuda de Eloisa, esta se presentó en mi casa. Estaba yo en mi gabinete, delante de la mesa en que escribía, Ya habían sido pagadas todas las cuentas, ya había recogido los pagarés de Eloisa que estaban en poder de Torquemada. Solo faltaban algunas menudencias, para las cuales destinaba una cantidad que recogería ella misma. La cantidad estaba sobre la mesa en un paquete de billetes sujeto con un elástico. Yo estaba algo fatigado, aunque con la cabeza muy despejada y sin ruido de oidos. Pero aun tenía la pluma en la mano y hacía

2M 362

resumen de las operaciones de aquellos días. Eloisa se llegó á mí, por la espalda y me echo los brazos al cuello, cruzando las manos sobre mi corbata, y oprimiéndome hasta cortarme la respiración, ya alborotándome el pelo, ya echandome atrás la cabeza para lavarme la frente con sus labios humedos. Todo esto riendo, diciendome mil monerías, llenándome de saliva la frente y los ojos, y vertiendo en mi oido palabras cariñosas. Dejé la pluma y me volví hacia ella. Nunca la ví vestida con mas sencillez y al mismo tiempo con mas elegancia. Venía en traje de mañana, y traía en la mano el libro de misa. Era domingo,

2M 363

y antes de ir á casa había pasado por las Calatravas.

"Eres un angel, — me dijo arrojando el libro de tapas de nacar sobre mi mesa. — ¿Qué mujer no haría locuras por tí? Pero digo, no digo yo locuras, sino diabluras, hasta condenarse.

Ya iba yo á hablarle de lo que á ella correspondía en el contrato bilateral que habíamos celebrado, cuando ella, adelantándose á mi pensamiento con zalamera iniciativa, me dijo:

"No, no tienes que predicarme, ya lo sé, seré arreglada, seré económica. En mí se ha verificado un cambio radical. Tendrás que reñirme por las muchas vueltas que he de dar á un duro antes de cambiarlo. Te has de enfadar conmigo por los excesos que he de hacer en el no gastar. Me volveré cicatera.

2M 364/PM 411²°

Por Dios, —indiqué asustado, — nada de celo escesivo.

—Déjame á mí. Tú me has curado de mis locuras con tu generosidad. Sería indigna de mirarte, si no tuviera los propósitos que tengo.

Empezó á dar vueltas por mi cuarto, como si estuviera en su casa, quitóse el manto y la cachemira y los tiró sobre el sofá. Despues, vió que allí no estaban bien, y pasó á mi alcoba para ponerlos sobre la cama. Se miró al espejo y llevándose ambas manos á la cabeza, hizo un ligero arreglo de su peinado. Despues corrió hacia mí.

"Y Carrillo? — le pregunté.

—Hoy está muy animado, — replicó. — Tiene compañía para todo el día. No pienso volver hoy

2M 365/PM 412

por allá. Y tú?

Díjele que no tenía ganas de salir.

"Pues te acompañaré. Mando un recado a casa, diciendo que almuerzo con mamá... Pero vas á tener visitas de amigos? Lo mejor será que no recibas hoy á nadie.

Anticipandose á mis deseos y á mi pereza llamó á mi criado y le dió ordenes. Yo no estaba en casa. Yo no recibía á nadie. Corriendo otra vez hacia mí me dijo:

"Oh! si esto fuera París, que buen día de campo pasaríamos juntos, solos, libres... Pero á donde iríamos en Madrid? Si aquí se pudiera guardar el incógnito! Creelo, tengo un capricho, un capricho de mujer pobre y humilde. Me gustaría que tú y yo pudiéramos

2M 366/PM 413

ir solitos, de incognito, al puente de Vallecas, y ponernos á retozar allí con las criadas y los artilleros, merendando en un figon, y dando muchas vueltas en el tío vivo, muchas vueltas, muchas vueltas.

—No des tantas vueltas que me mareo. Si quieres ir, por mí no hay inconveniente. Mira, almorzaremos aquí. Da tus ordenes á Juliana... Despues mas tarde, a las cuatro ó cuatro y media, nos iremos en mi coche á un teatro popular, á Madrid ó á Novedades, tomaremos un palco y veremos representar un disparatón...

—Sí, sí, exclamó dando palmadas con júbilo infantil. — Y como me gustan á mí

2M 367 */PM 414

los disparatones! Echaran *Candelas*, ó *El Terremoto de la Martinica*.

—Ó el *Pastor de Florencia* ó *Los perros del Monte San Bernardo*.

Echó á correr hacia lo interior de la casa para hablar con Juliana y dar-

---

* An early draft of the first few lines of this page also exists:

2M 367

los disparatones! Echaran *Candelas* ó el *Terremoto de la Martinica*.

— Ó el *Pastor de Florencia*, ó los *Perros del Monte San Bernardo*.

Eloísa echó á correr hacia adentro, para hablar con Juliana. Luego subió á casa de su madre para enviar desde allí el recado á su marido, y no tardó en bajar á hacerme compañía.

le ordenes referentes á nuestro almuerzo. Despues subió al principal para dar un vistazo á su mamá y enviar desde allí el recado á su marido. Al volver á mi lado, encontróme de un humor alegre, dispuesto á saborear las delicias de un día de libertad. Repetí á mi criado las órdenes. No estaba en casa absolutamente para nadie. Felizmente el señorito Raimundo con quien no iban nunca estas pragmáticas, estaba aquel día fuera de Madrid en una partida de caza.

Almorzamos. Híceme la ilusión de estar en París,

2M 368/PM 415

y en un hotel. Nadie nos turbaba. De la puerta afuera estaba la sociedad, ignorante de nuestras fechorías. Nosotros, de puertas adentro, nos creíamos seguros de su fiscalización, y veíamos en el debil muro de la casa una muralla de la China, que nos garantizaba la independencia. ¡Con qué desprecio oíamos, desde mi gabinete, el rumor del tranvía, las voces de personas y el rodar de los coches. Y mas tarde cuando la turba dominguera se posesionó de la acera de Recoletos, nos divertimos arrojando sobre aquella considerable porción del mundo cursi frases de burla y desden. ¡Valiente cuidado nos daba que toda aquella gente viniera á rondarnos!

2M 369/PM 417

Lo que hacía la sociedad con aquel ruido de pasos, voces y ruedas, era arrullarnos en nuestro nido.

Nuestros propósitos de ir al teatro se desvanecieron. La pereza nos clavaba en donde estábamos. Mejor estábamos allí que viendo los disparatones de los teatros populares. ¿Que disparatón mas grato y delicioso que el nuestro? El tiempo y nuestra languidez nos mecían y nos engañaban dandonos nociones muy oscuras acerca de la duración de nuestros diálogos vivos ó de nuestros ratos de sopor.

En medio de aquella indolencia una idea me inquietaba punzandome á intervalos y haciendo correr por mi cuerpo un calofrío nervioso. Era la idea de que el buen rato que yo pasaba

2M 370/PM 418

junto á Eloisa, lo pudiese pasar otra persona; que otro hombre la tuviese como yo la tenía, pues aquella flor que yo estrujaba era mas hermosa cada día y con su creciente lozanía parecía indicarme que resistiría sin ajarse las caricias de muchas manos. El mismo derecho que yo tenía teníanlo otros. Todo estaba en que ella quisiese dejarse manosear. La idea de que no fuese exclusiva para mí y sagrada para los demas helábame la sangre... Pero ya, ya lo seria, porque en un plazo que podría ser breve nos casaríamos y... ¿Y si entonces, cuando yo tuviera todos los derechos, algun mortal tan afortunado como yo lo era entonces, me robaba lo que yo robaba...? Ah! buen cuidado tendría yo... Para que servía la energía y la autori-

2M 371/PM 419

dad?... Estos recelos no se calmaban ni aun con el juramento, arrancado entre las mas dulces ternezas, de una felicidad á prueba del tiempo y de las circunstancias, de una fidelidad que rayaba en lo romántico por su elevación sobre todas las cosas humanas. Nuestro cuchicheo variaba de asunto y de tono. No se trataba de cosas puramente ideales y voluptuosas. La viva imaginación de Eloisa trajo al altar de Cupido expresiones que no encajaban bien entre las medias palabras del amor, y prosaismos que no se arreglaban bien entre las rosas; pero todo cuanto venía de ella me encantaba, todo lo lo [sic] embellecía con su hechizo.

"Si tú quisieras, — me dijo, — podrías ser mucho

2M 372/PM 420

mas rico de lo que eres. Con el capital que tienes, y tu experiencia de los negocios, podrías, trabajando... Quiero decir que aquí el que no dobla su capital en pocos años es porque no quiere. Fúcar me lo ha dicho. Te ríes? Me preguntas el secreto? No es secreto: demasiado lo sabes. El inconveniente que hay ahora es que el Tesoro está desahogado y no hace ya emprestitos. Durante la guerra, Fucar y otros como él, triplicaron su capital en un par de años. No te rías, no abres esa bocaza... Yo siento en mí arrebatos de genio financiero. Me parece que sería un Pereire, un Salamanca, si me dejaran... Vamos á ver, ¿por que tú que tienes dinero y sabes manejarlo,

2M 373/PM 421

no vas á la Bolsa á hacer dobles? Por que no te cultivas la amistad de los ministros para ver si cae un empréstito de Cuba, ya que en la peninsula no se hacen ya? Con que el ministro de Ultramar te encargara de hacer la suscrición, dándote el uno por ciento de comisión ó siquiera el medio, ganarías una millonada. Dí que eres un perezoso, que no quieres molestarte. Eres diputado y no sabes sacar partido de tu posicion. Por que no te quedas con una linea de ferrocarril, la construyes y despues la traspasas á algun primo que cargue con la explotación? Te admiras de lo que sé. Que quieres, me gustan estas cosas. Fúcar me habla galante-

2M 374/PM 422

rías, y yo le digo que la mejor flor con que me puede obsequiar es con una buena lección sobre negocios. Si tú tuvieras empeño en ello, Fucar te daría participación en sus contratas de tabaco. Lastima que no hubiera guerra civil, pues si la hubiera, ó te hacías contratista de víveres ó perdíamos las amistades.

Yo me reía de estas cosas, me reía con toda mi alma, no comprendiendo aun la gravedad que entrañaba aquel malsano entusiasmo por cosas tan contrarias á la [sencillez] condición espiritual de la mujer. Mirábalo yo como una gracia mas, como un hechizo nuevo, hijo de la moda [y del positivismo del siglo]. Lejos de asustarme, mi ceguera era tal que me reía de los debiles efluvios del volcan en cuyo crater dormía yo tan

2M 375: missing

2M 376: missing

2M 377

que las temes,* en medio de la opulencia las contingencias de un porvenir tenebroso. Me parece que hasta me vuelvo filósofa. No dice la filosofía que las riquezas hacen desgraciado al que las posee? Opino lo mismo. Hace poco, juntos los dos y solos como ahora, nos burlábamos del *Contigo pan y cebolla*. Ahora voy creyendo que no teníamos razon, y que la medianía ordenada es la verdadera felicidad.

Con estas tonterías se pasaba el tiempo. Por fin la adusta hora de la separación llegó. Hubo parodias de Romeo y Julieta. "Alma mía, hace una hora que el mensajero de la noche, corriendo de farol en farol con su palo en la mano, ha sembrado el suelo de estrellas de gas."... "Un ratito mas;

2M 378

todavía la vireina [sic] del sol no ha sobrepuesto su claridad de luz electrica á los restos del crepúsculo que entintan el ocaso. Anochece á las 6,50. Son [sic]

La ví vestirse á prisa, arreglarse el cabello ante el espejo. Su coche había venido á buscarla. Mas tarde nos volveríamos á ver. Yo iría á su casa... Abur, abur...que tarde! ...Que se te queda el libro de misa...es verdad! ... Que no faltes... Hablaremos de ser pobres... O de negocios... Déjame mirarme otra vez... Que tal cara tengo? Divina. El marques de Cícero estará allí. Es un impertinente, que se permite darme bromas fastidiosas...abur, abur...

2M 379

Ay que se me traba la cachemira en la silla. Parece que los muebles me retienen y me dicen no te vayas... Pillo, no faltes, si no vas te sacaré los ojos... Pues me he de mirar otra vez...se me figura que llevo en la cara...

---

* Without a context (this paragraph has no equivalent at PM) it is difficult to make sense of the first three words here. 'Las' probably refers to 'ansiedades' which is crossed out immediately after it.

Que tarde es... Y el otro guante? Aquí está sobre la silla... Ah! mira me llevaba tu panuelo... Ten... El cuerpo del delito... Como nos delatamos los grandes criminales... Merezco la horca. Bueno me colgaré á tu cuello así... A que no me cargas? No puedes... No tienes fuerza... Abur, abur... Tengo un hambre atroz... En cuanto llegue a casa me haré servir la comida... Caballero,... Señora... Tanto gusto de conocer á V. Me parece V. algo tímido y no se decide... Señora a los pies de V...ja, ja,...otro beso, tu amor

2M 380

ó la muerte... Que te espero... Por Dios no pellizques. Eso para que te acuerdes de mí cuando mires a otra... Al fin me voy. Por que no vienes conmigo. Tengo que vestirme. Es verdad parece que has salido de un hospital, que tienes...ruidito de oidos. Abur, abur... Ahora si que va de veras.

Esta escena breve y que se parezca poco á las dos anteriores, la del cuartito y la del hotel en París.

2M 380 [sic]/PM 428

Teniendo casa propia ¿porque había de vivir en un cuarto alquilado? Arreglé para mí el bajo de mi casa y me mudé á él. No me disgustaba alejarme del domicilio de mi tío Rafael, porque la familia empezaba á serme gravosa en una ú otra forma. De Raimundo, sin embargo, no pude desprenderme, porque me siguió, dispuesto, como decía, á condenarse ó salvarse conmigo. Su reblandecimiento le ponía algunos días insufrible. Cuando no podía pronunciar bien la *tr,* se metía en mi cuarto como buscando un refugio contra sus propios pensamientos, y me daba conversación siguiendo mis pasos dentro de la casa. Si me estaba lavando él allí, describiéndome con lugubre tono los síntomas de su mal. Si almorzaba, él enfrente bien participando del almuerzo, bien

2M 381/PM 429

amenizandolo con un comentario de las palpitaciones cardíacas ó de las sensaciones reflejas, todo ello en forma y estilo de *dies irae* y con una cara patibularia que daba compasión. Si estaba yo en mi despacho, escribiendo cartas, él allí, arrojado sobre el sofa, como un perro vigilante y amigo, callado, hasta que yo le decía algo. Si le encargaba algún pequeño trabajo como copiarme una nota, sumarme varias partidas, lo hacía venciendo su indolencia, haciéndome ver que el gusto de complacerme podía mas que su enfermedad. Estas crisis terminaban siempre con un día de escitación, en el cual parecía estar bajo la influencia de un desorden espasmódico. No solo pronunciaba con

2M 382/PM 430

facilidad y rapidez la condenada inflexión sino que su lenguage todo era febril y de carretilla, cortado de trecho en trecho por pausas en las cuales se quedaba el oyente mas atento, esperando lo que había de venir despues. Tales son las pausas que hace el ruido del viento en una mala noche, en las que la expectación del ruido nos molesta mas que el ruido mismo. En estos días, era rarísimo que aquella calenturienta habladuría no tuviese por asunto principal las cuestiones de dinero. Sin duda, este se había fijado en el cerebro del pobre Raimundo, constituyendo la idea fija que al mismo tiempo le alentaba y le atormentaba. "Si en Madrid se gasta mas dinero del que existe, si la sociedad matritense está en perpetuo deficit, en perpetua bancarrota; si no se verifica una tran-

2M 383/PM 431

sacción grande ó pequeña, desde el gran negocio de Bolsa á la insignificante compra en una tiendecilla, sin que en dicha transacción haya alguien que sea chasqueado. Le ocurrían cosas de bastante originalidad en la forma, otras muy extravagantes; pero que escondían algo de verdad. "En realidad no existen, contantes y sonantes, mas que veinte mil reales. Cuando uno los tiene los demas están á cero. Pasan de mano en mano haciendo felices á este al otro, al de mas allá. Lo que llaman *un buen año* es aquel en que los tales mil duros corren, corren, enriqueciendo momentáneamente á una larguísima serie de personas. Cuando se habla de paralización, de crisis metálica, cuando los tenderos se quejan, y los industriales chillan, y los Bolsistas murmuran y

2M 384/PM 432

los banqueros trinan es que los milagrosos mil duros corren poco, se están mucho tiempo en una sola caja. La sociedad se pone mustia con esto. Lo bonito es verles andar de mano en mano, y ver el contento general. Creeríase que es el bonito juego del *corre, corre, vivito te lo doy*. Viendo pasar por sus dedos el talisman, se creen dichosos y lo son por un momento, el empleado, el tendero, el almacenista, el banquero, el agente de Bolsa, el prestamista, el propietario, el casero. La piedra filosofal, por correrlo todo, hallase también en las manos del jugador, pasa rozando por los dedos de la entretenida, sube á las grandes casas de negocios, baja á las arcas apolilladas del usurero,

2M 385/PM 433

agujen las cajas del Regimiento, se mete en la delegación de contribuciones, sale bramando para ir al Tesoro, la arrebata de cien manos, una, va á ser el encanto de una noche de festín, vuelve al comercio menudo, donde parece que se subdivide para juntarse al momento, la agarra otra vez la

193

usura, la coge el propietario hipotecando una finca; vuelve á la Bolsa, la gana un afortunado, la pierde por la noche un sietemesino; va á parar á un contratista, le echa el guante uno que suministra postes de telegrafos; va inmediatamente á servir de fianza en la caja de depositos, las distintas oficinas del Estado la envían rapidamente de aquí para allí como una pelota, corre, gira, pasa, rueda, y

2M 386/PM 434

en este movimiento infinito va haciendo ricos á los que la poseen. En un día pasa por mil manos; en un día mil se jactan de poseerla... Ahora bien, queridísimo primo, pues los hados han querido que en el actual minuto histórico la consabida pelota esté en tus manos, haz el favor de compartir conmigo tu felicidad prestándome dos mil reales.

Así concluían siempre sus humoradas economicas. Mientras viví en Recoletos, los sablazos se repetían mensualmente, y, la verdad, yo los llevaba con paciencia y sin contrariedad grave. Yo era rico. Mi buen primo no tenía mas que su mezquino sueldo, y lo poco que su padre le

2M 387/PM 435

daba. Poco perdía yo relativamente á mi fortuna, con estos ataques de la divertida mendicidad de Raimundo. La compasión, el parentesco, la admiración de su ingenio obraban en mí para determinar mi liberalidad. Gozaba en su alegría al tomar el dinero y me parecía que echaba combustible á un temperamento encendido en gracias y agudezas, con cuyas chispas me divertía tanto. Pobre Raimundo! si á él le denigraban sus sablazos, á mí me servían de medio para gratificar la tertulia que me hacía en mis horas tristes, la conversación que me daba y las adulaciones con que halagaba mi vanidad.

2M 388/PM 436

Pero las cosas cambiaron. Desde que me fuí á vivir á mi casa de la calle de Zurbano, llevé conmigo por razones que se comprenderan facilmente, la idea de mirar mucho el dinero que salía de mi caja. Ya los golpes duros de aquel compañero de mis horas tristes empezaban á dolerme. Aquella fué la primera vez que Raimundo, al pedirme limosna, no vió la indulgencia y la liberalidad pintadas en mi semblante risueño.

"Toma mil reales, — le dije, arrojándoselos desde lejos, — lárgate á la calle y tarda el mas tiempo posible en gastarlos.

Generalmente, la recepción de las sumas que me pedía tenía un mara-

2M 389/PM 437

villoso poder terapéutico sobre la raquis de mi primo, porque con tal balsamo, su languidez cesaba, su palabra era mas expedita y clara, animá-

194

banse sus ojos, en fin, era otro hombre. No tardaba en en [sic] tomar calle y por lo comun al día del sablazo sucedían noches en que ó venía muy tarde á casa ó no venía hasta la mañana. Poco á poco se iba gastando la virtud medicatriz del dinero, y el hombre volvía á desmayar, á decaer como un cubil al que se le va secando la tierra; la lengua se le entorpecía, el temblor nervioso le hacía parecer tocado de idiotismo, hasta que su mal tenía nuevamente alivio y término en una nueva

2M 390/PM 438

sangría de mi bolsillo. Contra lo que manda la ciencia el enfermo era la sanguijuela y el médico se la ponía.

Francamente, en aquellos días empezaban mis hombros á sentirse cansados bajo el peso de mi familia. Una mañana estaba yo vistiendome, cuando entró el portero muy afanado y me dijo que la señorita Camila se estaba mudando al cuarto tercero de la derecha, el único que no se había alquilado todavía. Ni mi prima me había dicho una palabra acerca de tomar el cuarto, ni había cumplido ante el portero, que me representaba para aquel caso, ninguna de las formalidades que la ley y la costumbre establecen para ocupar una casa

2M 391/PM 439

agena. "No me he atrevido á decirle nada, — me indicó el portero, asustadísimo. — Arriba está colocando los muebles, y en el portal están dos carros de mudanza. Yo hice presente a la señorita que el señor no había dicho nada, que no se ha hecho contrato, y me respondió que me fuera muy enhoramala, que ella se entendería con el señor y...que yo no soy nadie. Con que vengo á ver...

No quise tomar una determinación ruidosa, y dejé que mi prima ocupase el cuarto, resuelto á cantar muy claro al feo de Miquis las obligaciones que contraía por el hecho de ocupar mi propiedad. Mas tarde se personó en mi presencia la propia Camila, y me dijo: — Perdona

2M 392/PM 440

primito, que hayamos tomado tu casa por asalto. La ví ayer tarde, y me gustó tanto que no he querido que pasase el día de hoy sin estar en ella. No creas, te pagaremos religiosamente, te daremos los dos meses de fianza. Siete mil! No bajas nada? En fin, por ser compadre, te daremos seis mil quinientos, y no resuelles, porque será peor. Te pagaremos cuando tengamos dinero, que ojalá sea pronto,...y calla, hombre calla, ya sé lo que me vas á decir. Tienes razon, esto es un abuso; pero por algo somos compadres... Me voy, que tengo que dar de mamar á tu ahijado. Ah! nuestra casa está á tu disposición. Puedes subir cuando quieras y nos acompañaremos mutuamente. Estás muy solito, y

2M 393/PM 441

te aburrirás en este caseron. Nosotros no salimos, no vamos á ninguna parte. Estoy consagrada á darte un ahijado gordo y rollizo. Sube y lo verás.

Subí aquella tarde. Camila, sin reparo alguno, sacó el pecho en mi presencia y se puso á dar de mamar al inocente. Mi ahijado no era bonito, ni gordo, ni sano. Cuando no estaba con el pezon en la boca, estaba enfrascado en la ejecución de un interminable solo de clarinete que atronaba la casa. Esta era toda desorden. Ningun mueble estaba aun en su sitio, y el bruto de Constantino no hacía mas que clavar clavos por todas partes, rasgándome el papel, descascarándome el estuco, y dando tanto gol-

2M 394/PM 442

pe que parecía empeñado en destrozarme todos los tabiques.

"La casa me gusta, — díjome Camila, obligándome á sentarme en una silla á su lado, despues de acercarme á los labios la caratula roja de su feo muñeco para que la besase. — me gusta mucho; pero tiene grandes defectos, sí, defectos que me haras el favor de corregir inmediatamente.

—Inmediatamente...que ejecutivo está el tiempo!

—Sí; es preciso que mandes acá tres albañiles mañana mismo. Necesito que me abras una puerta de comunicación en este tabique que está á mi espalda. No sé en que estaba pensando el arquitecto cuando trazó la casa. No se les ocurre

2M 395/PM 443

á esos señores que todas las habitaciones de una crujía deben estar comunicadas. Necesito ademas que des luz al cuarto de la muchacha, bien por el patio, bien por la cocina, poniendo una vidriera alta entiendes? Otra cosa, es preciso que me pongas una cañería desde el grifo de la cocina al cuarto de baño, para llevar comodamente la tina. Y de paso me abrirán otra puerta de comunicación entre dicho cuartito de baño y el comedor. Harás que me pongan campanillas en todas las piezas, pues solo dos las tienen, y en la sala quiero chimenea. Voy á hacer de la sala gabinete y no me he de helar de frío.

Dí de una vez que mande construir de

2M 396/PM 444

nuevo la casa, — le dije tomando a broma sus reformas.

—No te hagas el tontito. Ah! desde que eres casero, te has vuelto tacaño, antipático... Ya no eres el caballero de antes; ya no piensas mas que en sacarle el jugo al pobre... Pues, mira, tú te lo pierdes. Si no haces las obras que te he dicho, nos mudaremos, y se te quedará el cuarto vacío. Con que á ver qué te tiene mas cuenta.

Iba á contestarle que prefería el vacío á un inquilinato tan exigente y que tenía todas las trazas de ser de [gorra] improductivo; pero en aquel instante mi ahijado, dejando el pecho de su madre, me miró ¡pobrecillo! con una expresión extraña de súplica. Parecía que impetraba mi indulgencia en pro de sus extravagantes y

2M 397/PM 445

míseros papás. Aquel infeliz niño raquítico me inspiraba mucha lástima. Con su debilidad, con su inocencia y con aquel modo de mirar, atento y pasmado, ganaba mi voluntad, reconciliándome con sus padres. En Camila me interesaba la solicitud con que se consagraba por entero al cuidado y á la crianza de su hijo, sin hacer caso de nada que no fuera este fin altísimo, alejada de la sociedad y de las diversiones. Por esta exaltación del sentimiento materno, que en ella surgía con los caracteres de una virtud sólida, yo le perdonaba sus extravagancias y la falta de recato y formalidad que siempre

2M 398/PM 446

era lo mas distintivo y visible de su caracter. Pero me quedaba la duda de que el sentimiento materno fuera también caprichoso como todas las vehemencias maniáticas que sucesivamente privaban en su espíritu. El tiempo me diría si aquello, que parecía un mérito grande, resultaría despues, como sus acciones todas, un desvarío pasajero. Por fin, despues de reirme mucho, contesté con un "veremos" á sus peticiones de reforma en la casa.

¡Cual no sería mi sorpresa dos días despues, cuando Constantino, entrando inopinadamente en mi despacho, me puso en la mano el importe

2M 399 */PM 447

de un mes adelantado y dos meses de fianza! "Dispense V. — me dijo, — la demora. Esperaba yo que mi madre me mandase el dinero. En la Mancha ha habido malas cosechas y por esta razón... De aquí en adelante cumpliremos mejor. Me dijo ayer Camila que V. creía que no le íbamos á pagar, y que nos habíamos metido en su casa para vivirla de balde... Apostamos á que se lo creyó así?

* There was an earlier draft of 2M 399, containing 5½ lines of text, as follows:

2M 399

de mes adelantado y dos meses de fianza! "Dispense V., — me dijo, — la tardanza. Esperaba yo que mi [padre] madre me mandase el dinero, y en la Mancha ha habido malas cosechas... Me ha dicho Camila que V. creía que no le pagaríamos y seríamos inquilinos gorrones.

—No, hombre, no creí eso. Cosas de esa loca. No hagas caso... Sois las personas mas formales que conozco. A entrambos os aprecio mucho. Seré con vosotros un casero bondadoso. Sereis para mí los inquilinos mas considerados, y los vecinos mas queridos. Y cuando me encuentre aburrido en esta soledad, subiré á haceros compañía á buscar un poco de calor en el fuego de vuestra felicidad.

El me instó que subiera todas las noches, para

2M 400 */PM 448

hacernos mutuamente compañía. Camila no iba á ninguna parte, la obligación de la teta y el cuidado del *crío,* que no parecía estar bueno, la retenía constantemente en casa. El tampoco salía ya de noche, porque Camila, á fuerza de predicarle y de reñirle, unas veces tratándole por buenas, otras por malas, había conseguido quitarle la mala costumbre de ir al café. "Como somos pobres, — añadió, — tenemos pocas visitas. Mi hermano y su mujer suelen ir algunas noches. Suba V. y jugaremos á la *siete* y *media* que es el único juego que sé. Camila, si V. sube, tocará el piano y cantará alguna cosa bonita. Dí las gracias á aquel honrado bruto, que me parecía haberse modificado algo desde el tiempo en que le conocí, y le prometí de todo corazon no despreciar su amable invitación.

2M 401

1.º Enero 85

En aquellos días tenia yo muy pocas ganas de andar por el mundo. Sintiendo un secreto amor á la vida de familia y no pudiendo satisfacerlo cumplidamente, compartía mi tiempo entre la casa de Eloisa y la de Camila, huyendo de círculos, teatros y reuniones mundanas y políticas. En la primera de aquellas casas, las horas se me iban dulcemente, bien departiendo con Eloisa, en quien los propósitos de vivir modestamente eran como una manía, bien entreteniéndome con Pepillo, el mas mono y gra-

---

* Galdós wrote an earlier draft of this page, but broke off about halfway in order to pen some notes for the development of the plot:

2M 400

hacer compañía, mientras él estaba en el café, á la pobre Camila. "Como somos pobres, — añadió sonriendo estúpidamente, — nadie parece por nuestra casa ni de noche ni de día. La mujer de mi hermano Augusto no se lleva bien con Camila. Así es que en casa hay pocas visitas. Suba V. y si quiere jugaremos á las siete y media. Camila se ha propuesto ahora que yo no vaya de noche al café. No lo conseguirá mientras no [sic]

En aquellos días tenía yo pocas ganas de andar por el mundo. Compartía mi tiempo entre la casa de Eloisa y la de Camila, y me entretenía en una y otra. Los niños me encantaban, sobre todo cuando estaban sanos y no lloraban. Con el de Eloisa me pasaba las horas muertas. Carrillo seguia mejor. — Eloisa parece conforme con la vida de sujeción y economías. — De pronto una noche, Eloisa estaba en el teatro. Yo no había tenido ganas de ir.

cioso chiquitín que se podría imaginar. Tenía ya dos años y medio, y los disparates de su preciosa boca me encantaban mas que todas las cosas admirables que han dicho los poetas desde que hay poesía. Sus agudezas, donoso ensayo de la malicia humana, eran mi diversión. Yo, para gozar de aquel puro oriente de una vida, provocaba y estimulaba

2M 402/PM 452

las manifestaciones rudas de su naciente caracter. Le urgaba [sic] para que se me mostrara tal cual era, ya riendo como un loco, ya colérico; le sacaba de un modo capcioso las marrullerías, las astucias y los impulsos generosos del ánimo. Las horas muertas me pasaba á su lado, á veces tan chiquillo como él, á veces tan hombre él como yo. Yo le componía los juguetes, despues que entre los dos los habíamos roto.

También pasaba ratos entretenidos acompañando al pobre Carrillo. Se me figuraba que tenía con él una deuda enorme y se la pagaba con buenas palabras, con atenciones cariñosas. Nada agradecía él tanto como que se le diera cuerda en cualquier tema de los que constituían su ocupación perenne. Yo sabía herir siempre las fibras mas sensibles de su amor

2M 403/PM 453

propio y propagandista, y con mi conversación se animaba, ponía en olvido sus crueles dolores y lanzaba su imaginación al espacio inmenso de los grandes proyectos. Mientras platicabamos, solía estar con nosotros el pequeñuelo. Pero ocurria una cosa muy particular, que á mí no me causaba asombro por estar ya muy hecho á las cosas contrarias á la naturaleza y á la razon. El pequeño se divertía poco con su papá, esquivaba el estar en sus brazos. Pronto conocí que le tenía miedo, y que el rostro demacrado de Carrillo, con su amarillez de azafran, producía en el pobre niño un espanto que no podía disimular. La verdad es que hasta entonces, el padre, harto ocupado con los hijos ajenos, se había entretenido poco el suyo [sic]. Pepillo no hallaba calor en los brazos del propagandista y venía á bus-

2M 404/PM 454

carlo en los míos. No dejaba perder ocasión el muy inocente de preferirme al otro. Carrillo dijo un día con amarguísima tristeza: "le quiere mas que á mí." frase que se clavó en mi corazón como un dardo. Hubiera yo querido que el pequeño no me acibarase el espíritu con sus preferencias; trataba de volver por los fueros de la Naturaleza ofendida; pero no lo podía conseguir. El chiquillo me adoraba. Viéndole desasirse con desabrido gesto de los brazos de su padre, sentía yo una pena que abrumaba. Le habría dado azotes, si no temiera que este remedio superficial agravase el daño. Y Carrillo me miraba como con envidia, y me hacía volver los ojos á otra parte, por no sé que turbación que me sobrecogía. La imagen de aquel resto de hombre, fijo en su asiento, inmovil

2M 405/PM 455

de medio cuerpo abajo, flaco y estenuado, de un color de cera virgen, con las manos temblorosas y el aliento fatigado, me perseguía en todas partes de noche y de día. Imposible expresar el sentimiento que me inspiraba, mezcla imponente de lástima y miedo, de [piedad y respeto] desdén y respeto.

En casa de Camila pasaba algunos ratos por las mañanas antes de almorzar. Confieso que la loca de la familia me iba siendo menos antipática, y que empezaba yo á descubrir cualidades apreciables, que habrían lucido mas, entresacadas de aquella broza que las envolvía. El cariño leal y sincero que [tenía á] parecía tener al bruto de su marido era para mí una de las cosas mas dignas de admiración que había visto en mi

2M 406/PM 456

vida. Su desprecio de las vanidades también me agradaba. Pero estas cualidades y otras creía yo que no debían estimarse como positivas hasta que las circunstancias no las pusieran á prueba. Era cosa de verlo. Con quien yo no congeniaba era con el chiquillo de Camila, el mas ruidoso y mal humorado muchachon que mamaba leche en el mundo. Muchas veces tuve que huir de la casa porque su clarinete me volvía loco. Era el tal de una robustez sospechosa, grueso, amoratado. No había equilibrio en aquella naturaleza, y su sangre, quizas viciada, se manifestaba en la epidermis en florescencias alarmantes. En vano Camila tomaba grandes dosis de zarzaparrilla. El pequeñuelo mostraba rubicundeces y granulaciones que parecían retoños vegetales. No

2M 407/PM 457

debía de estar sano, porque su inquietud crecía con su sospechosa robustez. Lo peor de todo era que Camila bajaba con él á mi casa cuando menos falta tenía yo de oir música y me daba unos conciertos matutinos y nocturnos que me aburrían.

Vuelvo á casa de Eloisa, donde inopinadamente ocurrieron sucesos en el breve espacio de una noche, que dejaron indeleble recuerdo en mí. Si mil años vivo no olvidaré aquella noche. Eloisa, que por instigación mía había dejado de renovar su abono en los teatros, fué invitada aquella noche por una de sus amigas á un estreno en la Comedia. Dudó si iría; pero Carrillo se encontraba mejor que nunca. El y yo instamos á que fuera. No eran aun las diez, cuando Carrillo se nos puso muy

2M 408/PM 458

mal. Estábamos allí Constantino y yo. Al punto comprendimos que el enfermo sufría una crisis de las mas graves. Mandé inmediatamente por el médico; también quise mandar á buscar á Eloisa; pero Carrillo en aquel paroxismo que parecía la agonía de la muerte, tuvo una palabra para oponerse á mi deseo, diciendo: "No, no, déjala que se divierta." En esta frase creí sorprender un desdén supremo, tal vez me equivocaba y lo que había era un gran espíritu de condescendencia.

El infeliz sufría horribles dolores. El cólico nefrítico se presentaba espantoso. El médico auguró mal y se negó á administrar, como inútiles, las inyecciones hipodérmicas. El marqués de Cícero vino cuando menos le esperábamos. La verdad, me las-

2M 409

timaba mucho que el marques y otras personas de la familia advirtiesen la ausencia de Eloisa en ocasión tan aflictiva, y que la consideraran en el teatro cuando su marido se moría. Salí para enviarle recado, cuando me la veo entrar. ¿Como tan pronto, si la función no podía haber concluido? No se ocupo ella de darme explicaciones, porque en el portal, los criados la habían instruido de lo que pasaba. Entró anhelante en la habitación del enfermo, le pasó la mano por la frente, le dijo palabras consoladoras y cariñosas. Despues corrió a quitarse el vestido de teatro que disonaba mucho en aquella triste escena. Fuí tras ella a su cuarto, y mientras se desnudaba, contó-

2M 410

me en breves palabras el motivo de su pronta venida. Es que la obra estrenada era muy inmoral, y todas las personas decentes se habían escandalizado, y las señoras abandonaban los palcos horrorizadas. Desde el primer acto había sentido un asco... Era cosa de *tías* elegantes, caracteres nuevos en nuestro teatro. La verdad era que habían sacado unos vestidos admirables... Pero la obra era una desvergüenza, y tales monstruosidades no se debian permitir en una sociedad decente... La gravedad de las circunstancias no le permitió extenderse mas. "Pobre Pepe, cuanto sufre!" — exclamó poniéndose la bata — Si le pudieramos aliviar. Maldita medicina que para nada sirve. Esta noche no nos abandonaras. Presumo que vamos á tener una noche

2M 411

muy triste...

Yo volví antes que ella al lado del enfermo. Encontrémele acometido de espantosos dolores, doblándose por la cintura como si se quisiera partir en dos, profiriendo ayes guturales que causaban horror. Parecía haber perdido el juicio. Sus gritos eran la exclamación de la animalidad herida y en peligro, sin ideas, sin nada de lo que distingue al hombre de la fiera. Eloisa se puso á su lado, y él la rechazó con un gesto. A mí no, pues habiendo rodeado con mi brazo su cuello para sostenerle en la posición en que creía padecería menos, se agarró con ambas manos á mi cuerpo y me tuvo sujeto un largo rato. Aferrabase á mí como si al asegurarse bien y

201

clavar las uñas se sintiese aliviado. Ultimamente reclinó la cabeza sobre mi pecho y dió un suspiro muy hondo. Eloisa se aterró, creyendo que se moría. Pero el médico nos tranqui-

2M 412/PM 463

lizó. Este no era una notabilidad de la ciencia, á mi modo de ver, aunque muy zalamero en su trato, razon por la cual muchas familias de viso le preferían á otros. Si la misión del facultativo es entretener á los enfermos con ingeniosas palabras y aun con metáforas y alegrar su espíritu Zayas no tiene quien le eche el pié adelante. Por lo demas, ni el curaba á nadie, ni Cristo que lo fundó. Eloisa le propuso aquella misma noche convocar junta de médicos para el día siguiente, y el citó tres ó cuatro nombres de los mas ilustres. Despues de haber recetado un calmante, arrepintióse, y se decidió á aplicar las inyecciones.

Carrillo parecía aletargado. Luego nos miró á todos con ojos estúpidos. Pronunció palabras incoherentes. Entonces llegó el marqués de Cícero, que no hizo mas que entrar

2M 413

y volver a salir. Sus nervios no le permitían presenciar aquel triste espectáculo. Era un señor anciano y egoista, solteron, que había gozado mucho segun contaban, y que ya, al fin de su vida, no gustaba de ser molestado para nada. Retirose al gabinete de Eloisa, y allí se estuvo un largo rato, solo, dando conversación á la doncella.

Entre Cefemio y yo acostamos al pobre Carrillo, es decir, le tendimos vestido en su cama por no molestarle. No parecía sufrir pero su cerebro estaba profundamente trastornado. Hablaba sin cesar con torpe lengua, entrecortando sus frases de risas que nos hacían temblar. Eloisa se sentó por un lado de la cama y yo por otro. Zayas le contemplaba desde enfrente sin decir nada. El enfer-

2M 414

mo mirábame á mí y tomándome por el marqués de Cícero, me decía: "tío, no es verdad que Eloisa hace mal en dar un baile esta noche? Porque si me muero á mitad de él..." Y rompía en una risa nasal. Despues miraba á su mujer y tomandola por mí, le decía: "tu eres Juan Antonio, la persona que mas me atiende en esta casa... te agradeceré que me traigas un cura pues quiero confesarme. Eloisa y yo nos mirábamos con honda inquietud, sin pronunciar palabra. De este modo llegó media noche. El delirio disminuía, el enfermo parecía entrar lentamente en un período comático. Sus delirios eran solo frases entrecortadas, cada vez mas breves. Por fin el medico, asegurando que no había peligro inmediato, se despidió poco despues de las doce.

A pesar de las seguridades que dió el bueno de

2M 415

Zayas, yo no las tenía todas conmigo. Temía la renovación del ataque. Resolví no apartarme en toda la noche de la cabecera del enfermo, y Eloisa á quien comuniqué mis temores, hizo el mismo proposito. Cefemio nos dijo que el marques de Cicero, al ver partir al médico, se había ido también.

Allí estuvimos largo rato en aquella triste centinela. Observabamos su respiración y al menor sonido que se pareciese á la emisión de una sílaba, nos entraba temor y azoramiento. Despues de la una, Carrillo abrió los ojos y volviéndose á mí, díjome en tono tranquilo que revelaba posesión completa de las facultades intelectuales: "Haz el favor de mandar que venga un cura, pues me quiero confesar." Dijimosle que su estado no era

2M 416

grave, y el insistió en que sí lo era con tal energía que no quisimos contrariarle. "Esta noche me moriré, — nos dijo con una serenidad que nos dejó pasmados, — y no creais que me importa gran cosa. Esta vida de sufrimientos es poco apetecible. Yo me muero resignado y aun creo que algo contento... El mundo es todo miseria, [una pesadilla espantosa.] Cerrar los ojos á tanta infamia, á tanta vileza, ¿no es ir ganando algo? La vida humana es para mí poco envidiable. La desprecio y la abomino...

Estas palabras tan bien dichas nos hicieron estremecer. En su boca tenían una solemnidad que en vano querríamos negarles, atribuyéndolas á delirar de enfermo. No eran delirio. Carrillo las pronunciaba con un aplomo y una seguridad que indicaban

2M 417

el estado normal del cerebro. Eloisa dijo algo para atraer hacia ella la atención de su marido. Este apenas la miraba y solo le respondía con monosílabos. Derramó la infeliz algunas lágrimas, hijas de un sentimiento que no sé claramente definir. Carrillo insistió en que le trajésemos el cura, le dijimos que al día siguiente y él repitió: no ahora mismo. Serían las dos cuando mandamos avisar á la parroquia de San Lorenzo. El cura tardó en venir una hora, y en este tiempo Carrillo siguió en el mismo estado, mas bien con apariencias de mejoría. Hablaba exclusivamente con su ayuda de cámara, sin dirigirse á su mujer ni á mí. Hacíamos los dos figura muy triste á su lado.

El cura vino y la confesion fué larga. Mientras tenía lugar, Eloisa y yo convinimos en que la ceremonia

2M 418

de la comunión se celebraría al día siguiente con toda pompa, con asistencia de todos los amigos de la casa y parientes. Acordamos rapidamente algunos detalles del acto encaminados á darle mas lucimiento.

Fuese el cura, yo le acompañé al comedor, donde se le ofreció un chocolate que no quiso aceptar. Fumamos un cigarro, y el, fijando en mí sus ojos, dijo en un tono que me pareció impertinente. "Ese pobre señor es un mártir." "Un martir, — repetí yo maquinalmente mirando al suelo.

—Un santo, — dijo el cura, arrancando con el dedo meñique la ceniza de su cigarro. — Me ha pasmado su conformidad con la muerte. Con que...

2M 419/PM 473

Despidióse y yo le acompañé hasta la puerta.

Carrillo me mandó llamar. Estaba impaciente por tenerme a su lado. En el gabinete que presidía [sic] á la alcoba, ví á Eloisa, sentada en una butaca, inclinada la cabeza y el rostro oculto entre las manos. Lloraba en silencio. Creí de pronto que durante el tiempo que yo estuve con el cura, Eloisa y su marido habian cambiado algunas palabras; pero despues supe por ella que no. La solemnidad y gravedad de las circunstancias, la compasión, el terror religioso, la importancia del acto que su marido acababa de realizar, la habían impresionado tanto que estaba en un estado de ánimo lamentable. No se atrevía á franquear la puerta de la alcoba. Sentía pavor, respeto, vergüenza,

2M 420/PM 474

no sabía qué.

Carrillo me mando llamar, como he dicho, y cuando me senté á su lado, estaba mas sereno. Solo que tenía la voz tomada, y alrededor de los ojos un cerco oscuro, muy oscuro. "Si vieras que tranquilo estoy ahora, — me dijo. — Tu no lo creeras porque eres irreligioso. Tampoco creeras que tal como estoy no me cambiaría por tí. Le contesté, despues de mucho vacilar y confundirme, que en efecto la vida humana era una broma pesada, y que cuanto mas pronto se libre uno de ella mejor. El dijo que una conciencia pura vale mas que mil años de salud y de vida, con lo que me mostré conforme. Le insté á descansar, dejando las reflexiones morales para el día siguiente; pero él no quiso seguir mi indicación y siguió

2M 421

hablandome del estado felicísimo en que se encontraba. "Creeme, Juan, — me repitió, — te tengo lástima, como la tengo de todos los que viven. Despues se detuvo como para escuchar. Ponía su atención en los gemidos de Eloisa. "Esa pobre, — dijo — está pasando una mala noche. Díle que se acueste. Salí por cumplir este encargo. Eloisa no me hacía caso, y seguía en el mismo estado. Al poco rato, Carrillo empezó á mostrar una gran inquietud. Me alarmé. Entre Cefemio y yo le incorporamos en el lecho. Quiso hablar; no pudo, llevose una mano á los ojos, articuló un ronco gemido. Eloisa acudió á nuestro lado, secando sus lagrimas. Entonces una fuerte hemorragia nos hizo comprender el gran peligro que se acercaba. Eloisa se apartó del lecho,

2M 422

horrorizada; yo le dije: "marchate, márchate. Entró su doncella y tomandole por un brazo, se la llevó. Carrillo me echó los brazos, uno al cuello, otro por la espalda, me apretó tan fuertemente que me sentí mal. Creí hallarme entre círculos de hierro que me oprimían hasta destrozarme. Aquella hercúlea fuerza cesó al poco rato. Apoyó su cabeza sobre mi pecho y apretó fuerte. Me hacía daño. Luego salió de su boca sanguinolenta un ronquido fuerte, profundo. Parecía un dardo que me atravesaba el pecho. Con aquel gemido se escapó su desdichada vida. Costóme trabajo desasirme de los brazos del cadaver que parecía querer llevarme consigo al sepulcro.

2M 423

¡Que noche! Cuando todo concluyó, salí de la alcoba deseando ante nada, quitarme la ropa, que tenía manchada de sangre. En el pasillo encontré á Micaela, que lloraba. Preguntéle por su ama, y me dijo que estaba en el cuarto del niño. En tanto Cefemio me hizo señas de que esperase en el gabinete, y me sacó ropa de su amo para que me mudase. La idea de ponerme su ropa me causaba no sé que sentimiento extraño; pero estaba tan horrible con la mía, que acepté. Púsemela á toda prisa, una camisa y una bata corta del muerto... Pero deseando ponerme mi propia ropa, despaché un criado á mi casa para que fuese á buscarme

2M 424

lo que necesitaba, y ademas ropa de luto. Dejando á Cefemio con los restos aun no fríos de su amo, fuí en busca de Eloisa, cuyo trastorno de animo me alarmaba. Ya no estaba en el cuarto de su hijo, sino en el suyo. Encontrela con una fuerte desazon nerviosas [sic] manifestando ya sentimiento, ya terror. Le rogue que se acostara; pero se negaba a hacerlo. Micaela y yo quisimos obligarla á ello; pero se resistía. En sus ojos había cierto extravío, y le temblaban los labios como si sintiera mucho frío. "No vayas tú á ponerte mala también," — dije, con la mayor naturalidad del mundo. Acuéstate; no has de poder remediar nada, dándote malos ratos. Miróme de un modo naturalmente afectuoso; habló del pobre Carri-

2M 425

llo como podría hablar de un hermano que acababa de morir... Ocurrió-sele suplicarme que atendiese á las obligaciones que traía el suceso; pues no tenía fuerzas para nada, ni podía ocuparse de nada. Prometíle que nada faltaría; mas se negaba á acostarse. Tuve que hacer uso de mi autoridad, de aquella autoridad usurpada é ilegal que yo ejercía sobre ella, y con tanto imperio le mandé que procurase el descanso, que al fin su doncella empezó á quitarle la ropa. Poco despues volví, ya estaba en el lecho; pero me aseguró que no podría dormir. Ví su rostro á la luz del día, que empezaba á entrar por la ventana.

"He avisado al marqués de Cicero y á tu

2M 426

mamá y á Camila.

Vino mi ropa, y me quité la de Carrillo. Ay! no sé que me daba al sentirla sobre mí. Llegó mi tío á eso de las ocho, cuando yo había dado las disposiciones que requería el caso. Cefemio y los de la funeraria corrían con todo. Yo sentía tal horror que me aparté de los fúnebres cometidos de aquella hora triste. Recogidas las llaves de la mesa de despacho de Carrillo y de su pupitre donde tenía los papeles, las entregué á Eloisa. Camila vino á las diez; mas como tenía que dar de mamar á su chico, lo llevó consigo y el lúgubre silencio de la casa se vio turbado por el clarinete de Alejandro.

Al medio [sic] almorzamos Raimundo, mi tío y yo de mala gana. Luego, entramos en

2M 427

el despacho, y en la misma mesa de él, nos ocupamos de extender la papeleta de defunción. No sé que sentía yo al ver los papeles en torno mío, aquellas prendas suyas en las cuales parecía que estaba prendido su espíritu... No se escapó ningun detalle importante en el anuncio funebre. El excelentísimo S. ... maestrante de Sevilla, caballero de la Orden de Santiago, etc. etc. etc. ... Su desconsolada viuda... la excelentísima... etc. ...

Los criados se dirigían á mí como si yo fuese el amo. Consultabanme sobre todo lo que les ocurría. La señora no acertaba á dar ninguna disposición. Estaba en su lecho abrumada de pena. Y aquella presencia mía en la casa, aquellas apariencias de amo eran un absurdo; pero un absurdo que por haber venido

2M 428/PM 488

lentamente en la serie de los sucesos, ya casi casi no lo parecía. Véase como lo mas contrario a la razón y al orden social llega á parecer natural y corriente, cuando de un hecho en otro la escepción va subiendo hasta usurpar el trono de la ley. Y cosas que vistas de pronto nos chocan, cuando llegamos á ellas por una gradación, nos parecen naturales.

Eloisa me rogó que no saliese de la casa, mientras no se verificase el entierro. Ella no recibía absolutamente a nadie; ni á sus mas íntimas amigas. El marques de Cícero, el único que podría encargarse de algo util, no servía para nada. Mi tía también era inutil. María Juana era la unica que podía ser util en la casa y ¡realmente lo

2M 429

fue!

Cuando todo aquel ceremonial funebre pasó, respiré. Parecía que se me había quitado de encima del corazon un peso horrible. Cuando se extinguió en la calle el ruido del último coche, mis trastornados sentidos volvían á apreciar justa y debidamente las cosas. Pero la imagen del infeliz que había exhalado en mi pecho su último suspiro, clavándomelo como un dardo, no se apartaba de mí. Como explicar sus sentimientos con respecto á mí. Que noción moral era la suya, que noción del honor y del derecho era la suya. Ni aun viendo en él lo que en el lenguaje recto se llama un santo, me explicaba yo aquello. Misterio infinito del alma humana. Porque me

2M 430

amaba aquel hombre? Si era un santo, yo me resistía á venerarle; si era un pobre hombre, algo había en mí que me impedía despreciarle. Yo le despreciaba en medio de la compasion? ó le admiraba en medio del desdén?... Toda mi vida, ay, estará ante mí, como una esfinge, la figura de Carrillo, sin que la pueda descifrar. —

A estas meditaciones me entregaba yo, el día del entierro. No quise ir. Mientras las mujeres acompañaban á Eloisa, yo estaba solo, encerrado en el despacho...triste, en un estado de animo imposible de definir... Yo no tenía ni el consuelo de llorar por el muerto.

Al anochecer salí... fuí de habitación [sic], no quería entrar en la de Eloisa. Por fin me encontré

2M 431

3-1-85

con Pepito, que se aicojó [sic: for acogió] á mí. Sentéme y trepó á mis rodillas. Cogiéndome la cara me hizo varias preguntas que terminaron con esta observación: "Dice Micaela que ahora tú... no te vas mas á tu casa... que te quedas aquí...

Varié la conversación; pero, poniéndose á caballo sobre mis rodillas, no se dió por vencido y prosiguió:

"Francisca le dijo á Micaela que tú vas á ser mi papá ahora.

Su inocente lenguaje me lastimaba. Le dejé con su aya y sin despedirme de Eloisa me salí de la casa y me fuí á la mía.

Tenía necesidad de estar solo. El prurito de meditar distraía mi atención cuando me hablaba otra persona. La tristeza reclamaba todo mi sér y tenía que dárselo, aislándome. Conocía yo que venía sobre mí un ataque de melancolía, aquel mal de familia que

207

2M 432

de tiempo en tiempo me reclamaba mi tributo. Y lo que había visto y sentido aquellos días era mas que suficiente materia para nutrir el mal. En mi soledad de aquella noche y de todo el día siguiente tuve un compañero, Carrillo, cuya imagen no me dejó dormir. El ruido de oidos que me embargaba eran [sic] su palabra, y mi sombra en la habitación era su persona. Le sentía conmigo, sin que me inspirara el terror que llevan consigo los aparecidos. Es mas, me hacía compañía, y creo que sin aquella obsesión habría estado mas triste. El unico afan mío consistía en no poder penetrar las propiedades íntimas de aquel caracter con respecto á mí, en no poder descifrar el enigma inmenso de la amistad que me mostraba en los últimos instantes, pues cuando dicha amistad me parecía un sentimiento

2M 433/PM 497

elevadísimo y sublime, comprendido dentro de la santidad, mi juicio daba un vuelco y venía á considerarlo como lo mas lamentable de la miseria humana. Yo me secaba los sesos pensando en esto, traspasado de lástima por él, á veces sintiendo menosprecio, á ratos admiración...

Los días se sucedían lentos y tristes, sin que yo quebrantara mi clausura. No recibía á nadie, y si mis íntimos amigos, ó mi tío ó Raimundo iban á acompañarme, hacía lo posible por que me dejasen sólo lo mas pronto posible. Pasados dos días, Carrillo se borraba poco á poco de mi pensamiento; le veía bajo tierra confundiéndose lentamente con esta y disolviéndose en el reino de la materia, como su memoria en el reino del olvido. Lo que principalmente ocupaba ya mi espíritu era la casa de Eloisa, todo lo

2M 434/PM 498

material de ella. Los muebles, las paredes lujosamente decoradas, los lacayos, y doncellas, los criados todos componían un conjunto que me era horriblemente antipatico y aborrecible. La idea de ser dueño yo de tal casa, de mandar en ella, me producía terror vivísimo. No, yo no quería ir allá, yo no iría allá por nada del mundo. El recuerdo solo de las pompas de aquellos jueves me producía una turbación indecible acompañada de un trastorno físico que me aceleraba el pulso y me revolvía el estómago... Pero lo que me confundía mas era notar en mí una mudanza extraordinaria en los sentimientos que eran la base de mi vida toda en los últimos años, mudanza que me llenaba de estupor. A veces creía que era una ficción de mi cerebro, y

2M 435/PM 499

para cerciorarme de ello, ahondaba, ahondaba en mí. Mientras mas iba á lo profundo, mayor certidumbre adquiría de aquel estupendo cambio. Sí, sí, la muerte de Carrillo había sido como uno de esos golpes de teatro que destruyen todo el encanto y trastornan la magia de la escena. Lo que en vida de él me enorgullecía ahora me hastiaba, lo que en vida de él era la satisfacción del amor propio era ya recelos y verguenza. El robarle fué mi vanidad y mi placer; el heredarle era mi martirio. Ser otro Carrillo me envenenaba la sangre. La desilusión mas grande me llenaba el alma, no era posible engañarme sobre esto. Muerto Carrillo, en mi alma ocurría un desquiciamiento.

2M 436/PM 500

Pero aun dudaba yo de la realidad del fenomeno, y decía: "Falta comprobarlo. No me fiaré de los lúgubres espejismos de mi tristeza. Vendrán días alegres, y la que fué mi dicha, lo será nuevamente.

Quince días estuve sin salir de casa. Eloisa me mandaba recados todos los días. Yo exageraba mi enfermedad, fundando en ella mis pretextos para no salir de casa. Por fin una mañana, Eloisa fué á verme. Era la primera vez que salía de su casa á la calle despues del luto. Venía vestida con todo el rigor del luto y de la moda, mas hermosa que nunca. Al verla no sé lo que pasó en mí. Sus afectuosas caricias me dejaron frío. Observé entonces la autenticidad del fenómeno de mi desilusión, pues mi alma, ante ella, estaba llena de

2M 437/PM 501

de [sic] una indiferencia que la anonadaba. La miraba y la volvía á mirar, hablaba con ella, y me asombraba de que sus encantos me hicieran menos efecto que otras veces, y aun que me parecieran vulgares. Era un doble hastío, un empacho moral y físico lo que se había metido en mí; era arte del demonio sin duda, pues yo no lo podía explicar.

Seguimos hablando, ella muy cariñosa, yo muy frío. Nuestra conversación que al principio versó sobre temas de salud, recayó en cuestiones de arreglo doméstico. Sin saber como fue á parar al funeral de su marido. Ella quería que fuese de lo mas esplendido, con muchos cantores, orquesta y un túmulo

2M 438/PM 502

que llegase hasta el techo. Yo me opuse resueltamente á esta dispendiosa estupidez. Sin saber como, me irrité, corrióme un calofrío por la espalda, subióme calor á la cabeza, y palabra tras palabra, me salió de la boca una retahila de recriminaciones por su manía de gastar lo que no tenía. "Te has empeñado en arruinarte, y lo conseguirás. No cuentes conmigo. Ahogate tú sola y déjame á mí. Si crees que voy á tolerarte y á mimarte te equivocas. No puedo mas...

Ella se quedó perpleja oyendome. Jamas la había tratado yo con tanta dureza. En vez de contestarme con otras palabras igualmente duras, me pidió perdón; le faltó la voz, empezó a llorar. Sus lagrimas espon-

209

2M 439/PM 503

taneas hicieron efecto en mí. Reconocí que había estado muy fuerte, y ademas un poco brutal. Pero no me excusé, pues en mi interior había una ira secreta que me aconsejaba no pedir excusas. Eloisa me miraba con sus ojos llenos de lágrimas y con voz de víctima humilde. "Yo que he hecho para que me trates así?

"Es que...

Yo me paseaba por la habitación.

—Es que estoy notando en tí una cosa rara. Tienes alguna queja de mí? En que te he ofendido? Por que desde que entré apenas me has mirado, y tienes un ceño que da miedo... Hoy esperaba yo encontrarte mas cariñoso que nunca, y te encuentro hecho una fiera. Eres un ingrato. ¡Así me pagas lo mucho que

2M 440/PM 504

te he querido, los disparates que he hecho por tí, y el haber arrojado á la calle mi honor por tí, por tí... Algo te pasa, dímelo, y no me mates con medias palabras. Me habrá calumniado alguien...

Con un gesto expresivo le dí á entender que no había calumnia. Ella secó sus lágrimas y en tono mas sereno me dijo: "Estas noches he soñado que ya no me querías. Figurate si habré estado triste.

Comprendí que mi conducta con ella era poco noble, y me dulcifiqué. Hice esfuerzos por aparecer mas contento de lo que estaba y le dije que no hiciera caso de palabras dictadas por mi tristeza, por el mal de familia. Insistí, no obstante, en que el funeral fuera modesto, y ella convino razonablemente en que así había de ser. No quiso

2M 441/PM 506

dejarme hasta que no le prometí ir todos los días á su casa desde el día siguiente para arreglar las cuentas y ordenar papeles y ver los recursos ciertos con que contaba y poder fundar en ellos un sabio plan de vida. Cuando se fué, yo estaba mas sereno, la veía con ojos de amistad y cariño, y me decía sosegándome: "Sí, son los nervios, estos malditos nervios...

Era mi deber hacerlo así, y desde el día siguiente, ocupando en el despacho de Carrillo el mismo lugar que él ocupó, con el mismo escribiente cerca de mí, rodeado de papeles y objetos que me recordaban la persona del difunto, dí principio á mi tarea. Para penetrar hasta donde estaba lo importante, tuve que desmontar una capa enorme de apuntes y notas sobre la Sociedad de niños y otros asuntos que no venían al caso. Todo lo que había sobre la administración de la casa era incompleto. Gracias que el escribiente, conocedor

2M 442/PM 506[2°]

de los hábitos de su antiguo señor, me esclarecía sobre puntos muy oscuros. Poco á poco fuimos allegando datos, reuniendo y ordenando cartas, y por fin llegué á dominar la verdad, que era ciertamente aterradora. La casa estaba desquiciada y al declararme Eloisa dos meses antes sus apuros no había dicho mas que la mitad de la verdad. Me había ocultado algunos detalles sumamente graves, como por ejemplo que el administrador de Navalagamella les había adelantado la renta de esta finca, descontándose el veinte por ciento; que había una deuda que yo no conocía, importante unos seis mil duros; que se habían tomado para atender á necesidades de la casa, parte de unos fondos pertenecientes á la *Sociedad de niños* y que era forzoso restituirlos inmediatamente.

2M 443/PM 507

Sin rodeos pinté á Eloisa la situación. "Estás arruinada le dije. — Si no se acude pronto á salvar lo poco que aun queda á tu hijo, este no tendrá con que seguir una carrera, como alguien no se la dé por caridad.

Ella me oyó atónita. Su poca práctica en el manejo de los números disculpaba el error en que estaba. Despues de meditar mucho, díjome entre suspiros:

"Viviremos con la mayor economía, con pobreza si es preciso. Dispon tú lo que quieras. Te obedezco ciegamente.

Empecé á desarrollar mi plan. Se suprimirían todos los coches, se despedirían casi todos los criados, se procuraría alquilar la casa, lo cual no era facil, como no la tomara alguna embajada;

2M 444/PM 508

se venderían, ademas de los cuadros de primera, los de segunda, y todas las porcelanas y objetos de arte, las joyas, los encajes ricos, aunque fuera por el tercio de su valor, ó por lo que quisieran dar, y la familia se sometería á un presupuesto de sesenta ó setenta mil reales todo lo mas.

No necesito decir que una parte de este presupuesto recaería sobre mí, pues la casa de Carrillo, tal como estaba no podía contar con nada en un período de tres ó cuatro años, necesario para desempeñar las rentas. Y seguí trabajando para sacar á completa luz el embrollo financiero de la casa. Cuantas noches pasé en aquel despacho! Me causaba hastío y pesadumbre el verme allí. Iba notando no sé que extraña semejanza entre mi sér y el de Carrillo. Cuando vagaba de noche por los varios salones, para ir ál [sic] cuarto de Eloisa,

2M 445/PM 509

donde estaban de tertulia Camila y María Juana, parecíame que mis pasos eran los de Carrillo, y que cuando los criados me veían pasar, la impresión que recibían era la misma que recibieran al ver pasar á su difunto amo.*

Para rematar el desastre económico, el médico nos presentó una cuenta horrorosa. El no había curado al enfermo, no había hecho mas que ensayar en él diferentes sistemas terapeuticos, sin que ninguno diese resultado, y sin embargo pretendía cobrar diez mil duros por su asistencia de un año. Escándalo mayor! Yo estaba volado. Le escribí en nombre de Eloisa negándome á pagarle. El se encabritó, amenazó con los tribunales. Por fin, despues de pensarlo

2M 446/PM 510

mucho y de consultar el caso con personas practicas, llegamos á una transacción. Se le darían seis mil duros y en paz.

Esta cantidad, y otras que fueron necesarias para que la casa pudiera hacer su transformación, pues hasta el economizar cuesta dinero, tuve que abonarlas yo, pero lo hice en calidad de adelanto sin interés, para reintegrarme luego conforme entrara en orden la casa de Carrillo. No necesito decir, pues ya se habrá comprendido, que por el testamento de Carrillo hecho dos años antes, Eloisa era tutora de Pepito sin cortapisa alguna.

Y ella me decía con efusión: "En tus manos me pongo. Sálvame y salva á mi hijo de la

2M 447/PM 511

ruina". Como decirle que no? Como resistirme á prestarle mi ayuda, cuando ella había sacrificado su honor á mi vanidad? Y su honor valía bastante mas que mis auxilios administrativos y pecuniarios. Al mismo tiempo yo quería tanto al pequeño, que por él solo habría hecho tal sacrificio aunque no estuviese de por medio su madre.

Obligáronme, pues, mis quehaceres en la casa, á una intimidad que verdaderamente me era ya algo enojosa. Cada día surgían cuestiones y rozamientos... Eloisa y yo que en algunas cosas estábamos de acuerdo, en otras desacordabamos lastimosamente. A veces bastaba que yo apoyase una cosa

2M 448

para que ella defendiese con vehemencia lo contrario, y vice versa. Se hablaba mucho de economías; pero en la practica era otra cosa. Las mas importantes se iban aplazando para el mes que viene, y nunca se hacían. Muchos criados se habían ido á la calle; pero otros vigardos completamente inutiles, quedaban... De los dos coches quedaba uno. No se invita-

---

* At the PM stage Galdós wrote the following sentence here (and then crossed it out): 'Yo era lo que él había sido, la prohibición.'

ba á comer á nadie, pero poco á poco iba naciendo un poquito de tertulia de confianza, en el gabinete de Eloisa, á la cual tertulia iba Peña, Fucar y otros...

Opulento [sic]

Mis intimidades con ella renacieron, sin gran entusiasmo mío, antes bien con frialdad. Lo que mas me chocaba era, no solo la frialdad mía

2M 449

sino los síntomas que noté en Eloisa de tener una frialdad semejante.* Diferentes veces había ella hecho alusiones á nuestro casamiento, dandolo por cosa de la cual no se hablaba por ser corriente. Yo no decía nada. Me entusiasmaba poco el tal casamiento, mejor dicho, no me entusiasmaba nada. [Así estaban las cosas, cuando un día tuvimos una larga] cuestión.

Cuestión. Riña	La mina cargada iba á estallar. No esta-
Rompo y me alegro —	lló por que sobrevinieron unos días en
Me pide perdon. —	que estaba yo muy preocupado con un
Camila — muere su niño	suceso. Murió el niño de Camila, entie-
Principio á enam.	rro. Principia á gustarme Cuestión con
Fúcar	Eloisa — riña Rompo con ella. me pide
	perdon —

2M 450/515²°

7-1-85

[Durante] una semana estuve distraido por un pesar que no vacilo en llamar doméstico. El niño de Camila, mi vecina, se puso tan malito que daba dolor verle y oirle. Cubriósele el cuerpo de pustulas. Todo él se hizo una llaga, y el martirio que padecía habría abatido la naturaleza de un hombre formado, cuanto mas la de una tierna criatura que no podía valerse. No obstante, la inocencia y la debilidad se sobreponían á ratos al padecimiento, y entre las rabietinas pasaban sonrisas como relámpagos. Admiré entonces el cariño materno de Camila, y ademas una cualidad que yo no sospechaba existiese en ella, el valor. Ni un momento se apartó de su hijo; no consintió que manos extrañas le curasen. Francamente no creí que una mujer tan imperfecta, tan

2M 451/PM 517

llena de resabios desplegase aquellas altas dotes. Siete noches seguidas pasó la infeliz sin acostarse, con el pequeñuelo sobre sus rodillas, amamantándole, arrullandole, curándole las ulceraciones de su epidermis con un cuidado que solo una madre heroica podría tener. Constantino y yo la veíamos con pena, temiendo que enfermase; pero su naturaleza potente triun-

---

* Galdós wrote the word 'no' between the first two lines of 2M 449, and indeed did not use at PM the idea that Eloísa also becomes disillusioned.

JAMES WHISTON

faba de todo. Eloisa y su madre la instaban á que pusiese al chico un ama, para que no la extenuase, pues en sus postrimerías, Alejandrito era voraz y no se hartaba nunca. Pero Camila, serena y grave, rehuyendo las disputas sobre este punto, negábase á traer un ama á la casa á su hijo. Estaba decidida á salvarlo ó á sucumbir con él. Pero Dios no quiso que ninguno de los términos de este dilema se cumpliese, y al sexto

2M 452/PM 518

día Alejandrito fué atacado de horribles convulsiones, que le repitieron á menudo, hasta que el setimo una mas fuerte que las demas se lo llevó. Aquel día funesto, Camila me pareció mas heroica que nunca. La flexibilidad estupenda de su caracter, su desenvoltura quedaban oscurecidas bajo aquella resignación grave. No creí, no, que entre tal hojarasca existiese joya tan hermosa. A ratos se le conocía el genio, por la rapidez febril con que tomaba sus resoluciones, por la inconstancia de sus juicios. Solo el sentimiento era en ella duradero y profundo. Una circunstancia que me llegaba al alma era que consultaba conmigo toda dificultad que ocurriera aunque fuera en cosas de que yo no entendía una palabra. Por corresponder á esta noble confianza

2M 453/PM 519

yo daba mi parecer al tiron, sin detenerme á considerar lo que saldría de juicios tan atropellados. "Juan ¿te parece que haga calentar esta ropa antes de ponérsela?... "Juan, te parece que le dé dos cucharadas de járabe [sic] en vez de una?... "Juan, me hará daño café puro para no dormir. Me irritará?..." A todo contestaba yo lo primero que se me ocurría, despues de mirar á Constantino, en una especie de deliberación muda. Rara vez aventuraba Miquis una opinión concreta, y cuando la emitía, de seguro era un gran disparate. Yo era el verdadero oráculo de la casa en todas las materias.

Por fin, el chico dejó de padecer. Bien hizo Dios en llevarselo, abreviando su padecer. Se fué de la vida sin conocer de ella mas que el apetito y el dolor. Fué

2M 454

un glotón y un martir. Se quedó yerto en brazos de su madre, y nos costó trabajo apartar de ella a aquel lastimoso cuerpecito, que parecía picoteado por avecillas de rapiña. Con sus besos quería infundir una vida nueva, dándole la que á ella le sobraba, vida que en una y otra forma rebosaba en ella, en sus ojos con la expresión de dolor, y en su seno.

La separamos al fin, y nos la llevamos á que descansara. La que en las ocasiones ordinarias de la vida expresaba sus sentimientos de un modo ruidoso y extrafalario, ahora lloraba en silencio, hilo á hilo, no pareciendo tener consuelo.

Yo dije á Constantino, mientras las amigas amortajaban

214

2M 455/PM 521

al niño. "Quiero hacerle un entierro de primera. Corre de mi cuenta, y no teneis que ocuparos de nada. En efecto al día siguiente piafaban á la puerta de casa seis caballos hermosos, con caparazones rojos, tirando de la carroza funebre-carnavalesca mas lujosa que había en Madrid. Llevamos el cuerpo al cementerio con la mayor pompa posible. Yo tenía cierto orgullo en ello, y me complacía en asomarme por la portezuela de mi coche y ver delante el catafalco, y los meneos de los penachos de los caballos, y el tricornio del cochero. Cuando volvíamos á la casa, despues de cumplida la triste obligación, Camila estaba en su cuarto, acostada en un sofá, y envuelta en espeso mantón, los puños apretando fuertemente un pañuelo sobre los ojos. Su madre

2M 456/PM 522

le había repetido hasta la saciedad todas las variantes posibles del *angelitos al cielo,* que es la medicina de rúbrica en tales casos. Eloisa salía al comedor á recibir á los amigos y á contestar en nombre de su hermana con una palabra de gratitud á las expresiones de duelo. Acerqueme á la dolorida para preguntarle como estaba, y ella me expresó su gratitud con ardor y cordialidad grandes, entre lagrimas y suspiros, estrechandome una y otra vez las manos. Y por que tantos extremos? Por un entierrito de primera. Verdaderamente no había motivo para tanto y así se lo dije; pero una secreta satisfacción llenaba mi alma.

En los días sucesivos la calma se fué restableciendo poco á poco y el consuelo introduciéndose lentamente en el

2M 457/PM 523

espíritu de todos. Camila era la mas rebelde y defendió por algunos días su dolor. El vacío no se quería llenar. La soledad misma en que había quedado erale mas grata que la compañía que le hacíamos los parientes, y huía de nuestro lado, para volver sobre su pena á solas. Por fin los días hicieron su efecto. La veíamos ocupada y distraida con los menesteres de la casa, y al cabo atendiendo asimismo á engalanar su persona. Este síntoma anunciaba el restablecimiento. La ví con placer recobrar su gallardía, su agilidad pasmosa, y el vivo tono moreno y sanguíneo de sus mejillas. La salud vigorosa tornaba á ser uno de sus principales encantos y volvía acompañada de aquel humor caprichoso y voluble que era la parte

2M 458/PM 524

mas característica de su persona. Resucitaba con sus defectos enormes pero se engalanaba ahora á mis ojos con una diadema de altas cualidades que producían un doble efecto maravilloso, el de hacerse amables por si mismas y el de convertir en gracias aquellos defectos.

Tratábame con una confianza natural, exenta de toda malicia. La afectación, esa naturaleza sobrepuesta que tan gran papel hace en el linage humano, no existía en ella. Todo lo que hacia y decia, bueno ó malo, era inspiración directa de la Naturaleza verdadera... Su trato conmigo era de extremada confianza; solía contarme cosas que ninguna mujer cuenta como no sea á su amante. Cualquiera que nos hubiera oido hablar en ciertas ocasiones, ha-

2M 459/PM 525

bría adquirido el convencimiento de que nos unía algo mas que amistad y parentesco. Y, no obstante, no cabía mayor pureza en nuestras relaciones.

Mil veces, conociendo su penuria, le había hecho yo ofrecimientos pecuniarios; pero ello no aceptaba. "No quiero abusar, — decía — bastante es que no te hayamos pagado la casa este mes, y que probablemente no te la paguemos tampoco el próximo. Pero el trimestre caerá junto. Para entonces me sobrará dinero. No creas, me he vuelto economica. Tú mismo me has visto haciendo números por las noches y estrujando cantidades para sacar lo que necesito.

Y era verdad esto. Algunas noches le había ayudado yo, garabateando en una hoja de la

2M 460

Agenda de la cocinera, destinada a los cálculos. Por cierto que las apuntaciones de la tal Agenda no las entendía ni Cristo. Eran un caos de vacilantes trazos de lapiz. "Deja, deja, — me decía viendo mi confusion ante aquel laberinto. Esto no lo entendemos mas que Dios y yo.

Un día, debió de ocasionarle algun aprieto grave la insuficiencia de su presupuesto, porque me pidió lo que yo deseaba darle. En el tono mas sencillo del mundo, como si me pidiera una cerilla para encender la bujía, me dijo: "Mira, Juan, me vas a prestar dos mil reales, que te devolveré el mes que entra.

Me gustó tanto la petición, que casi casi la consideré como una fineza, como una galantería. La verdad, si no hubiera estado por ahí el bruto de

2M 461/PM 529²°

Constantino, le doy un abrazo. Faltome, pues, tiempo para complacerla. Si conforme me pidió cien duros, me pide mil, se los doy en el acto.

Camila salía muy poco de su casa. Siempre que yo iba allí, la encontraba ocupada en algo, bien subida en una escalera limpiando cristales, bien quitando el polvo á los muebles, á veces limpiando la poca plata que tenía ó los objetos de metal blanco. Cuando yo le decía algo que no le gustaba solía decirme. "Callate ó te tiro esta palmatoria á la cabeza; y lo peor era que lo hacía. Por poco me descalabra un día. Un mes despues de la muerte del chiquitín, aun su charla voluble y bromista era interrumpida por suspiros y por algun recuerdo del

2M 462

pobre angel ausente. "Ay mi Alejandro! solía decir, conteniendo el aliento y cerrando los ojos. Despues se ponía á trabajar con mas fuerza, pues así, decía, se le iba pasando mejor la pena. Otras veces decía: "para mí no hay mas consuelo que tener otro chico... Y lo tendré, lo tendré, — añadía con íntima convicción. — Yo digo que le debemos poner Alejandro; pero Constantino insiste en lo del alfabeto, es decir que al que vamos á tener ahora se le ha de poner nombre con B. Y todos han de llevar nombres de heroes de la antiguedad.
—No hagas caso de ese bruto! — le respondí con toda mi alma. — Pues no se empeña en que habeis de llegar á la Z?... Te pondrías bonita.
Llegaremos siquiera á la M., — decía riendo, — sí llegaremos. Quizas a la N. El del N., dice Constantino que se ha de llamar Napoleon.

2M 463

—Que estupidez. — No pienses en tener mas muchachos. Mejor estás así, mas guapa, mas saludable, mas libre de cuidados.
—Pero mucho mas triste... Anoche soñé que había tenido dos gemelos. — Pues yo quiero que el primero que tenga se llame Alejandro, en memoria del que se me ha muerto. Dejémonos de alfabetos.
Diciendolo machacaba con el puño de una mano en la palma de la otra... En mi interior deploraba yo aquel afan de cargarse de familia, aquel deseo de hijos, y esperaba que la Naturaleza no se mostrara condescendiente con Camila, al menos tan pronto como ella deseaba. Seré claro: la loca de la familia, la extravagante, caprichosa Camila

2M 464

se había ido metiendo, metiendo en mi corazon. Cuando lo noté ya estaba casi toda ella dentro. Una noche, hallandome solo en casa, eché de ver que llevaba en mí el germen de una nueva pasión, la cual se me presentaba con caracteres distintos de la que había muerto en mí ó estaba a punto de morir. Camila no se apartaba de mi pensamiento; las rarezas que antes me habían sido antipáticas, me encantaban ahora; veía en ella mil [hechizos físicos] seducciones físicas y morales. Su salud de hierro, su temperamento sanguíneo, su vida pletórica me enamoraban mas aun que su talle esbelto, sus ojos de fuego y la gracia picante de su rostro. Una de sus principales bellezas, la dentadura, igual, correcta, blanca como mármol, limpia como el sol, me

2M 465/PM 539

perseguía en sueños, mordiéndome el corazon.

La conquista me parecía facil. ¿Como no, si ya tenía andado [sic] parte del camino? La confianza me daba terreno y armas. Consideraba á Constantino como un obstáculo harto debil, y comparandome con él física, moral é intelectualmente, las notorias ventajas mías asegurábanme el triunfo. Qué interés, fuera del que le daban sus derechos, podía inspirar á Camila aquel ganso, de conversación pedestre y vulgar, de figura tosca y grosera, que no cultivaba su inteligencia y solo se ocupaba de ejercicios ecuestres y gimnásticos? ¡El lazo religioso! Valiente caso hacía de el la descreida Camila, que rara vez iba á la iglesia y se burlaba como yo

2M 466/540

de las practicas religiosas! ... Ello era cosa hecha. Por aquellos días Constantino me invitó á ir con él á la sala de armas. Mucho tiempo hacía que yo no tiraba, y diez años antes no lo había hecho mal. Comprendí que me convenía el ejercicio para contrarestar [sic] los perniciosos efectos de la vida sedentaria, y fuí con Constantino, y nos entretuvimos con asaltos en que el llevaba la mejor parte, pues si en destreza no me ganaba mucho, ganábame en fuerza. Tenía un brazo de acero, y una complexión herculea. En dos semanas adquirí yo bastante seguridad; Constantino me daba buena paliza; pero yo, al darle la mano quitandome la careta, pensaba siempre de este mo-

2M 467/PM 541

8.1.85

do: "Pega todo lo que quieras, pedazo de bárbaro. Ya verás como te la pego yo á tí.

Una tarde fuí a ver á Eloisa con firme propósito de hablarle energicamente. No la encontré. Estaba en no sé qué iglesia ocupada en un petitorio, pues por aquellos días se había desarrollado profundamente en ella la manía filantrópica-religiosa-teatral y se consagraba con alma y vida, en compañía de otras damas, á reunir fondos para las víctimas de la inundación. Con igual entusiasmo organizaba funciones de ópera y zarzuela, que solemnes festividades en las cuales las mesas de tapete rojo, sustentando la bandeja llena de monedas, hacían el principal papel. También ideaba rifas ó *tómbolas* que producían

2M 468/PM 542

mucho dinero. Se me figuraba que había trasmigrado [sic] á ella el ánima filantrópica del desventurado Carrillo. Casi todos los días había en su casa junta de señoras, para tratar de la sabia distribución de fondos y de inventar nuevos arbitrios para aliviar la suerte de las pobres víctimas. Por eso aquel día no la pude ver; de tarde porque estaba en el petitorio, de noche porque había junta, y francamente no tenía yo maldita gana de asistir á la femenina sesión, ni de oir á las oradoras. El secretario era un caballerete, un viejo engrosado que se había pasado la vida escribiendo revistas de salones. La junta terminaba á las doce, y de esta hora en adelante podía yo ver á Eloisa; pero no me gustaba ya pasar allí la noche, y me iba con mas gusto á la soledad de mi casa.

Al día siguiente creí no encontrarla tampoco; pero

2M 469/PM 543

sí la encontré. Hízose la enojada por mis ausencias, pusome cara de mimos, de resentimiento y celos. ¡Desdichada! venirme á mí con tales cosas!... "Tengo que hablarte," — le dije de buenas á primeras, encerrandome con ella en su gabinete, lleno de preciosidades, que valían una fortuna. Allí estaba escrita con caracteres de porcelana y raso [la] el funesto caso de la disminución de mi capital.

Ella comprendió que yo estaba serio y que le llevaba aquel día las firmezas de caracter que rara vez mostraba ante ella. Preparose ál [sic] ataque con sentimientos de adhesión á mi persona, sentimientos que segun dijo, rayaban en veneración, en idolatría. Yo la dejé que se explayara en este sentido, y cuando me tocó á mí le presenté la cuestión descarnada y en seco. Las economías que me había prometido no se habían realizado sino en pequeña parte. Las ventas de cua-

2M 470/PM 544

dros y objetos de arte continuaban en proyecto. No se quería convencer que el estado de su casa era muy precario, y que no podía vivir en aquel pié de grandeza y lujo. Entre ella y su marido habían derrochado la fortuna que les dejó Angelita Caballero. Si no se variaba de sistema pronto no quedarían mas que los escombros, y el inocente niño, a quien pasaría el título de marques de Cícero no tendría que comer. Si ella se obstinaba en perderse, perdiérase sola y no tratara de arrastrarme en su catástrofe. Yo, por sus dispendios, había perdido una parte de mi fortuna. No perdería, no, lo que me restaba. No me cegaba la pasión hasta ese punto.

Eloisa se sentó junto á la ventana. Con tono displicente me dijo: "Te pones cargante cuando tratas cuestiones de dinero. Haz el favor de no hacer el inglés conmigo. Me cargan los ingleses...de cualquier clase que sean.

2M 471/PM 545

Y luego, echandolo á broma: "Déjame en paz, hombre prosaico, prendero. Todo lo que hay aquí te pertenece. Corre, ve, trae los prenderos, vende todo, realiza, hartate de dinero. Cogeré á mi hijito y me iré á vivir á una casa de huéspedes...

"Con bromas no llegaremos á nada práctico, — le dije. Si no piensas seguir el plan que te trace, dilo con nobleza, y yo sabré lo que debo hacer.

—Si lo que debes hacer es no quererme, á todo me avengo. Te hablaré con franqueza. Dos cosas quisiera tener, tu *personita* y mucho dinero. Sí — tu personita, y mi casa tal como la tengo ahora. Si me dan á escoger no tengo mas remedio que quedarme contigo. Dispon tú.

—Pues dispongo que busquemos en la medianía el arreglo de todas las cuestiones, las de amor y las de intereses.

Dió un salto hacia mí y cayendo sobre mí con ím-

2M 472/PM 546

petu vehemente, me estrujó la cara con la suya, me hizo mil monerías, y luego, sujetándome por los hombros, me miró de hito en hito, sus ojos en mis ojos, diciéndome:

"Te casas conmigo, mala persona? De esto no se habla? De esto, que es tan importante, no se dice una palabra? Para ti, no hay mas que dinero, y el estado, la representación social no significan nada.

No sé que medias palabras dije.

—Ah! — exclamó ella, leyendo en mí, — tú no me quieres como antes, te asusta el casarte conmigo, lo he conocido. Te asusta el casarte con una mujer que ya faltó á su primer marido, y que se ha acostumbrado al lujo. Dudas de mí, dudas de poderme sujetar. La fiera está ya muy crecida, y no se puede domesticar. Dímelo, dímelo con franqueza, y te sacó [sic] los ojos, pillo.

Su mano derecha estaba delante de mis ojos, blanca

2M 473/PM 547

garra que los amenazaba...

La obligué á sentarse á mi lado. Pero ella continuó:

"Yo leo en tí, yo estoy en tu interior y veo lo que en el pasa. Tú dices: "Esta mujer no puede ser la mujer de un hombre honrado; esta mujer no puede construir un hogar tranquilo y honrado que es lo que tú quieres. Esta mujer no se somete, es demasiado autónoma... Díme si no es esta la pura verdad. Hablame con tanta franqueza como yo te hablo.

La verdad que ella descubría, y revelaba, desbordándose en mí, salió caudalosa á mis labios. No la pude contener y le dije:

"Lo que has dicho es el Evangelio, mujer.

—Ves, Ves, como acerté?

Daba palmadas — Quieres que nos arreglemos? Pues lo primero es que te cases conmigo — No, lo primero es que vendas — No quiero, — no quiero — Hemos concluido— No puedo prescindir del lujo — es mi pasión. — Adios — almuerzo triste. — niño, sentimiento. — Llora ella. Yo inflexible —

2M 474

9-1-85

Daba palmadas, como si estuviéramos tratando de un asunto baladí. Yo me esforzaba en traerla á la seriedad, sin poderlo conseguir.

"Quieres que nos arreglemos? Te propongo una transacción. Dame palabra de casamiento y no seas sinverguenza...me parece que ya es hora. Prometeme que te tendré por marido en cuanto pase el luto, y yo empezaré mi reforma de vida, me iré haciendo cursi poco á poco... No seas bárbaro: no puedo variar bruscamente y de golpe mi manera de vivir. Parece mentira que todavía me quieras mas tronada. Eso de hacer almoneda general es un poco fuerte,... Aceptas, sí ó no.

—Que he de aceptar tus disparates? — le respondí. — Lo primero es que tú te pongas en disposición de ser mi mujer. Tal como eres no te tomo; no te tomaría aunque me trajeras un Potosí en cada dedo.

Abalanzóse á mí como una leona humorística. Su rodilla me oprimió la región del hígado, lastimandome, y sus brazos me acogotaron despues de sacudirme con violencia. Con burlesco furor, exclamaba

2M 475

"Pues no dice este sinvergüenza que no me toma... Que has de hacer mas que tomarme...y sin regatear, entiendes? Que mas quieres tú, pillo. Aquí donde V. me ve, señor honrado, soy capaz de llegar á donde V. no llegará con esas sus honradeces de última hora. Soy capaz de volverme cursi hasta el heroismo, de ponerme un hábito del Carmen, de vivir en un sotabanco y de coser para fuera. Hasta eso llegaré yo, si es preciso.

—Como no es eso lo que te pido, como eso es absurdo, y no hay para que pensar en ello, no viene al caso. Es un recurso estratégico tuyo para eludir la cuestion. Te pido lo razonable y te escapas por lo absurdo. Y vamos á ver, — añadí, poniéndome muy serio, — si estás dispuesta á lo mas, por que no empiezas por lo menos. Si yo no quiero que seas una cursi, sino que vivas con mas modestia, como vivo yo.

2M 476/PM 552

—¡Ah! — dijo ella, — si no fuera este pícaro luto, pronto se resolvía la cuestión. La semana que entra nos casábamos y el mismo día empezaba la reforma... Pero tú quieres invertir el orden, y yo, francamente, temo que me engañes, temo que despues de hacerme pasar por el sonrojo de una almoneda y de un cambio de posición, me des un lindo quiebro y me dejes plantada. Porque sí, detrás de ese entrecejo está escondida una traición, la estoy viendo,...no me lo das á mí...yo veo mucho. Y si sale verdad lo que sospecho, ¿que me hago yo? Que es de mí, con cuatro trastos un pañuelito de batista y sin otro porvenir que el de convertirme en patrona de huéspedes?

No pude menos de reirme, y ella, viéndome reir se puso á cantar la música de una tonadilla de zarzuela mas en boga entonces, con esta letra: *no quie-*

2M 477/PM 552[2°]

ero [sic], no quiero ser cursi,... Despues, dejándose llevar de su burlesco humor, me habló como hablan las chulas, enronqueciendo la voz y fingiendo las modulaciones mas groseras: oye tú *chayó*...que te has *llegao* á figurar. Si no me has dicho ni tanto así... Matrimonio, matrimonio te pido.

Sin saber como nos hallamos frente á frente hablando con completa seriedad. Ella repitió lo de "matrimonio, matrimonio es lo primero," y yo dije: no, lo primero es cambiar de vida. Puesta su mano amistosamente en la mía, y mirándome con aquella dulzura que me había esclavizado por tanto tiempo, me habló con aquel tono sincero y un poco doliente que había sido la música mas cara á mi alma. "Chiquillo, si quieres sacar partido de mí tratame con maña; quiéreme y dómame. Pero lo que

2M 478/PM 553

es domarme sin quererme, no lo verás tú. Estoy muy encariñada ya con mi manera de vivir, muy hecha á ella, para que en un día, en una hora puedas tú transformarme, poniéndoteme delante con un papel lleno de números, como el administrador de la casa. Soy muy enviciada ya en el lujo, y en los placeres de la sociedad. Para hacer el sacrificio de esta pasión, necesito otra, porque la verdad, no tengo virtud para mas. No quiero mentir delante de tí. La pasión de las cosas buenas de los objetos hermosos, de la distinción y elegancia social me esclaviza de tal manera que no me puedo vencer. Soy una fiera; tú solo puedes domarme, pero el procedimiento del libro de cuentas no es el mejor. Principias por ser mi marido...

—Que estás diciendo ahí, loca...yo tu marido!

2M 479

despues de la confesión que acabas de hacer, — dije, sin poder contenerme. — Yo casarme con quien empieza por decir que cuatro trapos y cuatro porcelanas la apasionan mas que yo...

—déjame concluir... Eres un egoista.

—Egoista tú.

—Sabes lo que pienso? — dijo poniéndose colérica. — Sabes lo que pienso? Pues como no me quieres, todo tu afan por mis economías no tendría quizás mas objeto que salvar el anticipo que hiciste á la administración de mi casa, cuando perdimos al pobre Carrillo. Con la venta, salvamos tu dinero, y despues yo me quedaría pobre, y tú me abandonarías... No, no te sulfures. Es una suposición, lo que llaman una hipótesis.

—Nunca hubiera creido en tí pensamientos

222

2M 480

tan viles. Me causas horror.

Y la glacial mirada que advertí en ella me irritó de tal modo que estallé en frases de recriminación.

"Tú, — le dije, — no eres ya lo que eras, has variado. Tienes ideas groseras, de un positivismo brutal... Valiente papel hara el que se casara contigo. No, no seré yo esa víctima lastimosa. Quién se fiaría de tí, si con los resabios que has adquirido serías capaz de vender cien veces el honor de tu marido. Lamentable es vender al compañero aceptado á la iglesia por la pasión de otro hombre; pero venderlo por un aderezo de brillantes, por una cena ó por un capricho de tienda es infame y rastrero... Y para que veas que haces mal en juzgar de mis sentimientos por los tuyos, te diré que puedes quedarte con lo que anticipé

2M 481/PM 560²

á la administración de tu casa, para que los usureros no profanaran el dicho del pobre Carrillo. Te lo regalo, te regalo ese dinero para que lo gastes, con tus nuevos amigos. Agradezco la circunstancia de esta nueva perdida que me libra de ti para siempre, sí, para siempre *(cogiendo mi sombrero)*. En la vida mas vuelvo á poner los piés en esta casa. Quedate con Dios.

Me levanté para salir. Contra lo que esperaba, Eloisa permaneció muda y fría. O creyó que mi resolución era fingimiento y táctica para volver luego mas amante, ó había perdido la ilusión de mí como yo la había perdido de ella. Salí al otro gabinete, y mi precipitado paso hacia la escalera fué detenido por una vocecita que me

2M 482/PM 561

llegó al alma. Era la del niño de mi prima, que montado en un caballo de palo, lo espoleaba con furia... Era imposible salir sin darle cuatro besos. Pobrecito niño! Me inspiraba lástima profundísima, habría querido llevarmelo conmigo...fuí á donde sonaba la voz, y... ¡otra grata sorpresa! — Camila, con la mantilla puesta, como acabada de llegar de la calle, tiraba del caballo, que se movía al fin, con rechinar áspero de sus mohosas ruedas. En el mismo instante entró Eloisa que dijo á su hermana: "quédate á almorzar." Y á mí también me dijo con acento firme: "Juan, quédate. Espero al *Sacamantecas,* y nos reiremos mucho." La idea de estar cerca de Camila me hizo dudar. Por un instante

2M 483/PM 562

la debilidad de caracter casi venció á la entereza; pero pronto dije: "no, tengo que hacer."

Camila se fué cantando, para quitarse la mantilla y hablar con Rafaela. Nos quedamos solos Eloisa y yo con el pequeño. Yo le besaba con ardor frenético.

"Pobre niño, — dije, — mientras él, apeandose, ponía la silla que se había caido. — Aunque no nos hemos de ver mas, me comprometo, con juramento que hago sobre la cabeza de este caballo de cartón á hacerme cargo de su educación y á costearle una carrera cuando su desdichada madre esté en la miseria.

Eloisa volvió la cara á otra parte y no dijo nada. El con presteza se subió al caballo. Yo le volví á besar. Fué su madre, ella, sí, la que se llegó á

2M 484/PM 563

él y poniéndose de rodillas y rodeándole la cintura con su brazo, le dijo: "Vamos á ver Pepe, estate quieto un momento y contéstanos a lo que te vamos á preguntar. Juan y yo nos vamos ahora de Madrid, nos separamos... El va por un lado, y yo por otro. (El chico miraba á su madre con profunda atención, y despues me miraba á mí.) Tú no puedes ir á un tiempo con él y conmigo, porque no te vamos á partir por la mitad. Es preciso que decidas con quién vas á ir, con Juan ó conmigo?

Sin vacilar un instante, el niño me echó los brazos al cuello. El pobrecito se había afligido un tanto. Cuando separé, Eloisa no estaba allí. Dejé al pequeño en poder de Camila, que había vuelto, y salí á la calle con una opresión vivísima en el pecho.

2M 485/PM 564

10-1-85

Parecerá quizas extraño que en una ocasión como aquella, cuando acababa de romper para siempre con la mujer que adoré, mi primer pensamiento, al llegar á la calle, fuera esperar á Camila para hacerme el encontradizo con ella é invitarla á dar un paseo. La ingenuidad guía mi pluma y nada he de decir contrario á ella, aunque me favorezca poco. Mientras entretenía el tiempo en la calle, alargándome hasta la plazuela de Antón Martín, ó dando la vuelta á la primera manzana de la calle de la Magdalena, reflexioné sobre lo que acababa de pasarme. La verdad, yo no podía estar orgulloso de mi conducta, pues si bien el rompimiento y el acto aquel de perdonar el dinero

2M 486/PM 565

me honraban, á primera vista, (aun quitando de ellos lo que tenían de teatral) en rigor yo era tan vituperable como Eloisa. Así lo reconocí, mas sin propósito de enmienda. Mi razon echaba luz sobre los errores de mi vida; mas no daba fuerza á mi voluntad para ponerles remedio. "Está bueno, — me decía yo, — que le exija cambio de vida, y que, al mismo tiempo, abrigue el propósito de abandonarla, trocándola por otra. Los hombres somos así: creemos que todo nos lo merecemos, y que las mujeres han de ser heroínas para nosotros, mientras nosotros hacemos siempre lo que nos da la gana. Aquí lo natural y prudente sería

2M 487/PM 566

que yo siguiera queriéndola como la quise, y que combinando habilmente la disciplina del amor con la de la autoridad, la aparte dulcemente de su camino y la lleve al mío. Esto es lo lógico, esto es lo humanitario, esto es lo decente. Lo que sería facil. Pero no; yo me planto y le digo: has de cambiar de vida de la noche á la mañana, porque yo lo mando, porque así debe ser, porque no quiero gastar dinero, y yo en cambio, te abandono, y aunque sigo haciendo contigo la comedia de la consecuencia, en el fondo de mi alma te desprecio. Si digo yo, Juanito, que eres una alhaja..."

¡Y esa tunanta de Camila no parecía!... Ya me sabía de memoria todos los escaparates de la zona que recorría; ya había visto cien veces las abigarra-

2M 488/PM 567

das muestras del Molino de chocolate, los pañuelos y piezas de tela de la tienda de ropas, los carteles de Variedades, los puestos de verdura y pescado de la calle de Sta Isabel. Había oido el reloj de San Juan de Dios dar las doce, las doce y media, la una... Yo no había almorzado y empezaba á tener apetito. No podía entretener el fastidio de aquel plantón sino reflexionando, sondeando mi espíritu. Ay que cosas hallé en tales profundidades. Navegando por entre el gentío de la calle, estaba yo tan solo como en alta mar, y oía el murmullo sordo que me agitaba, como el perenne rumor del viento y la mar. Siento desengañar á los que hubieran querido ver en mí algo que me diferenciase de la multitud.

2M 489/PM 568

Aunque me cueste el confesarlo, no soy mas que uno de tantos, un cualquiera. Quizás los que no conocen bien el proceso individual de las acciones humanas, y lo juzgan por lo que han leido en la historia ó en las novelas de antiguo cuño, crean que yo soy lo que en lenguage retórico se llama un *heroe,* y que en calidad de tal estoy llamado á hacer cosas estupendas, y á tomar grandes resoluciones: No, yo no soy *heroe;* yo, producto de mi edad y de mi raza, y hallandome en armonía admirable con el medio en que vivo, tengo en mí los componentes que corresponden al origen y al medio. En mí se hallaran los [componentes de] la familia á que

225

2M 490/569

pertenezco y el aire que respiro. Hay en mí un cierto espíritu de rectitud amalgamado con la debilidad de caracter. Carezco de base religiosa en mis ideas, carezco también de base filosofica en mi moral. No domino yo las situaciones en que me ponen los sucesos; ellas ¡ay! me dominan á mí. Por esto quizas muchos que buscan lo mas estupendo y drámatico no hallaran *interesante* [sic] estas memorias mías. Pero como ha de ser. La literatura novelesca y sobre todo la literatura dramática, han dando [sic] vida á un tipo especial de hombres y mujeres, los llamados *heroes,* las llamadas *heroinas,* que á veces con la denominación de *protagonistas,* justifican su heroica existencia realizando actos morales

2M 491/570

de gran trascendencia, inspirados en una logica especial, la lógica del mecanismo teatral, la lógica del mecanismo narrativo en la novela. Nada de esto reza conmigo. Yo no soy personage *esencialmente activo* como dicen los retóricos, que han de ser todos los que han de salir á la escena; yo soy pasivo, soy juguete de los acontecimientos. Las pasiones pueden mas que yo, y Dios sabe que bien quisiera yo poder mas que ellas y meterlas en un puño; yo no tomo *grandes resoluciones,* porque no sé tomarlas; yo no soy un protagonista soy un hombre, yo, Fulano, Juan Fulanito de tal, y el que me quiere asi que me tome. Y el que no que me deje...

Pero que veo? Camila al fin... Adelanta-

2M 492

ba hacia mí alzandose un poco la falda para apartarla de la suciedad de la calle de Sta Isabel.

"Camila! ... que sorpresa! ... Y tú adonde vas? Vuelves á casa de Eloisa?" "No, iba á ... Que encuentro tan feliz! ... De fijo que los que quieren que yo sea heroe, se asombraran de que viviendo yo en la misma casa que Camila y pudiendo hablarle cuando quisiese, espiase sus pasos en la calle. Pero de estas rarezas é inconsecuencias están llenos el mundo y el alma humana. Me agradaba lo imprevisto, y lo buscaba aunque necesitara preverlo, es decir, un imprevisto artificial, á cambio del genuino. Porque la pasión que nacía en mí por aquella maldita mujer surgía en mi espíritu con escarceos juveniles y estudiantiles. La vanidad no tenía tanta parte como en la que me inspiró Eloisa. Gusta-

2M 433 *

ba yo de que mi triunfo si al fin lo lograba, permaneciese en absoluto secreto, y que solo ella y yo lo saborearamos. Si en otra ocasion el escandalo

---

* Should be 493, but since 492 looked very like 432 Galdós mistook his own writing and continued '433' and '434'.

me halagaba, en esta el misterio era mi encanto, y sobre todo yo quería que en aquel nuevo capítulo de mi vida tuviese los indecibles encantos de la aventura. Puseme en aquellos días un tanto romantico y mi fantasia no se ocupaba mas que de imaginar inopinados encuentros con Camila, peligros vencidos, tapujos y escenas en que el goce se sublimara con el misterio que lo envolvia. En fin, yo estaba hecho un cadete, un estudiante. Pensaba cosas que luego he reconocido eran verdaderas tonterías. Que mas que seguir sus pasos en la calle, ver que entraba en alguna tienda; entrar yo también, com-

2M 434

prar algo para mí, fingir sorpresa de verla allí, y concluir por pagarle lo que ella compraba. Y cuando creía encontrarla en algun sitio, y no la encontraba, sufría horriblemente. Cuantas veces, á prima noche pase la calle de Caballero, creyendo que ella saldría de casa de su cuñado Augusto, y Camila sin parecer. Con que afan miraba yo la multitud, y observaba las caras desconocidas que pasaban sin cesar junto á mí, ya iluminadas por el gas de las tiendas, ya á oscuras. A veces me saltaba el corazon. Veía á lo lejos una esbelta figura, era ella... Se acercaba; no era. Y vuelta á las andadas. Fatigado de aquel trabajo estúpido hacia propósito de retirarme, y cuando ya lo hacía, me ocurria una idea

2M 495

desconsoladora. Si precisamente en aquel momento que yo me alejaba salía ella de casa de Augusto Miquis? Volvía a la sentinela; hasta que rendido y sin esperanza de verla ya me retiraba.

Yo podía verla en su casa Pero, ay! ahí estaba casi siempre el moscon de su marido, baboso, pegajoso. Ella con dulce autoridad había conseguido de él que no fuese al café por las noches. Al principio le costó mucho trabajo este sacrificio; mas luego se iba acostumbrando. Pasaban la velada juntitos, ella cosiendo y arreglando sus cosas, á la luz de la lampara del comedor, — él leyendo periodicos ó haciendo... [sic]

Aquel día que la cogí saliendo de casa de Eloisa la invité á dar un paseo. "A pié, en coche, como

2M 496

quieras, — le dije. — Siento que hayas almorzado. Si no te convidaría, y nos iríamos á un restaurant. —

—Quita allá — en que estás pensando. Yo á un restaurant contigo. Por mí no me importaba; pero Constantino se pondría furioso. Pues estaría bueno. He conseguido quitarle el vicio del cafe, y yo había de ir ahora ... Bueno se pondría.

Y seguimos hablando.

—Vas á hacer alguna compra? te acompañaré

—Voy á comprar tela para hacerle unas camisas á Constantino... Pero cuidado, si vienes conmigo, no te empeñes en pagarme. No lo consentiré. Mira todo el dinero que tengo.

Me enseñó su portamonedas

—Tengo hasta prestarte, — dijo cerrandolo de

2M 497

golpe y haciendo sonar el muelle, y acompañándolo de un movimiento gracioso de su boca.

—Tengo yo mas, — le dije. — Déjame que te pague la tela.

—No seas tonto.

—Si es obsequio que le quiero hacer á Constantino... Mira, compraremos mas tela, y me haras una camisa a mi.

—Oh! — sí; sí — dijo riendo y dando palmadas en plena plazuela de Matute. — Oye, el tonto de Constantino sostiene que yo no sé hacer las camisas, ya verá él si sé!

—Pues ya lo creo que sabes, y muy bien

Constantino es [muy] un poco bruto; sencillote pero creeme, Juan, es un angel. Si supieras tú como me quiere! Por muy alta idea que tengas del amor

2M 498

mor [sic] de un hombre, no te puedes figurar el de Constantino por mí.

No me hacían gracia los elogios de Constantino. Entramos en la tienda. Era una de esas camiserías en cuyos escaparates había mil chucherías preciosas. Camila se hacía mostrar las piezas de cinta y algodón, y yo en tanto miraba los objetos de capricho. Mientras el tendero medía varas, llegose á mí para ver y admirar tanta cosa bonita. Te gusta esa corbata, ese alfiler, ese cofrecito —? Ciego empecé á hacer compras.

"Por Dios, Juan, que disparates haces. Me llené los bolsillos de paquetitos, fuí á pagar la tela; pero ella la había pagado ya. Por poco me enfado ... Que cosas tienes ... Pero Juan

Me miró seria muy seria, al salir.

"Quieres que tomemos un coche?

2M 499

"No, — respondió no ya seria, sino grave, como enojada. — Eso no está bien. Constantino podría pensar mal de tí y de mí. No quiero, no quiero tomar nada de lo que has comprado.

—No seas tonta.

Ibamos por la calle del Príncipe...

—Es que... — me dijo muy alarmada — parece que me haces el amor, que me quieres conquistar.

—Y qué?

—Cualquiera diría que te has enamorado de mí

—Diría la verdad
—Juan! exclamó asustadísima.
Llegamos á casa. Por el camino fuimos disputando sobre las compras. Llegamos á la casa.

2M 500: missing

2M 501

saltando.* Yo sentía en mí una felicidad indescriptible. Y aquella tortilla que me sirvió, que manjar mas delicioso! Jamas he comido cosa que me supiera mejor. Estaba abrasando; pero me la tragué y me abrasé vivo...
"Pues, si Camila... tú lo has dicho.
Y empezó á reir, á cantar peteneras.
—Me alegro, — dijo, — para que sepa Constantino el tesoro de fidelidad que tiene. El me quiere mucho; pero cree que no valgo nada...
—Camila... me tienes loco, me tienes
—Pues no te queda mas remedio, que esto.
Corrio y trajo el revolver de Constantino
—No creas, está cargado.
—No pienso hacer uso del [sic] llevate por

2M 502

Dios, ese chisme
Y vuelta á las risas, á las peteneras.
Entró Constantino. Seguimos la conversacion en su presencia.
Mira si será tonta tu mujer. La encontré en una tienda. Le compre varias chucherías para ella y para tí, y no las quiere aceptar. Mira, la corbata para tí.
Las acepto? — dijo ella con ojos de dicha? [sic]
—Sí, por que no?
Y se abrazan delante de mí y empezaron á darse besos con un descaro. Aquellos besos me quemaban el alma.
—Patrona, — gritó el bruto, sentándose junto á mí. — Haganos V. café ahora mismo, al momento... Y traiga V. la botella de

2M 503

ron... Y despues se le sentó sobre las rodillas, y empezaron á tortolear de nuevo. Parecían dos enamorados que no se habian visto en mucho tiempo.
Si siguen Vds así, me largo. — dije, furioso.
—No hombre, somos así, nos queremos, que mal hay en eso. Somos marido y mujer. Confianza ó no hay confianza.

* Refers to Camila. For the context, see II, 32.

Cuando me retiré estaba mareado, aturdido por el ron de aquel maldito, y por el impulso no satisfecho de mi pasión.

Ellos se quedaron ahi, diciendose caricias que harían despues que yo me marchase... En el enojo que esta idea me causaba, me consolaba la esperanza de triunfo... sí triunfaría... "Veras, animal, como te la pego.

2M 504/PM 597

Yo estaba en la firme creencia de que Eloisa se presentaría en mi casa á pedirme perdon y á buscar las paces conmigo. Sin mi ayuda su ruina era inmediata. Pero no acerté por aquella vez. Pasaban días y Eloisa no iba á verme. Dos ó tres veces [la encontré] en la calle, la ví pasar en su coche cerca de mí, y su mirada dulce y amistosa me decía que no sólo no me guardaba rencor sino que deseaba una reconciliación. Pero yo quería evitarla á todo trance, impulsado por dos fuerzas igualmente poderosas, el hastío de ella y el temor de que acabara de arruinarme. Huía de todos los sitios donde creía poderla encontrar, pues si me venía con lagrimillas y sentimientos, temía que la delicadeza y la compasión torcieran mi firme propósito.

2M 505/PM 598

Ya estaba cerca el verano, y yo tenía curiosidad de ver como se las componía Eloisa para hacer aquel año su excursión de costumbre, pues de una manera u otra, bien empeñando sus muebles, ó vendiendo algo, ella no se había de quedar en Madrid. Lo que entonces pasó causome viva agitación, sin que la pudiera aplacar apelando á mi razon. Supelo por un amigo oficioso, el que designé antes por *El Sacamantecas,* por no decir su verdadero nombre. Aquel condenado, vino á verme una mañana, se convido á almorzar conmigo, y con pretexto de hablarme de un asunto concerniente al distrito de que yo era representante en las Cortes. Pero su verdadero objeto era llevarme un cuento, un cuento horrible que adiviné desde las primeras reticencias con que lo anunció. Era aquel hombre un difamador de profesías [sic] y no obstante, lo que me iba á decir era no

2M 506/PM 599

solo verosimil sino verdadero, y las palabras del infame arrojaban de cada sílaba destellos de verdad. En mi conciencia estaban las pruebas auténticas de aquella delación y yo no tenía que hacer esfuerzo alguno para admitir, como el Evangelio, lo que oía. No se valió, *el Sacamantecas* de parábolas para informarme del caro objeto de su visita, sino que de buenas á primeras me dijo:

"Mucho dinero tiene Fúcar; pero como se descuide pronto lo dejará por puertas... En buenas manos ha caido... Supongo que estará V. al tanto de lo que pasa y que esta observación no es un trabucazo á boca de jarro.

—Lo sé, lo sé, — dije con no sé que niebla delante de mis ojos.

Yo no había oido nada, no lo *sabía* en el rigor de la

2M 507

palabra; pero lo sospechaba, tenía un [sic] de ello un presentimiento tan vivo que equivalía en mi espiritu á la certidumbre del suceso. Entróme entonces curiosidad ardiente de saber mas y le pedí mas claros informes.

"Ya lo saben en Madrid hasta los perros. — añadió él — Yo, sin embargo lo dudé hasta el jueves. Me gusta asesorarme de las cosas por mí mismo. Me fuí á ver á Fucar. Yo soy así, me gusta la claridad. Encareme con él y le dije. "D. Pedro, las cosas claras. Es cierto esto?" Y él se echó á reir y me dijo que como las cosas caen del lado á que se inclinan, era cierto. Añadió que no pensaba hacer locuras mas que hasta cierto punto, y que iba armado de prudencia pecuniaria, por conocer las mañas de la prójima.

Irritóme que aquel tipo hablara de Eloisa con tanta desconsideración,

2M 508/PM 601²ᵛ

por un instante pensé que la calumniaba y traté de poner correctivo á la calumnia; pero algo clamaba dentro de mí apoyando el aserto, y me callé. Era verdad, era verdad. La potente lógica de los sucesos humanos lo escribía en letras de fuego en mi cerebro. Lo que me causaba extrañeza era el sentirme contrariado, lastimado por la noticia. ¿Que me importaba á mí su conducta, si yo no la quería ya, si consideraba feliz suceso mi apartamiento de ella? No sé si era despecho, ó injuria del amor propio lo que yo sentía; pero lo que fuese me mortificaba bastante. Al propio tiempo sentía la ira de ver en el camino de la degradación a la que me había sido tan cara, y alguna parte debieron tener asimismo en mi turbación los remordimientos por haberla puesto yo en aquella senda.

2M 509

Supliqué al tal que no me hablara mas del asunto y disimulé la impresión penosísima que me había hecho; pero el no quiso complacerme sin añadir una expresión maliciosa:

"Nada, querido, estamos en baja.

El miserable, en su vanidad ridícula, quería presentarse también como víctima. Se preciaba de haber recibido también favores de Eloisa; pero esto era una falsedad de que yo no tenía duda. Despues de almorzar fuimos juntos al ministerio de Fomento, donde estuvimos toda la tarde, ocupado yo de su asunto como si fuera mío. El ministro me riñó amistosamente por mi apatía política. Yo no me cuidaba de nada; no hacía caso de las reclamaciones de mis electores, y estos tenían que valerse de otros diputados para impetrar el favor ministerial. Le dije que dejaría gustoso el cargo

2M 510/PM 612

que me aburría y molestaba soberanamente. Pero en aquella misma conversación, en que intervenía con calor mi amigo Jacinto María Villalonga, se posesionó de mí una idea. Quizas me convenía variar de conducta, mirar á la política con ojos mas atentos, pues con ayuda de este sabio instrumento de medio, podía yo reconstruir mi agrietada fortuna. Salí de la Trinidad pensando en esto, acalorada mi mente por la charla de Villalonga, que me incitaba á asociarme á él y participar de sus negocios. Cuales eran estos? me lo explicaría despacio y con reservas, pues la cosa era delicada.

Mi espíritu no se apartaba de Eloisa, de quien no sé si me inspiraba compasión ó un sentimiento de despecho y envidia que podría considerarse como

2M 511/PM 613

un reverdecimiento de la antigua pasión. Lo que me me [sic] había dicho el *Sacamantecas* me hería en lo vivo y quería yo tener la evidencia de ello. Había un criado en la casa, puesto allí por mí, de nombre Evaristo, que me era fiel como un perro. Hícele venir á mi casa, y me contó cosas que me sacaron los colores á la cara. Tuve que mandarle callar. Cuando me quedé solo, estaba nerviosísimo, me zumbaban horriblemente los oidos. Pasé una noche aburridísima, porque Camila y su marido fueron al teatro y yo no tuve con quien entretener la velada. Me cansaba el teatro, me fastidiaba la sociedad. "Manana, — pensé, — ó voy á su casa á decirle cuatro cosas, ó reviento." No tenía derecho ninguno á pedirle cuentas de su conducta; pero se las pedía

2M 512/PM 614

porque sí; porque me daba la gana, porque aquel Fucar se me había atragantado, y la idea de que bebiera en la sopa que yo bebí me ponía furioso. Mi egoismo había de resollar por alguna parte para que no me estallara dentro. "La voy á poner buena, — pensaba, — disponiéndome á ir allá. Venderse por dinero! Es una ignominia en la familia que no debo consentir.

Fuí por la tarde. Estaba furioso. Deseaba llegar para desahogar mi ira. ¿Que cara pondría delante de mí? Se disculparía?... Quedéme frío al entrar, cuando advertí cierta soledad en la casa. El mismo Evaristo fué quien me dijo: "La señora ha salido para Francia en el *express* de las cinco de la tarde."

¡Ah, miserable! huía de mí, de mi severa corrección, de la voz que le iba á pedir cuentas acerca de

2M 513/PM 615

su manera de pisotear el honor de la familia... Tales disparates me hacía pasar mi despecho.

A la tarde siguiente bajé á la estación á despedir á la familia de Severiano Rodríguez, y me encontré á Fucar, que se acomodaba en un departamento del *sleeping car*.

"Hola, traviatito, — me dijo abrazándome. — Mandas algo para París?

—Que V. se divierta, — le respondí afectando no solo serenidad sino contento hasta donde me fué posible.

Algo mas le dije dándole á entender que no me inspiraba envidia sino compasión, y nos despedimos hasta la vuelta. "Yo no preciso salir de España. No quiero hacer gastos. Necesito tapar ciertas brechas y reedificar ciertas ruinas..." Y como el se riera, concluí con esto: "los convalescientes [sic] compadecemos á los enfermos... Adios,

2M 514/PM 616

adios... Deje V. mandado... Memorias...divertirse.

Cuando Camila me dijo: "nosotros no tenemos dinero para veranear y nos quedamos en Madrid", sentí una gran aflicción. De que medio me valdría para costearles el viaje y llevármelos conmigo? Dije sencillamente á Camila: "Tú no has estado nunca en París, ¿quieres ir conmigo? Pero ella se escandalizó de mi proposición y me dijo mil injurias graciosas. Yo estaba dispuesto á pagarles el viaje a San Sebastián y con mas gusto lo habría hecho llevandola á ella sola; pero como no había medio de separarla del antipático apendice de su maridillo, les propuse llevarles á entrambos. "Gracias, — me dijo Constantino. — Si mi mamá Piedad me manda lo

2M 515/PM 617

que me ha prometido nos iremos unos días á San Sebastián ó á Santander en el tren de recreo.

—En el tren de recreo! Pero estais locos?

—Sí, en el tren de botijos, — exclamó Camila batiendo palmas. — Así nos divertiremos mas. Que importa la molestia? Tenemos salud. La mujer de Augusto vendrá también.

—Que cosas se os ocurren! en el tren de botijos! Eres una cursi...

—Dí que somos pobres.

—Vaya... Yo tengo tomada casa en San Sebastián. Os invito a vivir en ella. Es muy grande para mí. Id en el tren que querais, aunque sea en un tren de mercancías.

Yo contaba con hacerles aceptar oportunamente los billetes en el express de las seis, y ya estaba yo

2M 516/PM 618

regocijado en mi interior con la perspectiva de aquel viaje á San Sebastián. "Allí caerás, — pensé, — no tienes mas remedio que caer.

A la noche siguiente, el tontín de Constantino entró diciendo: "Nos iremos á Pozuelo," lo cual desconcertó mis planes. Marido y mujer discutieron, y yo combatí lo de Pozuelo. Por fin apelé á las aficiones taurómacas de Miquis, hablándole de los toros de San Sebastián. Quedó pues concertado el viage; pero ellos no podían ir hasta Agosto, y yo muerto de impaciencia, agoviado por los calores de Madrid, tuve que estarme en la villa todo el mes de Julio. Y para que? Para atormentarme mas, y ver defraudado, cada día mis ardientes anhelos. Aquella dichosa Camila era una enviada de Satanás para condenarme y llevarme á la perdición. Como el holga-

2M 517/PM 619

zan de Constantino seguía de remplazo [sic], casi nunca salía de la casa. Casi nunca encontraba sola á Camila, y cuando estaba sola, se volvía conmigo una verdadera ortiga, no se dejaba tocar, me esquivaba, suspiraba por su marido ausente y acababa de helarme, hablándome con desconsuelo de aquel Belisario que no venía, que no quería venir.

"Si no vas á tener mas chiquillos, — le decía yo — y da gracias a Dios, para que no se perpetúe la raza de ese animal manchego.

Al oir esto me pegaba con lo que quiera que tuviese en la mano. Y no se crea...pegaba fuerte; tenía la mano dura. Me hizo un cardenal en la muñeca que me estuvo doliendo muchos días.

2M 518/PM 620

"Si sigues haciéndome el amor, — me dijo un día, — le canto todo á Constantino, para que te sacuda. Puede mas que tu.

—Sí, ya sé que es un mozo de cuerda. Pero dí ¿como es posible que le quieras mas que á mí. Que hallas en él que te enamore.

—Que risa!...que es mi marido, que me quiere. Y tú no vienes mas que á divertirte conmigo, y á hacer de mí una mujer mala.

Y no había medio de sacarla de este orden de argumentos. "Que me quiere."

"Aguárdate, que ya caerás, — decía yo para mí.

Un día, que la encontré sola, llegose á mí Camila y dandome un billete de *quinientas* pesetas, me dijo:

"Ahí tienes lo que me prestaste. Puede que ya no

2M 519/621

te acuerdes.

—En efecto no me acordaba. Guarda el billete, y perdonada la deuda.

—No; yo no quiero tu dinero. He pasado mil apuritos para reunirlos, y ahí están. Antes te los quería dar, pero tuve que renovar el abono de la barrera de Constantino, ¡pobrecillo! Cuanto he penado por que no se prive de una diversión que tanto le gusta. He tenido para esto, que dejar de comprarme algunas cosillas y que no comer postre en muchos días,... Me habras oido decir en la mesa que no tenía ganas. Ganas sí; pero era preciso economizar... Conque ahí tienes tu dinero, y gracias.

—No lo tomo... quita allá!

—Te echaré de mi casa.

Aquel rasgo me encantaba. ¡Pobrecilla!

2M 520

"Mira, Camila, ya me devolverás los dos mil reales mas adelante... Ya debes suponer que no me hacen falta.

—Eso no me importa.

—Ay! Camila... Si te. empeñas, los guardo; pero ya sabes que son tuyos, que estan á tu disposición cuando los necesites, no solo esto sino todo lo que poseo, porque todo lo que poseo es tuyo.

Lo dije con tanta vehemencia alargando mis manos hacia ella, que me tuvo medio *, y de un salto se puso al otro lado de la mesa.

"Si no te callas, — me dijo, — te tiro este plato á la cabeza... Mira que te lo tiro.

—Tíralo, y descalabrame, — le dije fuera de mí; pero descalabrado te diré que te idolatro,

2M 521

que estoy loco por tí, que todo lo que tengo es tuyo y que eres la señora de mi vida...

Sus carcajadas me desconcertaron. Se reía de mi entusiasmo, el cual resultaba ridículo desde el momento que no hallaba eco en ella.

Constantino entró. Su cara aborrecida me trajo á la realidad. Le hubiera dado de palos hasta matarle. Pero yo decía siempre para mí "Tú caerás, tú caerás."

Otro día les halle juntos retozando. [La casa] con libertad pastoril. Ella, que tenía calor aun en invierno, estaba en verano vestida á la griega. El andaba por allí con un gorro turco y babuchas. Ella se bañaba dos ó tres

2M 522

ella le banaba á él — le la **

veces... Sus diálogos eran puramente infantiles. El se había privado del café para comprarle un regalito, y era capaz hasta de sacrificar su abono

---

* Mistake for 'miedo'.

** These notes were probably written at the 2M stage, since Galdós left a space at the top of the page ('la' is presumably an abbreviation for some part of the verb 'lavar').

de los toros por que ella fuese al teatro. Sin cesar hacían proyectos, á los cuales asociaban á los hijos que pensaban tener. Pero aquel Belisario que no parecía. "Veras, veras, decía ella, con los baños de mar." Maldito Belisario, cuanto lo aborrecía yo.

Ambos jovenes, saludables, reventando de sangre vigorosa, gozaban las delicias de la juventud y el amor, sin tasa, sin freno. Para realizar aquel viaje, todo se volvía economías, sabiamente organizadas por ella. "Si yo os pago el viaje, déjate de economías." Constantino

2M 523

se enfurecía cuando yo le hablaba de pagar. Lo poco que tenían lo disfrutaban y lo gozaban con inefables delicias. El día que recibió el dinero de su madre dijo: "voy á hacer una calaverada. Te convidamos Juan." Pero al ordinario Constantino, no se le ocurrió llevarme á un restaurant, sino á las ventas. A él le gustaba el bullicio popular, y ella se entusiasmaba con aquella ingenua manifestación de la alegría. Trabajo nos costó que no se pusiese á bailar en medio del campo, que no se subiera al tío vivo... No he visto mayor felicidad que la de aquellos dos seres. Bruto el uno, y caprichosa la otra, había en ambos cierta inocencia que

2M 524

yo admiraba y envidiaba.

En los días que precedieron al viaje, cambié de táctica. Cuando hablaba á solas con Camila, generalmente en la calle ó en casa de su madre, le pintaba mi desesperación en términos sombríos y románticos. Yo, sin saberlo, me estaba volviendo tonto. Le decía: "me mato, te juro que me mato, si no me quieres", y ella al fin pareció tomarlo en serio; me miraba con profunda lástima, me exhortaba á ser razonable. El que no se riera, y viera la cosa con seriedad, parecíame como un principio de transaccion, de la cual al fin saldría mi victoria.

2M 525

13-1-85

Idilio campestre, piscatorio, balneario

Ya en Agosto estábamos todos allá. Sin desconocer los encantos de la capital veraniega de las Españas, no me inspiraba simpatías aquel pueblo que me parecía Madrid trasplantado al Norte, y en el cual los madrileños no van á descanso, rusticación, sino el mismo ajetreo de su bulliciosa capital, los mismos goces urbanos refrescados por la brisa cantábrica. Me fastidiaba ver por todas partes las mismas caras de Madrid, la misma vida de paseo y café, los mismos grupos de políticos, hablando del tema de siempre. Los paseos de la Concha y la Zurriola en que dábamos vueltas de noria, oyendo las mismas piezas de música de toda la vida me aburrían soberanamente.

Yo habría echado á correr si el interés inmenso de Camila no me hubiera clavado allí.

2M 526

Camila era allí la representación humana de la alegría. No he visto persona mas dispuesta á gozar de los encantos lícitos de la vida, y á apurarlos hasta [las heces] el fondo. Su marido le hacía pareja en esto. Ambos tortoleaban en mis barbas, haciéndome rabiar interiormente, y esclamar con desesperado acento: "Pero Señor, que he hecho yo para no saborear esta felicidad. Que razon hay para que yo me muera sin haber conocido esta alegría inocente fundada en el amor legitimado y una conciencia tranquila."

Todos los días inventaba yo alguna cosa para que ellos se divirtieran, para divertirme yo si podía y para alcanzar mi objeto. Unas veces era expedición á Pasages, otras, caminata por el campo, excursión en coche á Loyola, pesca en bote en el puerto. Por todas partes y en todos los terrenos buscaba yo el idilio, y

2M 527

se me figuraba que lo había de encontrar si no estuviera pegado siempre á nosotros aquel odioso bruto de Constantino. Pero su mujer, ¡cosa extraña! no se divertía sin él, y él era realmente quien daba la nota delirante de la alegría de nuestras expediciones. Yo me daba á los demonios por no poder prescindir ni un momento de su para mí enojosa compañía. En las excursiones campestres, Camila se embriagaba de campo, de aire puro; corría por las praderas como una chiquilla, se tendía en el cesped, saltaba zanjas, apaleaba los bardales, se encaramaba á cojer madreselvas, hablaba con todos los labriegos que encontraba, queria que yo me subiera á un arbol á ver los nidos de los pájaros, perseguía mariposas. Si la única felicidad verdadera consiste en contemplar felices á los que amamos, yo no debía cambiarme por

2M 528/PM 652²°

ningun mortal; pero la felicidad no es eso, y el filosofo que lo dijo debió mentir como un bellaco. Por su parte Constantino hacía los mismos disparates acomodados á su natural rudo y atletico. Daba vueltas de carnero, saltos mortales, hacía planchas en la rama de un roble, andaba con las manos, cantaba á gritos. Ambos concluían por abrazarse en medio del campo, ante el altar azul del cielo, y jurarse amor eterno, delante del Sol. Cuando nos acompañaba Augusto Miquis, este y yo filosofabamos mientras los otros se hacían caricias, ó nos reíamos de ellos; pero yo rabiaba.

Nuestros recreos marítimos no eran menos deliciosos para aquella pareja de enamorados, que mas parecían chiquillos que personas mayores. Nos embarcabamos en una segura y comoda lancha, y emprendía-

2M 529

mos nuestra pesca. Declarabamos guerra sin cuartel á toda alimaña habitante en la inmensidad salada. Un marinerillo nos ponía la carnada en los anzuelos, para no ensuciarnos las manos. Que momento de alegría cuando sacábamos algo. El que estrenaba la pesca, el primero que sacaba algo reventaba de vanidad. Camila no tenía paciencia para esperar. Cuando sentía picar, tiraba con tanta fuerza que el pez se escapaba. Ella se impacientaba; decía atrocidades, se ponía encendida. Pero si al fin tiraba de la cuerda sintiendo peso, su imaginación le abultaba la presa. "Es muy grande, es una merluza, lo que traigo" Mirad, mirad... Por fin salía un pobre pancho, enganchado por la mandíbula, primero plateando en el agua, aleteando. Las julias,

2M 530

porredanas, chaparrudos, entraban en la lancha, los íbamos echando en un balde, donde su horrible agonía les hacía dar bruscos saltos. Pero no les hacíamos caso. Camila se ponía febril cuando pasaba mucho tiempo sin sacar nada; nos hacía cambiar de sitio. Pero cuando sacaba algo que gritos, que aspavientos, que locura. Se ponía como un energúmeno, insultaba al pez, nos insultaba á nosotros, nos decía *sacre nom de dieu*... Si la presa era un pancho pequeño, un tierno infante que había sido robado por el anzuelo, cuando volvía del colegio, Camila impetraba la clemencia de todos los expedicionarios, y reunidos en consejo consejo [sic], votábamos al fin que se le diera libertad. Ella misma le sacaba el anzuelo procurando no hacerle daño, y lo arrojaba al agua, riendo mu-

2M 531/PM 656

cho de la prontitud con que el muy pillo, se iba á lo profundo, aleteando.

¡Qué horas tan dulces para todos, porque yo también me divertía, y ademas la alegría de aquellos seres se me comunicaba, se reflejaba en mí. Pero por mas vueltas que daba, el idilio, es decir, la tostada del idilio no parecía para mí. Apenas podía yo deslizar en el oido de Camila alguna palabra, alguna frase, algun símil de la pesca aplicado a mi situación y a mis pretensiones. Ella hacía como que no oía, y despues, aprovechaba las ocasiones para hacerme cualquier perrería, como salpicarme de agua, pasarme por la cara el cerro erizado de algun pez.

Mi imaginación excitada, mi contrariada

2M 532/PM 657

pasión buscaban refugio en la idealidad. Lo que los hechos reales me negaban, asignábamelo yo con lo imaginario. En otra forma, yo era también chiquillo como ellos. Ocurríame que la mar traidora nos podía jugar repentinamente una mala pasada. El bote se anegaba, se hundía. ¡Naufragio! En este caso, yo, que sabía nadar muy bien, la salvaba, la arrancaba á la horrorosa muerte... Que triunfo! y que placer tan grande! Dominado por esta idea, una tarde que se levantó un poco de Noroeste, y que volvíamos á la vela, dando unos tumbos muy regulares, le dije, señalando las imponentes masas de agua verdosa: — "Camila, si se nos volcara la lancha y te cayeras al agua...¿no te aterra de pensar que te ahogarías?

2M 533/PM 658

—Yo? no tengo miedo, — me respondió serena, contemplando las olas. — Al contrario me gustaría que se levantara ahora una gran tempestad. Quiero ver eso...
—Y si te cayeras al agua?
—No me ahogaría.
—Claro, que no, porque te sacaría yo, con riesgo de mi propia vida. Te disputaría al mismo mar.
—Que me habías de sacar, hombre. Me sacaría Constantino. No es verdad, niñito mío, que me sacarías tú?
—Si este apenas sabe nadar...
—Que me sacaría, — gritó Camila, con fé ciega en la habilidad natatoria de su niñito.

2M 534/PM 659

Nada, nada, que el idilio no parecía, ni por buenas ni por malas. Ni en la calma ni en la tempestad. Aquel naufragio de teatro con que yo soñaba no se verificaba tampoco, y eso que una tarde... Vereis lo que pasó. A lo mejor parecióse por allí un barco de guerra, una de esas carracas que sostenemos y equipamos y tripulamos con grandes dispendios, para hacernos creer á nosotros mismos que tenemos marina. Era un vapor de ruedas, que andaba, en buen tiempo, la vertiginosa marcha de cinco nudos por hora. No servía para nada; pero era una gran novedad para estos pobres madrileños que tan equivocada idea tienen de las cosas del mar. Toda la colonia quiso verlo, y, y [sic] la Concha se llenó de lanchas que iban á donde

2M 535/PM 660

estaba fondeada la *petaca*. Los madrileños se quedaban con medio palmo de boca abierto, viendo la limpieza y el orden de á bordo, la gallarda arboladura, que no es mas que un adorno, oyendo el pito del contramaestre, viendo subir á los marineros como ratones por la jarcia; y admiraban la comodidad de las camaras, el reluciente acero de los cañones, los pañoles de galleta. Era un jubileo. Nosotros fuimos también, ¿pues no habíamos de ir? Tomé un bote y nos metimos en el los tres, con mas Augusto Miquis, su mujer y su cuñada. Cuando regresabamos bajamos al bote, despues de ver el barco, nos sucedió un percance. El mar estaba picado. Con los balances que hacía el bote, al entrar las personas, á poco zozobramos; des-

2M 536

pues el marinero que sostenía la pequeña embarcación arrimado [sic] á la escala del vapor se descuidó. El bote metióse debajo de la escala. El vapor, en un balance, hundió el pico de su escala sobre aquel. Fué un momento de pánico indescriptible. Un grito horrible salió de aquellas bocas... Yo ví el momento que buscaba. El bote se hundía. Una mujer cayó al agua — abalanceme á ella. Era Camila... Era la cuñadita de A. Miquis... Constantino, con su fuerza herculea fué el verdadero heroe de aquel momento supremo. Con rapido movimiento cogió á su mujer en el brazo izquierdo, y con el derecho se colgó de la escala, quedando suspendido. En fin, que no ocurrió nada, mas que el chapuzon. Camila y su marido no

2M 537

se mojaron. Y que burlas despues por mi mojadura. Volvimos riendo á la ciudad, y aquella noche no se habló de otra cosa.

Y siempre juntos. Por las mañanas íbamos Constantino y yo al café, donde pasabamos un rato. Camila y sus cuñadas hacían visitas. Pesabame ya haber venido á San Sebastián, donde jamas tenía ocasiones de pillarla sola. Si ella hubiera querido, no habrían faltado; pero como ella no quería y me esquivaba por todos los medios, no adelantábamos nada. Constantino descubrió una sala de armas en la calle de — * y nos fuimos allá. El ejercicio muscular combinado con los baños debía de ser de un efecto saludable. Augusto iba también. Hicimos varios asaltos. Yo odiaba de todas veras a Constan- [sic]

2M 538

y le tenía por mas bruto de lo que quizás era realmente. Tenía el tal la maldita maña de los juegos de manos que dice el refran que son juegos de villanos. Sí, el era villano por los cuatro costados. Gustaba de dar puñetazos, de tomar la mano de uno y apretarla hasta que la víctima no pudiendo resistir mas exhalaba un grito. Tales juegos me cargaban. Yo le decía estate quieto; no me busques. Le tenía ganas, tenía ganas de darle un buen porrazo, ya que el matarle no estaba ni en mis sentimientos ni en las costumbres suaves de la epoca. Pero yo echaba de menos las epocas románticas en que se mataba su rival por quítame allá esas pajas. Pues un día me rindió á la fatiga en un asalto. Yo estaba nervioso, y deseaba estrujarle. Se puso des

* Galdós leaves a gap here.

2M 539

pues á molestarme con sus groseros juegos. "No me busques le dije. Dentro de mí nació bruscamente un apetito de brutalidad, cegué, perdí la razón, le eché las manos al pescuezo, caí sobre él, rodamos. No sé lo que pasó. Constantino, tenía mas fuerzas musculares que yo; pero creo que el odio que le tenía y la escitación en que estaba centuplicó mis fuerzas. La verdad es que le tuve un momento acogotado, gozando en la estinción de su aliento. Despues he recordado aquello y me he espantado y avergonzado de mi acción, y de como los hombres mas pacíficos nos convertimos en fieras... "Es demasiado," dijo Augusto que empezaba á alarmarse, para juego basta. Mi fuerza puramente nerviosa, por lo mismo que fué tan

2M 540

grande, fué breve. Constantino se repuso, y desasiéndose, me clavó las manos, sujetando las mías y oprimiendome el busto, de modo que me dejó sin movimiento. Yo me sentía como si fuera de palo y no podía moverme ni apenas respirar. Yo estaba debajo, me tuvo así un gran rato, ostentóme gallardamente su poder frente á mi debilidad, y así me tuvo, mirándome, dueño de mí, como si yo fuera una muñeca. "Muevete ahora, me dijo, apretando mas sus manos de hierro, y al decirlo soltaba, jadeante carcajada, que luego fué burla franca y sin malicia. Cuando me soltó yo apenas respiraba. No sabía lo que me pasaba. El continuaba riendo. "Son bromas pesadas, — dijo Augusto. "Eres un bruto, Constantino... Y el otro

2M 541

reía mas y mas. Nos serenamos al fin, yo disimulaba, haciendo como que reía. Fué bronco juego. Pero mi odio se duplicaba, y le guardé el rencor. "En el mar nos veremos, — dije para mí.

Sí en el mar era yo mas fuerte, mucho mas fuerte. Yo era un gran nadador, y Constantino apenas se mantenía sobre el agua. Siempre nos bañabamos juntos, le daba lecciones, y jugabamos en las olas. Orgulloso yo de aquella habilidad mía, cuando Camila estaba en el baño, hacía yo heroicidades. Me iba muy afuer [sic], muy afuera hasta que ya no podía mas. Decíanme que habían perdido de vista mi sombrero de paja. Todas las personas que había en la plaza estaban en gran ansiedad, y corrían murmullos de alar-

2M 542

ma. Cuando volvía triunfante, hendiendo las olas, me recibían con palmadas. Yo estaba muy hueco. No veía mas que á Camila, que ya vestida salía de la caseta, palida, asustada y me decía: "Que susto nos has dado. Yo creí que no volvías ya.

Pues un día, el que sucedió á la escena de la sala de armas, nos bañamos, como siempre todos á la vez. Augusto y Constantino hacían sus pinitos entre las olas. Constantino, se me montó bruscamente encima, hundiéndome un rato en el agua. Salí furioso. Había llegado mi ocasión. "Cegué otra vez, y agarrandole por el pescuezo me sumergí con él, diciendo entre dientes, "traga agua, perro, trágala." Un instante nos balanceamos en el mar. Sentí la sacudida herculea de mi víctima. Salí á la super-

2M 543

ficie. Por un momento creí que Constantino se había ahogado tuve un terror. Camila, dió un grito. Pero Constantino apareció atontado, escupiendo agua, vomitandola. Carcajadas le acogieron... Yo empecé a bracear... Llegóse á mí. Estaba furioso vi encendida la el [sic] ira en sus ojos. Sentí sus poderosas manos en mi cuello, y me hundió [como si] Al mismo, dentro del agua, con esa penetrante vibración con que el agua comunica el sonido, oí estas palabras de Camila: ahógale, ahogale... Por un instante creí que me ahogaba. Pero salí. Una carcajada general me acogió. Tuve que reportarme y disimular. Augusto decía: juegos pesados y de mal genero. Puede ser peligroso. Salí del agua enfermo de despecho. Aquel ahogale, ahogale, se había quedado

2M 544

dentro de mis oidos como si entrara agua en ellos. Cuando salí de la caseta, donde permanecí largo rato procurando serenarme, ví a Camila y Constantino corriendo por la playa como dos inocentes. Nunca había estado Camila tan hermosa. Los baños de mar la habían robustecido. Su coloración enérgica, por efecto del sol y de los aires marinos daba idea de la salud mas perfecta, de la energía física mas envidiable. Era la plenitud de la naturaleza humana, dispuesta á todos los goces de la vida...

Entrome aquellos días la mayor tristeza que he conocido en mi vida. Por que Camila no era mía. La deseaba legítimamente. Yo me habría conceptuado el mas feliz de los hombres teniéndola por esposa. Ya no me contentaba con robarla

2M 545

al hogar y al tálamo de otro hombre. Quería adquirir la legitimidad, y tenerla por mía ante Dios y los hombres. Detras de mi pasión había un fin noble.

Aun me faltaba ensayar otro idilio, puesto que el campestre y el piscatorio no habían dado resultado, ni habían podido realizarme el naufragio y salvamento que me hacían falta. Los convidé á ir á Bayona. Augusto y su mujer venían también. Ofrecíles llevarles [sic] á Burdeos, si querían; pero no aceptaron. Mi idea era pasar por delante de los ojos de Camila las tiendas de novedades en Bayona y Biarritz. En el coche de ferrocarril le dije que se comprara lo que quisiera, un par de abrigos de invierno, tres sombreros. Ella reía, diciendo que me iba á arruinar. Ojala. Con gran contento mío, observe que el aspecto

2M 546

de las tiendas la desconcertó un poco. Quedábase triste viendo cosas. Pero no escogía nada. No se aventuró á tomar nada, sino de comun acuerdo con Constantino, que á cada paso consultaba su portamonedas, que encerraba algunas monedas de oro. Resistióse Camila á aceptar nada. Para hacerle aceptar una pequeña cosa, tuve que hacer un regalo general, obsequiando á cada uno de los de la partida.

Felizmente Constantino se encontró en Biarritz á un amigo que le invitó á echar un billar. Paseamos por los X [sic]*. Dí el brazo a Camila. Augusto y su mujer se entretuvieron hablando con una familia amiga.

Gozoso iba yo con Camila. Aquel ratito de conversación me parecía la gloria. Tuve el tacto

2M 547

de no hablarle de amor. Observé en ella cierta indolencia, una atención particular a lo que yo decía y á los lamentos que exhalaba sobre mi suerte y la soledad de mi vida. Notaba yo una dulzura particular en sus ojos, y un vivo interés por que yo no padeciera tanto. De pronto dijo: "Estoy en ascuas. Ese individuo con quien ha tropezado Constantino es una mala persona, y temo que me le pervierta. Yo le dije que no se cuidara de su marido.

"Es que han dicho que van á echar una mesa y temo que el otro le arrastre al baccarat que hay en el Casino. Ah! mi marido, cuando se casó conmigo, tenía todos los vicios. Jugaba, se emborrachaba, pasaba el tiempo en el café diciendo groserías. Yo le he quitado todos esos

2M 548

vicios á fuerza de paciencia y dulzura, unas veces combatiéndolos, y otras aparentando ceder á ellos y haciéndole ver el mal que nos causaban. Yo le he apartado de los cafés, y le he hecho romper con los amigotes y malas compañías, le he quitado el beber mas de la cuenta. Hoy es un niño, un angel de Dios, hago del lo que quiero. Le domino y me tiene dominada. Me casé con él, sin pensar lo que hacía. Si no hubiera tenido tantos vicios, y no hubiera tenido yo que calentarme los sesos para quitárselos, á estas horas nos habríamos tirado los platos a la cabeza.

No quise apartarla de aquel tema. Me mostré discreto, triste... Augusto y su mujer se nos reunieron y no pude hablar mas á solas con aquel sol de mi vida.

---

* Galdós leaves a gap after the X.

2M 549

Nos volvimos a San Sebastián, ellos contentísimos, yo triste. Pero notaba en Camila cierta seriedad. Los trapos de Bayona la habían perturbado? Tal vez. Sorprendíla en gran discusion con la mujer y cuñada de Miquis, sobre manteletas. Ella rara vez tomaba con calor estas cosas y ya las tomaba.

Pero un día resolvieron marcharse, y con mis ruegos y suplicas, no los pude detener. A Constantino se le acababan los dineros. Yo dije a Camila que mi bolsa estaba á su disposición. Ella se rió y no quiso aceptar. Me causó maravilla verla poner la cuenta de los gastos al céntimo. Preveia y presuponía todo hasta los mas insignificantes gastos. Se había hecho económica hasta la avaricia y antes de gastar un centimo, dábale mil vueltas. Se fueron, y me

2M 550/PM 687²°

dejaron en espantosa soledad.

En aquellos días oí hablar de Eloisa. Me contaron horrores. El marqués le había pagado sus compras de París. Por Irun pasarían aquellos días, eficazmente recomendados al administrador de la Aduana, veinte y cinco baules mundos y cajas con el indispensable *Fragile*. Allí me encontré á María Juana y á su marido, que despues de pasar la temporada en San Juan de Luz, se detenían dos semanas en San Sebastián antes de la *rentrée*. Dígolo así porque noté en María Juana cierto prurito de decir las cosas en francés. Habían estado en Lourdes á cumplir una promesa. Rabiaban por tener sucesión, lo que Dios no le quería conceder, sin duda por haber decretado la extinción de la raza progresista por los siglos de los siglos.

2M 551/PM 688

Contra lo que esperaba, María Luisa [sic], que se instaló en la fonda antigua de Beraza, estuvo obsequiosísima conmigo. De confianza en confianza, se aventuró á hablarme de su hermana Eloisa, á quien puso cual no digan dueños. Su conducta la tenía avergonzada. Era un escándalo! Al menos cuando tuvo la debilidad de quererme, la vergüenza se quedaba en la familia. Y lo peor era que no se sabía á dónde iba á parar su hermana con aquella vida. Estaba en la pendiente, y ¿dónde se detendría? Hablamos luego de Lourdes, de la Virgen, de lo bien arreglado que está aquello, de lo conveniente que sería que en España hubiera algo parecido para que no se fuera el dinero de los devotos á Francia, y para que la piedad y el negocio marcharan en comun acuerdo. Díjome que en Madrid iba á hacer

2M 552/PM 689

propaganda para que á la Virgen del Pilar, se le hicieran peregrinaciones, jubileos, para llevar dinero á Zaragoza. Yo me mostré conforme con todo. Volviendo a hablarme de Eloisa, díjome que comprendía que una mujer faltase á sus deberes por un hombre como yo, de buena figura (movimiento de gratitud en mí) pero no comprendía que una mujer, se echase á pechos (textual) el carcamal asqueroso del marques de Fúcar, solo por estar forrado de oro.

En tanto Medina se metía de rondon en los círculos políticos de San Sebastián, aquellos famosos círculos en cuyo centro suele haber un exministro, y cuya circunferencia la forma, algunos ex-directores, y varios cesantes mas ó menos famélicos. Medina hacía la

2M 553

rueda á un prohombre de aquellos. El deseo de entrar de lleno en la vida política, le traía á mal traer. Tenía dinero, que aumentaba cada día. Y se sentía orador. De fijo que diría cuatro verdades en el Congreso.

Nos fuimos á Madrid en el mismo tren y en el mismo coche. Por el camino, María Juana, que estaba muy amable conmigo, comunicóme sus proyectos.

Apenas llegué á Madrid y á mi casa, subí á ver á Camila, á quien hallé contenta, como siempre. Su marido estaba haciendo café en una cafetera rusa, y ella cosiendo á maquina en la misma mesa del comedor. Me dijo que con sus ahorros había comprado aquella

2M 554/PM 693

maquina, y que iba á empezar las camisas. No quiso aguardar á otro día á tomarme las medidas. ¡Que mona estaba Dios mío, con su delantal, que se había hecho! Y que no estuviéramos en los tiempos legendarios, para robarla, y echar á correr, con ella en brazos, en veloz caballo que nos llevara á cien leguas de allí! ¿Por qué, Dios poderoso, se me había antojado aquella y no ninguna otra mujer de las muchas que conocía? Pollas guapísimas, de honradas familias, conocía yo, que se habrían dado con un canto en los pechos por que yo las requiriera de amores, jóvenes de mérito que me habrían convenido para casarme, algunas ricas; y no obstante, ninguna me gustaba. Había de ser precisamente aquella, la que ya estaba casada con el monstruo. Aquella, precisamente aquella, era la que se me

2M 555/PM 694

antojaba para mujer mía, para recibir mis homenajes y mi amor por lo que me restara de vida; aquella nada mas, y aquella había de ser, pesara á todas las potencias infernales y celestiales. Púseme enfermo, aquellos días, y muy nervioso, y mi ruido de oidos, me decía, como las tres *hermanas confederadas* decían á Macbeth: "salve Rey."

Como vendría á ser mi querida no lo sabía; pero ella vendría al fin. Enfermo y todo como estaba, no paraba en casa. Habíame entrado un febril desasosiego y curiosidad por averiguar lo que hacía Constantino fuera de casa, y si era tan formal como su mujer creía. Porque si yo descubría algun enredo, me alegraría seguramente. No era mi animo delatarle, sino

2M 556/PM 695

simplemente alegrarme y fundar en algo mis esperanzas de triunfo. Durante algunas tardes y noches, le seguí los pasos, hecho un polizonte de amor. Este papel me habría parecido risible é infame en otras circunstancias; pero tal como yo estaba, completamente ofuscado y fuera de mí, parecíame la cosa mas natural del mundo. Siguiéndole, deseaba ardientemente verle entrar en donde su entrada me probase su deslealtad y el olvido de aquella fidelidad ejemplar de que Camila hacía tanta gala. Mi desesperación era grande al ver que ningun indicio podía encontrar mi celosa suspicacia en que apoyarse. Alguna vez nos encontramos, de noche. Yo le cogía por la solapa, y con afectado enojo, le decía

2M 557/PM 696

"Ah! tunante, tú andas en malos pasos. Tú vienes de picos pardos." Y el se reía como un bendito bruto. Tan seguro estaba en su conciencia que no me contestaba sino con una afirmación rotunda y tranquila. "Quia! yo soy formal"... "Parece mentira, — insistía yo, — que teniendo una mujer como la que tienes... No te la mereces. Y el se reia, se reía. La honradez que se pintaba en su cara tosca me declaraba su inocencia, pero yo volvía á la carga: "Se lo contaré á Camila."

Y él, sin mostrar contrariedad por esto, me contestaba con una sencillez grandiosa, que era toda una conciencia sacada afuera, estas breves palabras:

"No te creerá."

Y era verdad que no me creía, pues cuando alguna vez, en la mesa, aventuraba yo alguna indicación

2M 558/PM 697

mas bien con caracter de broma, Camila se reía y bromeaba un poco también, diciendo: "Con que en malos pasos.

El la miraba ¡Que mirada aquella de lealtad sublime. Era como la mirada profundamente leal y honrada de un perrazo de Terranova. Camila le cogía la cara entre sus dedos, encallecidos por la costura, y estrujándoselas [sic] decía: "No digas disparates, Juan. Mi Miquisito no quiere á nadie mas que á mí.

Aquella fe ciega que tenían el uno en el otro era lo que me desesperaba... Que no vinieran tiempos en que un hombre podía evocar al diablo, y previa donación ó hipoteca del alma, celebrar con él un convenio para que el me diera lo que tanto ahelaba. Yo quizas no hubiera vendido

2M 559/PM 698

mi alma, sino á retroventa, para pagarle despues de algun modo, y recobrar la que Shakespeare llama *eternal joya*... Pero ya no hay diablos que presten estos servicios; tiene uno que arreglarse como pueda.

Raimundo ya no vivía conmigo. Desde que yo me establecí en mi casa propia, había vuelto á la casa de sus padres; pero todos los días almorzaba conmigo, y me entretenía siempre y me daba sablazos. Una mañana entró diciéndome que se creía curado del reblandecimiento; que se notaba con fuerza y salud. "Voy á emprender un trabajo, veras que curioso es!" Me lo explicó prolijamente ¡por Dios que idea mas extravagante no se ha ocurrido

2M 560

á ningun loco. Lo que trataba de hacer era un mapa grafico de la moralidad de España, acompañado de una memoria. En el mapa grafico se espresarían por medio de líneas de colores diversos y por signos y curvas los distintos vicios que tenemos. La intensidad de los colores indicaría la intensidad de los vicios. Estos los dividía en cuatro categorías: inmoralidad matrimonial ó adulterio, (color rojo) inmoralidad politica y administrativa (ilegalidad venalidad arbitrariedad) (color verde) inmoralidad pecuniaria (inclusa disipación) (color amarillo) inmoralidad física (embriaguez) verde. Había recogido la mar de datos de tribunales... pero casi todo era á ojo de buen cubero. En la memoria desarrollaba su idea. Era un mapa gráfico del mal en España. Lo que llamaría la atención

2M 561

era que demostraría que Madrid es el punto mas moral de España en todos los ordenes y exclusivamente en el político... En el mal matrimonial los gallegos tenían la mayor parte, y en el mal físico, Barcelona... Madrid tendría el color menos intenso en moralidad politica, y esta se iría oscureciendo de la capital á las provincias y de estas á los pueblos pequeños. Feliz idea. Yo me reía, y él siguió hablando. La exposición de sus planes concluyó por pedirme dos mil reales. Ya hacía algun tiempo que había adoptado el sistema de negarle la mayor parte de sus postulaciones. De tiempo en tiempo le daba la mitad. Aquella vez, tanta gracia me hizo el *mapa moral,* que le dí los dos mil reales. Cua-

2M 562

tro días estuvo sin parecer por casa.

En la segunda quincena de Octubre, el tiempo estaba tan desapacible y lluvioso, mi alma tan agobiada que no salía de casa. Ahí me pasaba las horas. Constantino me acompañaba largos ratos, su mujer alguna vez, y mis amigos siempre. Una tarde en que estaba enteramente solo, sentí abrir quedamente la puerta del gabinete, donde yo estaba. Miré y ví el rostro de Camila. Alegraronseme los espíritus. Mas bien pronto, por no sé que ruidos que sentí, me pareció que no venía sola.

"Buenos días primito, me dijo desde la puerta.

Entró me dió la mano y volvió á la sala.

—Ha entrado alguien contigo? — le grité.

Y desde la sala, dijo: "No, estoy sola.

2M 563

Pero yo sentí algo que me inquietaba. Camila volvió á entrar. Mostraba cierta emoción. "Que escondites son esos" — le dije... Es que tienes ahí una visita.

—Pues que pase, — grité alargando la cabeza.

—Dice que no se atreve.

Por fin se atrevió era Eloisa. En el mismo instante que apareció, su hermana echó á correr, y se fué á su piso. Eloisa estaba tan cohibida, tan turbada, que yo también me turbé. Por un instante estuvo en pié delante de mi, sin saber que hacer, ni que cara ponerme ni que palabras decirme. La sonrisa y el llanto se robaban alternativamente la expresión de su cara. Por último lloró sonriendo, y me echó los brazos al cuello.

"Haces mal en estar enfadado conmigo, — me dijo

2M 564

besuqueandome. — Yo siempre te quiero. No me he olvidado de tí ni un solo día...

Dieronme ganas primero de echarla de mi casa. Pero aquel catonismo se me representó luego como una crueldad injusta, pues yo, si no era peor que ella, tampoco era mejor. Fuí indulgente, la hice sentar á mi lado, y hablamos. Noté que, conservando el luto, venía hecha una parisiense del mas puro y fino corte y se lo dije: "Ah! — me respondió, — ya estaba de París hasta la corona. He estado también en Amberes, en Aix-la-Chapelle y en Spa. La verdad, no me he divertido nada. — Pero estás malo... pobrecito... Yo te curaré.

Inclinóse, dejó caer su hombro sobre el mío y apoyo su cabeza contra la mía.

2M 565

Luego, irguiéndose repentinamente, y pasandose el panuelo por los ojos, — dijo:

"Se que me vas á decir cosas, á reñirme, á echarme los tiempos. Suprime los sermones, hijo. Todo lo que tú pudieras decirme, lo sé, yo me lo he dicho, yo me he recriminado, y he pasado grandes torturas. Sé que soy una mala mujer; pero que quieres... el mundo, locuras, ambiciones... La tempestad me llevado [sic] en vilo, me ha arrastrado como una pajuela y no he podido luchar con ella... Con que lo mejor es que no me digas nada, y que seamos buenos amigos.

La verdad, yo sin amor por ella, la miraba como una infeliz hermosa, á quien hubiera encontrado en el *boulevard*.

"Ah! — dije de pronto, — no me has dicho nada

2M 566

de lo único tuyo que podría interesarme. Y tu hijo?

—Monísimo... rabiando por verte, y preguntándome por tí siempre. Manana te lo mando para que lo tengas aquí todo el día. — Has dicho *lo único tuyo que me interesa*... Ingratuelo. Y yo, yo... Verás, alla hoy [sic] decir que te casabas con la hermana menor de Severiano Rodríguez. Que mal efecto me hizo la noticia! Al llegar aquí, Camila me ha dicho que es mentira.

Y tan mentira. No pienso casarme. Pienso retirarme del mundo, irme a un pueblo, á una dehesa, quizas me case allá con una pastora, para vivir tranquilo y sin cuidados.

—No me digas que no me quieres á mi, — exclamo con subita vehemencia, tirándome del pelo, — porque te corto la cabeza.

2M 567

Nosotros los Buenos   Ellas y yo

"Estás tu a propósito para que yo te quiera, — le respondí esforzandome por mostrarle menos desden del que sentía. — Y que tal tu viejo Fucar?

Esta pregunta la desconcertó. Colérica me dijo:

"No me hables, no me hables. Yo esperaba de tí mas miramiento...

Y despues con franqueza que me pasmó, dijo: apuntando con su dedo índice la coronilla, por encima del sombrero.

"Estoy de viejo pintado hasta aquí. Que espantada estoy de lo que he hecho.

—Dime, habras traido de París maravillas.

—Algunas cosillas, — murmuró quitando importancia á sus compras. — Ya lo verás. Todo es para tí, para que te recrees en ello.

—Gracias; disfrútalo como puedas.

2M 568

—Te digo que es para ti... Siempre que compraba un objeto, un vestido, una porcelana, me decía: "Que le parecerá? le gustará? Y cuando me parecia que no te había de gustar, no la tomaba, aunque el gran mamarracho me la ponderase mucho.

Empapando mi espíritu entonces en moral, en esa moral convencional que tenemos siempre á mano para hablar y que rara vez tenemos en las acciones, le dije que no se acordara mas del santo de mi nombre, que yo no pensaba poner los piés en su casa, que estaba decidido á huir de mujeres peligrosas como ella. Ni un niño salido del colegio con todo el catecismo dentro de la cabeza se habría expresado mejor.

"Eso lo veremos, — replicó Eloisa. — Vamos, ven á mi casa honradamente, como un amigo, á ver lo que he traido... No te jugaré ninguna mala pasada... No hagas

2M 569

el seminarista conmigo, porque te conozco y sé lo que eres. Y sobre todo, tú podras hacer lo que quieras. Si no vas á verme, vendré yo a verte. Seras capaz de echarme de aquí.

—Quién sabe...
—A que no?... — me dijo acercando su rostro al mío. — Todavia...
—Que?
—Apostamos una cosa... Apostamos á que todavia te vuelvo loco otra vez? — Apostamos á que otra vez te chiflas por mí.
—Apuesto lo que quieras.
[—All right.]
Dió varias vueltas por la habitación, distrayendose de aquella conversación, y como pensando en otra cosa. Se miró al espejo, y volviéndose á mí, con sonrisa descocada, me dijo
"Como me encuentras?

2M 570

"Segun lo que quieras decir. Distingo.*
—Sin distinciones.
—Te encuentro muy... *cocotte*. Te has abandonado, traes todo el corte de una francesa. Eres la importadora del demi monde. Bien dice tu padre, que de Francia tomamos facilmente todo lo malo. Por lo demas, te encuentro hermosísima.

No, yo no quiero parecer una *demi-mondaine*. Procuraré conservar los modales de la dama espanola. Este empaque que traigo veras como lo disimulo, y vuelvo á ser lo que fuí. No, no se me conocerá lo que fuí... déjate de bromitas de demi-mondaine. No faltaba mas...

Por fin se marchó. Su hermosura había despertado en mí apetitos carnales; pero firme yo en mi moralidad, hice propósito de vencer toda tentación. El día siguiente lo pasé muy entretenido con

---

* Galdós wrote the following notes in the space between 'Distingo' and the right-hand margin: 'Rafaelito Fucar — Enredo otra vez'.

2M 571

Pepito. Lo mande al anochecer. Despues, Eloisa mandaba todos los días á preguntar por mi salud, y cartitas rogandome que fuera á verla. Viendo que yo no hacía caso fué ella misma varias tardes. Por fin, un día me envió una cartita con el pequeño me decía: que estaba enferma, y que deseaba verme á todo trance... Bien conocia yo que lo de la enfermedad era una añagaza, vacilé un instante; pero las flaquezas propias de nuestra naturaleza me impulsaron á ir. Toda aquella moral se la llevó la trampa.

Y no solo fuí aquel día sino otros y otros. Eloisa parecía quererme mas que antes; mas yo no veía en ella mas que un pasatiempo, y mientras mas enfangaba en aquella carnalidad mi interés espiritual, mayor y mas grande era

2M 572

la idealidad de mi pasión por Camila. Mi pasión, no correspondía [sic] se sutilizaba, era un estado del ánimo que me consumia, que enardecía mi espíritu, haciéndome un Petrarca. Yo habría hecho sonetos si supiera. La falta de exito, y los tormentos que pasaba purificaban mi amor, lo hacían enteramente ideal y quijotesco.

No quiero pasar en silencio el cariño, el entusiasmo con que Eloisa me enseñaba las preciosidades que había traido. Me preguntaba "te gusta"? y si le decía que sí, la alegría animaba su rostro. En aquella epoca jamas me pidió dinero, ni lo necesitaba... Por el contrario advertía yo en ella como un deseo de que se presentase ocasión de sacarme de algun apuro. Un día que se enteró

2M 573

no sé como de ciertas dificultades que yo había tenido para realizar unos creditos, me sacó la cajita llena de billetes de Banco. Aparté la vista con horror y el estómago con asco ..., como dijo no sé quién.

Acerca de ella corrían mil versiones infamantes. En París había desplumado á un ingles, enganando á Fucar, y en Madrid mismo sus favores recayeron en sucesivamente en [sic] un malagueño rico, en un ex-ministro, habiendo obtenido de ellos gruesas sumas, todo esto sin dejar á Fucar, que se gastaba en ella su capital.

Reaparecieron los jueves, que eran de una confianza de restaurant parisiense. Una noche fuí y no volví mas. Se jugaba descaradamente. No iba ninguna señora. Ella afectaba en la

2M 574

calle el empaque de una señora distinguida, y lo que es mas raro, conservaba parte de sus relaciones, hacia visitas, iba á misa, no tenía ni por asomos la desenvoltura de la *demi-mondaine*. A veces viendola, parecía que

251

no rompía un plato. — Preocupabase de la educación de su hijo, y lo tomaba en serio. Esta era la única cosa que me agradaba en ella. Por lo demas, yo la despreciaba profundamente

De la propia crudeza de mis males físicos y morales surgió subitamente la idea del remedio. Así es la Naturaleza, esencialmente reparadora y medicatriz. La idea salvadora que iluminó mi espíritu, fué la idea del trabajo. "Si yo tuviera un escritorio

2M 575

como lo tenía en Jerez, — me dije, — y ademas mis viñas y mis bodegas, estaría entretenido todo el día y no pensaría las mil locuras que ahora pienso, tendría salud y buen humor." Así me hablaba una mañana, y tras la idea vino la resolución firme de ponerla en práctica. Pero en que trabajaria? Ocurriéronme de pronto varias especies de ocupaciones comerciales, de las cuales me había hablado días antes J. Vill.ga... [sic] queriendo asociarme á sus oscuros negocios. Traer á Madrid judías de Valencia, fundar un periódico X [sic]...X X [sic]... Nada de esto me satisfacía. No había mas ocupación que poner una Banca en Madrid, ó ir á la Bolsa á hacer dobles y jugadas á fin mes [sic]. Para esto creía yo tener aptitud. Para el negocio de vinos del Norte, que me seducía se necesitaba ir á Haro, establecerme allí... Pero esto era muy complicado.

2M 576

Mucho pensé en esto, activaronse mis fuerzas vitales, recobré la alegría. Por el trabajo, obtendría yo dos beneficios, evitar los males que me causaba la holgazanería, y restablecer mi fortuna en su primitiva integridad. Mi tío acabó de decidirme. Hace tiempo que él me incitaba á trabajar. Hablamos largamente. Desde el día siguiente fuí con él al bolsín y á la Bolsa. Ahí le ví unido estrechamente con Torres, y enteraronme de que venían jugando á la baja, en combinación con varios bolsistas de París. Medina no era extraño á estas combinaciones. Seguía yendo allá todo el mes de Noviembre, sin hacer cosa de provecho mas que alguna y otra operación al contado, que no me salió mal, mas en diciembre ya hice algunas á fin de mes con exito, en alza ó baja. Mi tío y Torres seguían persistentes en sus

2M 577

jugadas á la baja.

Y he aquí mi vida durante dos ó tres meses, querer locamente a Camila, sin alcanzar de ella favores, visita de cuando en cuando á Eloisa, que me ocultaba la horrible verdad de su vida. Por las noches, la fiebre de los negocios llevabame á casa de Maria Juana, donde se reunía mucha gente de negocios, algunos tipos ordinarios, otros distinguidos. Ahí Torres llevaba la batuta, cada noche llevaba una noticia estupenda, bien una conspiración que iba á estallar, ó el Rey que moria, [ó]

Aquel salon distaba mucho de ser distinguidísimo. También iba algun poeta cursi, dos ó tres señoras, las Trujillo, y por ahí se pareció también el Sacamantecas. Camila iba algunas veces, ÿ

2M 578

Iba la de Bringas.

cuando ella iba yo perdía la chaveta.

La dueña de la casa, mi prima, mostrábame gran consideración. Un grave pecado había en mi vida, segun ella, que no me perdonaría facilmente, y era el haber tenido relaciones con Eloisa. De esto hablamos largamente, sin que nadie nos oyera. Porque yo comía alli algunas veces, iba temprano, y me estaba de conversación con ella largas horas. María Juana se había instruido mucho, se había dado á la lectura. Varias veces hacía parar su coche en las librerias, para adquirir las novelas mas nuevas, y aun hablaba de todo con facilidad y sin afectación. En cuestiones religiosas mostrabase muy intolerante. Al poco tiem- [sic]

2M 579

de aquel trato frecuente, mostrabame un afecto protector, como del fuerte al debil. Dióme á entender que conocía las flaquezas de mi caracter y que yo era como un enfermo que necesitaba de remedio...que yo debía vencer mis pasiones, y por eso era tan infeliz. (Yo no le descubrí mi pasión por Camila.) Echome varios sermones muy bonitos sobre esto, y concluyó porque yo debía emprender mi curación por dos medios, el trabajo y el matrimonio. Sobre esto último no fuí de su mismo parecer, porque mi alma estaba llena de Camila, y ninguna otra mujer entraría en ella.

Maria Juana dijo que ella me buscaría una

2M 580

muchacha buena, bonita y que me llevara algo. Sobre esto hablamos mucho repetidas veces. Pasó tiempo, y lo que María Juana quería buscar para mí no parecía: "Está la sociedad perdida, me dijo, — no se encuentra una muchacha que reune las condiciones que tú necesitas. Si me fijo en una que tiene buen palmito y es de familia honrada, resulta que tiene una educación deplorable. Las hay bien educadas, pero pobres. Otras que son ricas y graciosas, son coquetas. De modo que la mujer que te conviene no parece. Así es que no me atrevo á aconsejarte nada... Observé que se enfriaba su entusiasmo por el matrimonio..., un día se aventuró á decirme. Raro es el matri-

2M 581

monio feliz... De esto pasó, por gradación discreta, á contarme cosas de Medina, el picaro tenía sus distracciones. Economicamente, entretenía alguna bailarina tronada. Cuando Torres fué empresario de teatros Medina contrajo el vicio de las coristas guapas. La suerte era que no gastaba dinero, y las entretenía a lo pobre.

Algunas veces se pareció Maria Juana por mi casa, de vuelta de la de Camila, y me entretuvo algunos ratos. Me hacía confidencias. Era economica. No le gustaba gastar sino una parte de lo que tenía, y tenía gran empeño en conservar la apariencia de las cosas, así en lo moral como en lo físico. Tenía un respeto inmenso al que

2M 582

dirán" y la opinión pública era para ella el oráculo de las acciones. No se trataba con su hermana Eloisa la cual la llamaba avarienta. No tenía lujos ni los había tenido nunca, ni los quería tener.

Su interes por mí era tanto que me hacía que le diera cuenta de mis operaciones en Bolsa, y cuando la liquidación de fin de mes era favorable, se alegraba mucho. Ella me informaba á veces lo que parecía haberle dicho en secreto Medina. Un ejemplo. "Mira no juegues a la Bolsa, pues de París va á venir un movimiento de alza.

Y la novia no parecía. En casa de María Juana conoci á varias, ninguna me gustaba. La de Trujillo era insufrible, otra romántica,

2M 583

otra ignorantísima, otra fea, y otra pobre.

"Oh! si Camila enviudara. Esta era mi idea fija mi chifladura. Si en todos los individuos de nuestra familia había, como sostenía mi tío, una [sic] tornillo roto, el mío era querer á Camila, y enviudarla. Ya no tenía reparo en decírselo a ella.

"Si enviudaras, Camila, si enviudaras. — Al año eras mi pareja. Sabes por que trabajo ahora tanto? Pues por hacer una gran fortuna, para cuando llegue el gran momento.

—Si Constantino se me muriera, — me decía, — me moriría yo también.

—Mira esas cosas se dicen, pero no se hacen. Viene el tiempo y consuela...

2M 584

—Pues no te entusiasmes primo. — Constantino está bien fuerte yo te lo aseguro. Algo mas sano y robusto que tú, que apenas te puedes tener.

—Oh! desgraciadamente no resisto la comparación con él, sobre todo bajo el punto de vista físico.

Pobre Camila! Era feliz, siempre esperando á Belisario, aquel maldito que yo aborrecía tanto. Pero la Providencia se ponía de mi parte, y Belisario era como mi novia, que no parecía.

"He visto en casa de [sic] unos muebles..." quieres que te los regale.

El semblante de Camila se iluminaba. Era la ambición suntuaria a la que no era extraña su alma; pero aquel fulgor se apagaba, y otras ideas ocupaban su lugar.

2M 585

"No, no quiero que me regales nada. De que sirve eso? si no tengo otras cosas que le harían pareja?

—Es que yo te daría eso... Te pondré una casa como la de Eloisa. Este mes he ganado seis mil duros de una mano ú otra.

—No quiero nada, no quiero nada. Cuando Constantino sea rico, tendré eso, y si no, no me hace falta. Que tal las camisas?

—Si te he de decir la verdad, no estaban muy bien... Pero hechas por tí, son como nubes de gloria.

—Pues no lo sé hacer mejor... Si eres malagradecido.

—Al contrario,...

2M 586

Completamente consagrado á mi Bolsín yo me enteré de que Eloisa estaba enferma, de una fiebre. Me lo dijo una tarde Camila, añadiendo que su hermana estaba muy triste porque yo no había parecido por su casa en mucho tiempo. La ultima vez que estuve, ví que había empezado la gran obra de cubrir el patio, se pintaría la escocia, etc... Quién pagaba el gasto. Creo que un diplomático, pues Fúcar, empezaba á llamarse á engaño.

Yo no hubiera ido a ver á Eloisa, á quien había cobrado repugnancia, si no supiese que estaba acompañada por Camila, Eloisa quería á su hermana, y se hacía cuidar por ella. Mis visitas á Eloisa, en aquella ocasión, no eran obra de misericordia, ni mucho menos. Ella misma se asombraba

2M 587

de mi asiduidad, y aun me manifestó su extrañeza. Fué preciso dejarla en la creencia de que yo iba allí por ella. Su mal no era grave: era semejante al que yo había tenido cuando empecé á quererla. Me acordaba de aquel tiempo, de aquel termómetro, de las alternativas, remisiones. Eloisa había prohibido á todo el mundo pasar á su alcoba. No entraban ni las íntimas amigas. Hombre ninguno. Recados continuos llegaban á la casa.

Ahí se me presentaba ocasión de ver á Camila y hablarla, sin el apendice insufrible de su maridillo, el cual iba á ratos; pero no estaba allí mucho tiempo. Vedme pues casi instalado otra vez en la maldecida casa,

2M 588

17, San Antón [sic]

en lo que fué despacho de Carrillo, y heme aquí perseguido por la sombra de éste y el recuerdo de su muerte. Cuan cambiado todo, mi corazon espe-

255

cialmente! Pensando en esto, se me iba el tiempo insensiblemente y sin saber qué pensar...

Pasaba algunos ratos con el pequeño, que estaba siempre con su institutriz... Camila salía y me decía: "Se ha dormido." Yo estaba en el gabinete leyendo, y entraba Camila. Entonces le hablaba. En vez de acometerla, pintábame resignado, traspasado de una especie de admiración por su virtud. La resistencia que me oponía, hacíame quererla mas, y ya no la quería, la adoraba, la

2M 589

idolatraba. No faltó aquello de que le había hecho *un altar en mi corazon*... Lo que yo quería era merecer su amistad, su estimación. Dejárame á mí amarla con locura, y pagarame ella con un afecto sincero y puro. Sin saberlo estaba haciendo yo el juego sentimental de las novelas del siglo pasado, Clarisa y Heloisa; pero lo que yo decía era cierto. Los estados que nos parecen absurdos, como el sentimentalismo petrarquino y el romanticismo, y los hombres mas discretos nos vemos en ellos cuando menos lo pensamos.

Y cosa singular, no sé que hallé en Camila

2M 590

que me pareció distinto de otras veces, menos arisca, menos amartelada en su virtud. Dios mío, si al fin,... Era que la influencia de aquella casa maldita obraba en ella; era que la ausencia de la suya, debilitaban sus energías? No lo sé: ello es que Camila me parecía como atacada de un principio de fragilidad... Ya no cortaba bruscamente mis declaraciones, mandándome callar y huyendo de mí. Me oía en silencio, sonriendo, discutiendo, y por fin me exhortaba á ser juicioso, me decía que procurase olvidarla... Ah! estos síntomas eran malos, quiero decir buenos... Siempre llevaba una labor de mano, y fija la vista en ella me hablaba. — Yo redoblé el ataque... Indirecta-

2M 591

mente yo le tentaba por el lado de la ambición suntuaria. La hacía fijarse en las preciosidades de la casa. Noté que un día Camila admiraba cosa por cosa con cierto alelamiento. Estaba seria preocupada, preguntábame los precios de las cosas. Yo la observaba pálida,... Ya no reía... Acudía al lado de su hermana a darle las medicinas... luego volvía, diciendo "está dormida" y seguíamos hablando. Me preguntó si ya su hermana me había encontrado la novia, díjele que aunque la encontrase yo no me casaría... mas que con ella... Me miraba de un modo que á mí me pareció tierno.

Eloisa empeoro. La hinchazon tomó tales

2M 592

proporciones que no quedó en ella un rastro de belleza. Cuando yo entraba se echaba á llorar, y me decía: no me mires por Dios, debo de estar horrible: Dios mío, si no quedaré así.

Era verdad que daba lastima verla. Que desilusión para los que la amaban por su hermosura! La infeliz sufría mas por la perdida ó eclipse de la belleza que por su mal físico. El lunes se recargó mucho la fiebre, y el médico se alarmó. Camila decidió quedarse toda la noche; yo salí á mis negocios, que estaban aquel día un tanto abandonados, y decidí quedarme también por lo que pudiera ocurrir.

A prima noche Constantino y Camila

2M 593

estaban en el comedor. Cosa rara! reñían! Ellos el matrimonio mejor avenido del mundo... Como siempre que se riñe, se decían palabras brutales, cuya enorme significación probaba que no eran dichas sólo con los labios. "Animal... idiota... no se te puede sufrir... El motivo era que Camila no quería que su marido se quedase alli aquella noche. Vete á casa a descansar... No haces falta para nada. "Que me quedo... que no, que no. — Mi primera idea fué apoyar á Camila y decir que él debía marcharse; pero comprendí que era mas prudente callarme. Fuí al cuarto de Pepito, procurando hacerme el tonto, pero con animo de observar lo que pasaba. Entré

2M 594

á ver a Eloisa, que estaba despierta, y con voz quejumbrosa me habló de sus dolores... que creía se iba á morir, y que si se moría me suplicaba que la acompañase en su última hora, para morirse contenta... Yo no podía menos de acompañarla. Sentía desde la alcoba un rumorcillo en la habitación proxima. Parecíame que Camila y Constantino seguían su disputa. Gran curiosidad tenía por saber... Pero Eloisa, hablandome, no me dejaba apartar de ella. Yo la consolaba como podía, diciendole que la enfermedad no dejaría rastro en su hermosura... Por fin se adormeció con palabras entrecortadas. Salí de puntillas... en el gabinetito no

2M 595

había nadie. Pero oí como gemidos, lloros ó no sé que. Seguí avanzando de puntillas hasta el gabinete azul, que no tenía luz... Camila me salió al encuentro sobresaltada, y al mismo tiempo oí una carcajada de Constantino. A la debil claridad le ví tendido en un diván, con almohadas que su mujer le estaba poniendo.

"Al fin este basilisco consiente en que me quede aquí esta noche, — me dijo.

Ella volvió á arreglar las almohadas, y continuaron dandose besos, delante de mí.

"Y no reñís?

—No ves que nos hemos reconciliado, dijo Camila radiante.

2M 596

Salí desesperado y me fuí á casa de María Juana. Ahí me enteraría de mis negocios, que tenía un tanto abandonados. María me preguntó por su hermana, luego me dirigí á Torres que me dijo: "hoy le he comprado a V. seis millones á fin de mes. Lleva V. tanto etc. ... jugada [sic]. — María Juana estuvo obsequiosísima conmigo y me convidó á comer al día siguiente. Convinimos en que iría un día sí y otro no. Noté que se alegraba de verme despues de mi ausencia de dos días, y me habló de mis visitas á casa de su hermana en un tono que si no era celos se le parecía mucho. Pero yo estaba tan contrariado y tenía mis sentidos y mi corazon tan en otra parte, que no podía hacerle caso

2M 597

sino con razones estudiadas. Pero sus intenciones debían de ser buenas porque siempre encomiaba la virtud, y anatematizaba las relaciones ilícitas con una energía atroz. Sin duda los celos aquellos de que hablé antes eran celos de amistad. Maria Juana me dijo varias veces que todas las pasiones criminales del mundo no pueden proporcionar un placer tan grande como el que se halla en la conciencia del que ha cumplido sus deberes. Era una filósofa y sin duda tenía tanto talento como virtud. Hablamos de Medina, al cual llamó prosaico, incapaz de comprenderla, pero ella sentía íntima satisfacción en serle fiel.

A causa de la enfermedad de su hermana, no iba al teatro. Rogabame que la

2M 598

acompañase en su soledad, y yo lo hacia... Algunas veces iban otras personas; pero otras no iba nadie.

Poco á poco había olvidando [sic] aquel proyecto de buscarme novia. Era difícil encontrar lo que yo merecía... Con este motivo oí elogios de mí que me sonrosaban. Pero era preciso que yo fuese juicioso, que no permitiese que me trajese en lenguas la gente, como un libertino. El escandalo que dí con Eloisa me había perjudicado y favorecido al mismo tiempo, porque mi separación de ella tan á tiempo era un rasgo de buen sentido y de energía de voluntad.

El saber que yo tenía energía de voluntad me sorprendió extraordinariamente, por

258

2M 599

que no sospechaba que tuviera yo tal virtud.

María Juana desde hacía algun tiempo se había transformado y no era ya tan economica en su toilete, vestía mejor, con elegancia, y noté que imitaba á su hermana, renegando de ella y de su lujo, la imitaba tímidamente. Al propio tiempo se sometía á un régimen higiénico para no engrosar demasiado. Con todas aquellas filosofías, y aquellas virtudes, yo la veía venir. Estaba tan hastiado que resolví esperarla en mis tiendas, sin dar un paso hacia ella. Me hacia el tonto, y desempenaba un papel de criticon y de filósofo con un esmero que conocí la impacientaba, ó que le iba pareciendo escesivo.

2M 600

Mi tío gozaba fama de honradez. Siempre se había contentado con ganancias modestas y seguras; pero ultimamente, los considerables gastos de su mujer y de su familia toda, le obligaron á procurar aumentar su peculio. Era presumido, un poco viejo verde. En verano siempre llevaba flor en el ojal. Iba de caza todos los sabados absolutamente y no volvía hasta el domingo por la noche ó el lunes por la mañana. Su conversación era amena y distinguida. Era generalmente estimado. Cuando se metió en aquel frenesí de la baja, Torres le fué llevando poco á poco, y se fué comprometiendo sin sentirlo. Es mujeriego? Un poco, y se gasta mucho dinero en sus trapicheos. Su monomanía es *

Un día me encuentro a Maria Juana inconsolable. Le había entrado la tristeza de la familia, el mal. No podía dormir, y creía tener un pedazo de paño entre los dientes. Medina se esforzaba en consolarla

2M 601

sin poderlo conseguir. Por fin discurre ella misma irse de paseo conmigo, y nos vamos al Retiro,... Vagamos juntos, buscando la soledad, filosofando, hablando de las cosas mas sutiles, de la religión, de la belleza del Virgen, de los astros rutilantes, de las distancias a que estan, del genio del Cristianismo de Chateaubriand, de [sic] y de mil cosas. Yo me aburría un poco; pero disimulaba. María había instalado aquel día todos sus encantos. Por la noche me dijo que estaba mejor y que ya no mordía tanto paño.

Al siguiente salimos también. Fuimos hacia los cuatro caminos. Pero se puso el tiempo malo, cayeron algunas gotas y nos fuimos a casa... filosofabamos sobre las clases populares, sobre lo que sufren, y la poca razon que tenemos en quejarnos, si nos comparamos

---

* Galdós leaves a space here.

2M 602

con ellas... Llueve y nos metimos en casa, donde estuvimos solos toda la tarde.

Por la noche, cuando fuí á comer, la encontré mas filosofa que nunca, y me habló en secreto de las perturbaciones de la conciencia, de Dios, del Ser Superior, y de lo que hay que hacer para que Dios perdone los pecados. Yo empezaba á sentirme mal. Mi naturaleza debil se resintio al día siguiente, y caí acometido del mal de familia que se me presentó en forma de aquel terror inexplicable... Pero mi principal síntoma fué haberme exaltado el amor á Camila, el cual tomó proporciones de delirio, de fiebre intensa. Pase una noche cruel, viendoles, viendola á mi lado y

2M 603

sin poderla abrazar, hablandole. Creo que lloré, que dije en el silencio de mi alcoba mil tonterías. Yo no mordía paño; pero el terror no me dejaba. Solo Camila podía salvarme de aquel terror inmenso. Eloisa me repugnaba... María con sus filosofías me causaba hastío; solo aquella.

Subí... ya Eloisa estaba buena... Encontré a Camila con su delantal, planchando, lavando y cantando. La alegría que rebosaba de su rostro saludable era como el sol que todo lo ilumina. La casa era una jaula... Feliz mil y mil veces aquella casa... Yo estaba medio demente. Me fuí al gabinete... Me quejaba. Al poco entró ella, la cogí en mis brazos y me senté con ella. No hizo gran resistencia, pero se reía.

2M 604

Tomaba aquello como una broma.

Ah! si entrase Constantino... — dijo.

—Camila... quiereme ó te mato, — le dije —

Se asustó, pugnó por desasirse. Vió en mis ojos algo muy terrible. Se soltó, tenía mas fuerzas que yo.

—Que cosas tienes?... Quererte yo?... ni pizca. No puedo querer mas que á mi marido.

Lo dijo con tanta naturalidad que me robaba el corazon. Corrí tras ella.

—Te digo que no hagas locura. Mira que te pongo en la puerta de la calle... Entre yo y Tomasa podemos mas que tú y aun podemos tirarte por el balcon.

La volví á coger... Ella apartaba su cabeza.

2M 605

Gritó con angustia.

"Por Dios... que me estropeas a Belisario.

—Que dices?

—Que ya tengo á Belisario... Seguro... déjame, sueltame, me estas matando, [me]

La solté... mejor dicho, se soltó ella, que tenía mas fuerzas que yo. Yo quedé en el sillón, sin poder respirar. Mis pulmones estaban como atrofiados y se me mareaba la cabe [sic]

—Bien, — murmuré, — con Belisario ó sin él, quiéreme, — ten hijos de Constantino y quiereme, aunque solo sea como se quiere á los chiquillos, mimandome y [sic]

Cruzó las manos y me miró con lástima.

—Yo creo que me muero.

—Pero es verdad que tienes una pasión por mí.

2M 606

Mirandola le contesté.

—Te compadezco, porque si me quieres como quiero yo á Constantino, seras muy desgraciado.

—Te quiero mas, mucho mas.

—Imposible. El y yo nos adoramos. Y ahora que vamos á tener á Belisario, mas.

—Oh! Camila, Camila...

—Mira Juan, es preciso que te reportes... Yo no te puedo querer. No lo hago por virtud, sino porque quiero á ese bruto. El me quiere á mí. En mí la virtud es querer. No me persigas mas, porque me veré precisada á no dejarte entrar en mi casa. Te lo he dicho. Y ahora te lo juro, para desengañarte de una vez para siempre. No te puedo querer; no despier

2M 607

tas en mí sensación ni sentimiento de ninguna clase. Me eres tan indiferente. Te quiero como podría querer á Turco.

Me mataba á puñaladas lentas. La sinceridad brillaba en sus ojos. Era verdad. Yo creo que lloré como un chiquillo.

Ah! Camila... Hace tiempo que te tengo en el pensamiento y en el corazon, escogida por mujer, he vivido soñando con que seas mía, y me hagas feliz, alegrando mi vida. Deliro por que tu marido se muera, y seas mía... Esta pasión me costará la vida... Quiero huir de tí...

Cuando salí de la casa, no acertaba á andar... me temblaban las manos, y mi estado ner-

2M 608

vioso era horrible... Cuando eché aquella declaración tan sentimental y expresiva, Camila me volvió la espalda y se puso á coser en la maquina, cantando, y sin hacer caso de mí.

Constantino entró y se fué derecho á ella. Se abrazaron, se besaron.

Salí —

Viene mi tío y me da la tremenda noticia.

CONCLUSION

The existence of two early drafts of *Lo prohibido* graphically illustrates the preparatory work that Galdós was ready to do in order to present his reading public with an artistic work of mature reflection. The creative process that we witness in these drafts is aptly summed up in Coleridge's phrase 'the shaping spirit of the imagination', because in them Galdós, as well as giving a different shape to his novel from one draft to the next by the expansion of existing material, is also altering the lineaments of character and strengthening the expressive quality of his language. The emphasis on friendship and reconciliation in *Lo prohibido* came about only in the final draft stage of the novel. The characters of Carrillo and the narrator are likewise modified: the sharp divisions, the facile characterization of 1M, receive a more subtle shading in the later drafts. His drafts show a progression from the general to the particular not only in their size but also in their style, the PM draft and the galley proofs intensifying the search for expressive variation in the use of words and for an idiomatic language that carries the authentic flavour of spoken speech. Approximately 20% of the complete MS, or some 300 pages, did not feature in the end product, and we can add at least another 5% if we take into account the MS corrections made by Galdós. To the intense labour of his 1212 numbered pages of PM we must therefore add another 25% of written material, also taking into consideration the extensive galley changes, which would add possibly up to another 5% of writing to the burden of the shaping of this work of art. The search for verisimilitude in language, character and situation, exacted a high toll of Galdós in terms of material that was created, only to be left aside. What emerges from a study of these early drafts is the professionalism of Galdós, which is not at all at odds with 'the shaping spirit of the imagination'. When we consider, within the context of Galdós's vast output, the lengths to which he was prepared to go in just one novel in order to make this work bear the stamp of authentic experience, we become more aware of the controlled energy of the artist at work exercising his creative powers.

APPENDIX I

The completion of 2M left Galdós with a substantial draft on which to base PM. Almost no draft writing was required at this later stage. The two appendices that follow contain the only substantial pieces of re-writing of *Lo prohibido* that were done at the PM stage.

A First Draft of PM 643-6 (II, 65-7)

Both the 2M and PM versions of the end of Chapter XVIII show the narrator in an optimistic frame of mind concerning his approaches to Camila, but for different reasons. The reason given in 2M is the 'profunda lástima' and 'seriedad' (2M 524) with which Camila now receives the narrator's romantic complaints. In PM, however, the reason is otherwise. What has intervened is the narrator's idea of buying Constantino a horse, the romantic opportunities that the former expects when Constantino is out riding, and Camila's 'sentimientos de gratitud' (II, 66) at the offer. These ideas were written in after the completion of 2M. The two pages, numbered 643 and 644, correspond to PM 643-6 (II, 65-7). (It will be noticed that there was some further expansion at the PM stage.) These two MS pages read as follows:

643

de mi romanticismo; al contrario lo repelía, lo rechazaba como de asimilación absolutamente imposible para ella. Sin saber como, una manana — la última que la ví antes de partir para el Norte, se me vino al pensamiento una idea, y un recurso, que fueron inspiración del Cielo sin duda, porque hasta entonces ninguna arma esgrimida por mí había hecho el efecto de aquella. No sé como se me ocurrió aquello. Yo le había dicho varias veces: Camila, te pongo un hotel, te pongo coche, te señalo diez mil duros de renta," y ella impasible, como si tal cosa. Pues ocurrióseme aquel día decirle: "Camila, sabes lo que he pensado? Pues cuando volvamos le voy á comprar un caballo a Constantino," y ví de improviso en sus

644

ojos tal agradecimiento, tal interes, no sé que expresión de júbilo y de satisfacción que me llegaron al alma. "Que bueno eres," — me dijo, permitiendo ¡favor inmenso! que le besara la mano. Que era aquello? gratitud pura, ó esas inexplicables sacudidas del espíritu, que suelen preceder á las caidas. Por que no la tentaba el hotel para si, y la tentaba el caballo? Era que ella tenía la preocupación del caballo, no pensaba en otra cosa, y estaba reuniendo dinero en una hucha para aquel fin.

Me fuí diciendo para mí, muy gozoso: "que te caes, que te caes,... caes como tres y dos son cinco.

dije a Constantino: le doy caballo

No sé que cosa rara notaba en ella, no se reía de mi, me tenía lástima...Por Constantino la iba á pescar. — Picarás, picarás.

The probable reason for Galdós's rejection of the two pages is contained in his notes at the bottom of 644: the author wanted to include Constantino's reaction to the gift of the horse and he also wished to suggest, in the second note, that the narrator imagines a definite change of attitude to him by Camila: 'me tenía lástima' (644) becomes in PM 'se había conmovido' (II, 67). (We can see Galdós's train of thought more clearly if we mention the phrase that he crossed out between 'me tenía lástima' and 'se había conmovido': this was 'me había llamado bueno', in other words the emphasis shifts towards the effect that the gift has on Camila.) The narrator's cynical motivation for giving the present is also emphasised in the same note: 'Por Constantino la iba á pescar'. The inclusion of these two latter points in the PM version, therefore, enables Galdós to direct a greater degree of irony against his narrator.

APPENDIX II

A First Draft of PM 1014-22 (II, 281-6)

The only other substantial piece of re-writing at the PM stage is the description of the narrator's meetings with María Juana and Constantino at the end of Chapter XXIII. The original pages, numbered 1014-20 are as follows:

1014

es preciso...

Gracias á Dios que estaba solo! ¡Que día! No había tenido tiempo de saborear aquel descanso; cuando...la campanilla otra vez. La oía sonar, agujerandome el cerebro. "Apostamos á que es María Juana?" Porque sí, la campanilla sonaba con cierto estudio. Era ella, no podía ser otra.

Entró en mi gabinete, con una cara!...Dios mío que cara! Era una Sibila de aquellas que pintó Miguel Angel para expresar lo feas que se ponen las guapas que se enfadan y saben mucho. Francamente, la enormidad de la seriedad de aquel rostro produjome efectos contrarios á los que él quería producir...Por poco suelto la risa ante aquel retablo facial... "Que hay? le pregunté afectando calma.

—Que ha de haber? Vengo de arriba. Un escandalo espantoso. Estas cosas te pasan por ser

1015

lo que eres...Extraño mucho que al confesarme tus desvaríos, no me dijeras una palabra de tus relaciones con Camila. Muy guardado lo teníais ambos...Lo que digo, tú incorregible, y ella una hipócrita. Me lo daba el corazón. Jamas se verá en tí un rasgo de prudencia. No te salvas, no. Eres un abismo. Cuanto mas se ahonda en tí, mas negro se ve todo, y mas...

Hubiera podido contestarle muchas cosas; hubiera podido volver por la honra de Camila; pero á que decir lo que no había de ser creido. Yo estaba tan irritado, que no sabía resolver aquellas cuestiones mas que cortándolas por lo sano. Me incomodó tanto aquella mujer, con su áspero sermoneo, que me sentí ante ella tan brutal y colérico como ante las procacidades de Eloisa...La cogí por un brazo, diciendo con la ronquera de mi invencible ira:

"Sabes que no tengo ganas de música,

267

1016

de filosofías, de estupideces. Sabes que te voy á poner ahora mismo en la calle, porque no puedo aguantar mas ni á tí ni á tu hermana...

Y haciéndolo como lo decía, tiré de aquella mole, que se dejó llevar aterrada, tremula, balbuciendo no se que conceptos alambicados propios de lo supremo del caso, y sin resistencia, la hice salir, y cerré de golpe. María Juana no dió gritos en la escalera, como su hermana. Era muy sabia y muy prudente para tal cosa. Se marchó callada y grave como si tuviera razon, como fuera ella la Verdad y yo el error.

"Ramon.

—Que señor.

—Te nombro mastín, — dije en pleno delirio. Ponte a la puerta, y al primer Bueno de Guzman que entre

1017

me le destrozas.

Nada, que aquel día me había yo de volver loco. Bien caras pagaba yo mis grandes culpas. Sonó la campanilla otra vez, y me veo entrar á Ramon en mi gabinete, y me dice: "Señor, D. Constantino llama. Le abro?

—Si, hombre, ábrele. Veremos por donde sale.

Y cuando Constantino llegó á mi presencia, estaba yo tan fuera de mí, que si me dice algo ofensivo, caigo sobre él y me mata o le mato.

"Hola! que hay? — le pregunté resuelto á afrontar la situación cual-quiera que fuese.

Constantino estaba pálido muy agitado. Parecía meditar las palabras con que empezaría.

—Tú traes algo, — le dije — Vomita esa bilis. Franqueza, amigo... Luego me tocará hablar á [sic]

1018

—Pues...escándalo en casa...Eloisa... Me han vuelto loco... ¡Que mi mujer me engaña! Que tú! ...Camila se ha defendido bien. Yo no sé lo que me pasa; yo tengo un infierno en mi cabeza. No sé si creer á mi mujer. o creer lo que me dicen de ella... Y entretanto, no se me ocurre mas si no venir y decirte que tu y yo, ahora mismo, no debemos andarnos en pala-bras, sino que ó tu me rompes á mí la cabeza, ó yo te la rompo á tí... Porque no puede ser de otra manera...ya sea verdad, ya sea mentira...

Senti al oir esto ¿que creereis? Indignación? no. Despecho? tampoco; Senti no sé que entusiasmo que se desbordaba de mi alma, y accionando como un delirante, me puse á gritar esto:

1019

"Tú eres un hombre, Constantino...Me entusiasma tu solución. También yo deseo lo que tú, esto es, romperte el bautismo ó que me lo rompas tú á mí. Eres lo que mas me carga en este mundo; para que lo sepas... De tu mujer te digo que es una santa, que ni yo, ni tú, ni nadie la merece... Y ahora es preciso que nos ajustemos las cuentas de firme tu y yo... Y dejemonos de armas blancas... Pistola limpia, á la suerte! Ves estas contusiones que tengo en mi cara? lo ves, lo ves? Pues esto, grandísimo animal, esto es la impresión de la suela de tus botas... Tu mujer me ha abofeteado, no con las manos, que esto habría sido algo de favor, sino

1020

con tus herraduras, bárbaro...y tú me lo has de pagar...
Yo seguí delirante. Estaba como un epiléptico; había perdido el tino y por fin, me abatí sobre una silla, preso de convulsiones. El estaba atónito sin saber lo que le pasaba.

Many stylistic changes in the description of María Juana were made at the PM stage (for example, the awkward phrase 'la enormidad de la seriedad de aquel rostro' was removed). The major change in the María Juana scene, however, is that her speech is completely re-written and greatly expanded, capturing in the later version the sanctimonious note associated with her character (notice the use of the 3rd person at the beginning of her speech [II, 281-2]). The revised scene between the narrator and Constantino gives another good illustration of Galdós's attention to the finer points of graphic detail.